複言語・複文化時代の日本語教育

わたしたちのことばとは？

Ensino de língua japonesa na era do plurilinguismo e pluriculturalismo

本田弘之・松田真希子 編

CD-ROM 1枚付

にほんごの凡人社

はじめに
―『複言語・複文化時代の日本語教育』を考えることの意味―

本田弘之

　2015年8月9日から13日の5日間にわたり、サンパウロ大学で「国際語としての日本語教育のための国際シンポジウム（EJHIB2015）」が開催された。日本研究全般ではなく、「日本語教育」に限定された国際学会が開かれたのは、ブラジルでは初めてのことであった。学会を企画し、主催したのは、サンパウロ大学教授のモラレス松原礼子氏と本論集編者の一人である松田真希子氏（金沢大学）である。この国際学会の主要なテーマとなったのが、本論集の題名ともなった「複言語・複文化時代の日本語教育」の分析と考察であった。松原、松田両氏は、この学会テーマについて次のように述べている。

　　ブラジルは推定150万人の日系人が居住する世界最大の日系コロニーを持つ国である。ここ20年は日系ブラジル人の日伯間の移動も盛んである。ポルトガル語混じりの日本語であるコロニア語やコロニア文化が発達し、複言語・複文化としての日本語・日本文化の先進地域でもある。しかし、ブラジルにおける日本語教育は外国語としての日本語教育と継承語としての日本語教育という、異なる、しかしいずれも「正統な日本語教育」が担っており、こうした複言語状況は、日本語教育の文脈の中に取り込まれていない。そのため、今後、ブラジルを含む国外に展開される日本語の多様性を複言語・複文化の言語観の中で新たな日本語教育として統合されていくことを願い「国際語としての日本語」と名付けた。

　この稿では、ここで二人が使っている「複言語・複文化としての日本語・日本文化」について論考を加え、本論集の背景と目的を述べる。
　日本語という言語は、その長い歴史の中で国境と言語使用域が分かちがたく結びついた言語であった。その点、現在、一般的に使われている「複言語

主義」という概念が提唱されたEU地域の言語環境と、日本および日本語の言語環境は大きく異なっていることはいうまでもない。このようにEU域内諸言語とは、大きく言語的あるいは文化的環境が異なる日本語・日本社会に「複言語・複文化」という概念を持ち込むことに妥当性はあるのであろうか。

　東アジア外縁の島しょにあり、国境と言語が乖離（かいり）することがほとんどなかった日本語であるが、例外的に2度、その国境を大きく超えようとする動きがあった。その一つが、下関条約（1985年）による台湾統治の開始から第二次世界大戦の終結（1945年）まで継続的に行われた「大東亜共栄圏」に日本語の通用範囲を押し広げようとする一連の侵略主義的政策であり、もう一つが、今回の国際シンポジウムが開催される遠因となった新大陸への日系移民と彼らが形成したコロニーにおける日本語の維持と継承のための努力であった。しかし、前者は、軍事的侵略を背景にした日本社会・日本人による一方的な日本語の「持ち出し」であり、後者も、移民を受け入れる国家から必ずしも歓迎されるとはいえない移住者による国語教育の単純な「持ち込み」であったため、前者は第二次世界大戦の終結によって、後者はそれよりも早く1941年の日本の参戦によって、ほぼ終焉をむかえたのであった。したがって、日本語は、その長い歴史の中で数回、国境というその外縁を越えようと試みた経験はあったものの、その数度の経験をふくめても「複数の言語に優先的地位を与えることなく域内のすべての言語を平等に尊重しよう」という「複言語主義」という概念から、もっとも遠い言語であった。

　ところが、近年にいたって、このような日本語をとりまく状況が変化しつつある。それは、冒頭に引用した文章中に「ここ20年は日系ブラジル人の日伯間の移動も盛んである」と書かれている状況である。これは、日本になんらかの形で「縁」を持つ人々が「日本国内・国外間の移動をくりかえして生活する」という現象が、日本政府により公認され、それによって「複言語・複文化時代の日本語」という状況が、新たに形成されようとしていることを意識した表現であると思われる。

　1990年、法務省告示により、日系二世・三世へ「定住者」ビザを発給することが認められた。それにより、それまでのような、一方通行の移民の時代、つまり、故郷・祖国と「離別」した一世が、現地社会で家族を持ち、そのこ

ども(二世)、孫(三世)が移住地に「同化」することによって「終了」するという一方通行の移民の時代がはっきりと終わりを告げたといってよい。新たな法務省告示は、日本人であった人の子・孫に、移住先でも日本でも、地域の経済状況と自分のライフサイクルに合わせ、生計を立てるのにより有利な居住地を選ぶ選択権を保障したもの、になったのである。それにより、日本社会と日本語になんらかの関りを持つ人々の、世代を越えた移動のくりかえしを伴う新たな移民時代が始まろうとしている。

　このような「日本社会と日本語になんらかの関りを持つ人々」については、いまのところ適当な呼称がない。この稿では、彼らが移民先(たとえばブラジル)にあっても「日系人」とよばれ、移住元の日本に居住するときも「日系人」とよばれているので、仮に「日系人」と呼んでおくが、居住と労働、さらにこどもの養育の地を日本国内外にまたがって持つ日系人は、その言語使用についての考え方も、当然のことながら「複言語」的にならざるを得ないことはいうまでもない。たとえ現在の日常生活において、複数の言語を使い分けるという環境にはなくとも、自分自身だけではなく、子どもや孫の成長をも見据えた長期的なスパンにおいて、複言語的な視線を持っているのが必要である。

　具体例をあげれば、日本の大学で学ぶ日系人四世で、両親は日本語ができないが、祖父母とは日本語で話す、という学生がいる。この場合、本人と祖父母は二言語話者だが、両親はモノリンガル、祖父母が受けた言語教育は、継承語教育だが、本人が受けた教育は、外国語としての日本語教育、そして、家庭の文化は、移民先の文化と日本文化が入りまじったコロニア文化、という複雑な状況になるわけだが、この家庭環境が全体として「複言語・複文化」的な様相にあることは確かである。モノリンガルの両親も「外国語としての日本語教育」を受けた本人も、決して日本語を他の外国語と同じ外国語として、同列に考えていたわけではなく、移民先の言語と日本語の「複言語」環境がこの家庭に形成されていることは間違いがない。さらに、家族の(現在と将来の)構成員が日本と移民先の移動をくりかえす可能性が、日本の入国管理制度により保障されている限り、将来にわたって日本語の複言語・複文化環境が、この家庭に継続していくことは、容易に想像できる。

現在の日本が置かれた状況を見ると、このような「複言語としての日本語」を持つ人々は、南米の日系人だけではない。それは、フィリピン系など他地域の日系人、中国帰国者のこども、国際結婚家庭とそのこどもたち、そして、近年、在留資格認定が容易になった「外国人高度人材」とその家族など、日本政府の「準移民政策」をうまく活用し、ライフサイクルの時期に応じて自分に都合のいい方の国に「定住」するという生活をしている人と家族が、急速に増えてきているからである。そういった人たちは、自分のこどもにも、将来居住する可能性のある二つの地域の言語を維持・継承させようとする。こうして、日本語が、日本ともう一つの国・地域に縁を持った個人、あるいは、その家族という個人レベルの複言語・複文化環境の中で、確実に国境を越えてにじみ出ていくという状態が生まれている。これが「複言語・複文化時代の日本語教育」という考え方が必要となった背景である。
　このようなEU諸国で語られる「複言語」とは、やや異なった「複言語・複文化としての日本語・日本文化」を考えるためには、次のような視点が重要であろうと思われる。
　一つは、このような複言語・複文化状態の進行が、個人あるいは家族というパーソナルなレベルで行われているということである。「国家」の集合体であるEUは、その複言語主義の背景に国あるいはそれに準ずる地域を抱えているが、複言語としての日本語は、あくまでも個人がベースにある。その人と人の相互理解のために複言語・複文化という環境が考えられなければならない。
　二つめに、複数の言語・文化圏を移動し、複数の社会・コミュニティに参加する新しいタイプの日本語使用者をどのように育成・支援していくか、そのための日本語教育はどのようにあるべきか、という視点からの日本語教育システムの考察である。これは、このような複言語・複文化に生きる人々のエンパワーメントをどのように、地域社会の変容に結びつけていくか、ということを考えていくことでもあろう。そのためには、規範的・統一的な日本語を想定して、それを教える既存の日本語教育のありかたを考えなおし、複言語を前提とした日本語教育、支援策がどうあるべきかを考えることも必要である。

日本語は、いま静かに「複言語・複文化の時代」を迎えつつある。この複言語環境は、EU諸国の複言語環境とは異なり、個人の主体的な意思によって、家庭内で個別に形成され、そのような家族の数が多くなることによって顕在化した。しかし、日本語がこのような複言語・複文化の時代を迎えていることは、日本在留日本人（日本だけで生活を続けてきた／続けてきている人）には、なかなか気づかれず、一方、日系人（広く日本に「縁」のある人々）には、自明のこととして理解されている。このような状況を指して、松原・松田は「こうした複言語状況は、日本語教育の文脈の中に取り込まれていない」といっているのである。こうした、外国人に対する外国語教育としての日本語教育でもなく、日本語母語話者に対する国語教育でもなく、また旧来の「継承語」としての日本語教育とも少し異なる「複言語・複文化時代の日本語教育」を考えなければならない時代が来たことは、ブラジル日系人社会にとっては、すでに自明のことになっているらしい。しかし、それは、日本に居住し、日本国内で日本語教育に当たっている人々には、なかなか実感がわかないことかもしれない。そのような意味で、2015年夏に国際シンポジウムEJHIB2015が、ブラジルで開催されたことには、大きな意義があったということができる。本論集は、そのような背景と目的をもって編まれた。

目次

はじめに ―『複言語・複文化時代の日本語教育』を考えることの意味― ……… 3
　（本田弘之）

第1部　複言語・複文化時代の日本語教育政策の諸論点

1章　言語政策理論におけるブラジル日系人の日本語教育の諸論点
　　　―ブラジル日系人の言語の計画のために― …………………………… 13
　（福島青史・末永サンドラ輝美）

2章　中国朝鮮族の民族語継承と日本語教育 ………………………………… 41
　（本田弘之）

3章　日本の言語政策と敬語運用能力 ………………………………………… 63
　（中井精一）

4章　日本国内における地域日本語教育・外国人支援の現状と課題 ……… 85
　（神吉宇一）

5章　誰が「母語」を必要とするのか
　　　―日本社会のマイノリティにとっての「日本語」の政治的意味― ……… 113
　（岡田浩樹）

第2部　複言語・複文化時代の日本語教育の射程

6章　複言語・複文化時代の日本語教育における日本語教師養成……… 135
　　（小林ミナ）

7章　日系ブラジル人コミュニティにおけるスーパーダイバーシティ
　　―ニューカマー・オールドカマーの日本文化・日本語保持―……… 163
　　（坂本光代）

8章　複言語・複文化時代の母語・継承語教育
　　―アイデンティティをエンパワーする
　　「スペイン語と南米文化の教室」の試み― ……………………… 183
　　（宮崎幸江）

9章　学習者のアイデンティティと社会・コミュニティ参加をめざす
　　ことばの教育……………………………………………………… 211
　　（佐藤慎司）

10章　アイデンティティとキャラ …………………………………… 235
　　（定延利之）

おわりに　―未来世紀日本語の鍵を南米に探しにいこう―
　　（松田真希子）………………………………………………… 263

第1部

複言語・複文化時代の日本語教育政策の諸論点

1 言語政策理論におけるブラジル日系人の日本語教育の諸論点
―ブラジル日系人の言語の計画のために―

福島青史・末永サンドラ輝美

KEYWORDS：ブラジルの日本語教育，言語政策，日系人，継承語，外国語

要旨

　本稿の目的は「ブラジル日系人の日本語教育」における諸論点を言語政策理論に基づいて提示することである。日本人によるブラジル移住が始まって100年以上が経ち、昨今のグローバル化にともなって、ブラジル日系人を巡る言語問題も複雑さを増してきた。特にブラジル日系コミュニティにおける日本語の機能と位置づけは社会の変化とともに大きく変わった。言語政策理論においては、使用言語を計画することは、その成員である個人またはコミュニティのアイデンティティを創造する行為とされ、日系社会における日本語の位置づけとその教育も「日系人とは何か」という問いへとつながる。よって「ブラジル日系人の日本語教育」は、単に日本語教育だけの問題ではなく、日系人である個人とコミュニティ全体の問題であり、より一層の議論が必要である。

1　はじめに

1.1.　背景と本稿の目的

　ブラジルの日本語教育は、1908年に始まった日本移民の歴史とほぼ同時期に始まり現在に至っている[1]。当初は出稼ぎが目的であったため、子弟の教育も日本の学校に復学することを目指した日本語指導であった[2]。しかし、第二次世界大戦以降は出稼ぎから永住へと意識が変化するにしたがい、ブラジルで生活をする日系人のための継承語教育が行われるようになった。1970年代から家庭内でのコミュニケーションが徐々にポルトガル語で行われるようになり、従来の方法では家庭内で日本語に接することのない子ども

には対応できなくなった。この頃から日本語教育関係者の間では「継承語教育から外国語としての日本語教育への移行（以下、「継承語・外国語論」）が必要だと叫ばれるようになる。その後、1990年の入管法の改正にともなう日本への出稼ぎブーム、2008年の世界的不況にともなうブラジルへの帰国者の増加など、日系人の日本語を巡る環境はより複雑になってきているが、継承語・外国語論は40年間決定的な回答を持ち得ないまま現在に至っている。

この間、冷戦終了後の世界は新たな移動の時代を迎えた。ヒト・モノ・カネの国境を越える諸現象は「グローバリゼーション」という国家の枠を超えた位相で説明されるようになった。またEUのような国家を超える政体の活動や、スコットランド、カタルーニャなど、国家内における独立運動の活発化は、国民国家制度の相対的弱体化を加速させる。国民国家体制において、言語はある国家の国家語・国語として国民アイデンティティの形成と維持に大きな役割を果たしており、国民国家制度の相対化は、個人と国家、民族、言語との関係を見直す契機となっている。このような世界の環境変化の中、言語政策理論（language policy and planning）は、人と言葉と社会の関係を問う学問領域として、理論的、実践的に再び活発化している。

ブラジル日系人社会における継承語・外国語論も、「日系人」という個人・集団を巡る、国家、民族、言語の関係への問い直しの一つのバリエーションであると言えるだろう。しかし、本件における特殊性は、この問い直しが国民国家制により規定された「日本人」ではなく、そこから派生した「日系人」という移民社会におけるアイデンティフィケーションの揺れであるという点である。そして、この論議の40年間の不全は、個人・集団のアイデンティティを国家、民族、言語に見いだす「日系人」という概念の構造的限界を反映していると考えられる。

本稿の目的は、継承語・外国語論を題材に、言語政策理論に基づき、ブラジル日系人の日本語教育における諸論点を提示することである。これらの論点に従い、現在の日系人と日本語の関係を再考し、その関係に対応した日本語教育についての議論を促したい。

なお、本稿で「日系人」とは、ブラジルに移住した日本移民とその子孫の

ことを指し、日本から移民として来た者を「一世」、それ以降の世代を「二世」「三世」「四世」とする。また、日本移民の子孫ではない者を「非日系人」と呼ぶ。「継承語」とは親から受け継がれ、コミュニケーションのツールとなる言語であり、「継承語教育」[3] は、その言語を学ぶことを意味する (中島, 2003)。「外国語としての日本語教育」とは、日本語以外の母語を持つ者に対し、日本語によるコミュニケーション能力を養成する教育を指す。「ブラジル日系人の日本語教育」とは、継承語でもなく外国語でもない「ブラジル日系人のための日本語」とその教育的意義を考えるための概念とする。

1.2　本稿とその執筆者について

　本論に入る前に、本稿の成立と執筆者について述べておく。

　本稿は、2015年8月にサンパウロで実施された「国際語としての日本語教育のための国際シンポジウム (EJHIB2015)」で発表された福島、末永の論文を統合したものである。福島は日本国籍を持ち、1994年よりJICA、国際交流基金から派遣され各国に1〜3年ほど滞在する日本語専門家であり、本稿執筆現在、6カ国で日本語教育に従事した。専門は日本語教育および言語政策である。EJHIB2015開催当時、ブラジルに赴任したばかりの福島は、ブラジルにおける活動の準備段階として、言語政策理論を援用し、日系社会の日本語教育のための理論的フレームを提示した。末永はブラジル国籍を持つ日系三世で、幼少時に家庭では日本語、学校ではポルトガル語で育ったバイリンガルである。ブラジルで教育学学士号、日本で日本語教育学修士号を取得し、日本でブラジル人児童を対象とした教育支援、ブラジルで日本語教育を実践してきた。EJHIB2015では、ブラジルでの教育経験に基づき継承語・外国語論を巡る文献の通時的分析を行った。

　本稿の中核には、継承語・外国語論に関する末永自身の疑問がある。末永は、1992年から約10年間、サンパウロ市から500km離れた地方都市で3歳から15歳くらいまでの子どもを中心に日本語を教えていた。日系団体経営のその日本語学校では、1992年頃まで東京書籍の国語教科書が使用され、文字指導中心の授業が行われていた。当時、学習者の9割以上が日系人であったが、日本語はほとんど話せなかった。そこで、ブラジルで発行された、日

本語の文型学習を中心とした教科書に切り替えることになり、文字指導から多少は会話を意識した授業が行われるようになった。しかし、学習者が話せるようになるわけではなく、7歳で日本語学習を始めた子どもが6年間勉強しても単語レベル、または一文単位でしか話せないのが普通だった。

末永の疑問は「外国語としての日本語教育とは何か」である。なぜなら、教科書を変更したことで、継承語教育から外国語としての日本語教育へ移行したという認識があったが、学習者の日本語習得にはつながらず「はたしてこの教え方でよいのか」という罪悪感があったからである。また、日本語教師研修会などでブラジルの現職の教師と話しても、「外国語としての日本語教育への移行」が叫ばれて40年が経とうとする現在でも、教育現場は変わっていないように思えた。

末永の「外国語としての日本語教育とは何か」という疑問は、目指すべき日本語教育のあり方を問うもの、つまり本稿においては「ブラジル日系人の日本語教育」の意味となる。本稿は、この末永の問いについて、福島が依拠する言語政策理論の観点から対話をすることで、理論とブラジル日本語教育の現実の統合を意図した。

まず、言語政策理論の概要について説明し、言語政策論が提供する諸概念を使用し論点をまとめる。その後、ブラジルの日本語教育に関する文献を継承語・外国語論を中心に分析し問題点を探る。最後に「日系ブラジル人のための日本語」の教育の諸論点を筆者の考えを含めて提示する。

2　言語政策の諸理論とブラジル日系人の日本語教育

本節では、議論のフレームワークとなる言語政策論について記す。

2.1　言語政策論の歴史と機能

言語政策論は、時代的特徴により大きく三つの区分に分けられることが多い (Ricento, 2000, 2006; Wright, 2004; Hornberger; 2006; Ferguson,2006; Johnson, 2013)。研究者によって、時代区分については多少ずれがあるが、およそ第一期1960〜70年代、第二期1980〜90年代前半、第三期1990年

代〜現在 (Ferguson, 2006) であり、それぞれ、「脱植民地化の時代」「批判の時代」「ポスト冷戦時代」とまとめられる。

　第一期は、第二次世界大戦後のアジア・アフリカ地域諸国の独立に際し、脱植民地化と新興独立国の言語問題が言語政策論の対象となった。特に、新興国の国家語の形成に関する研究、とりわけ実体計画に関わるものが特徴的である。1974年のFishman (1974, p.79)の定義では、言語計画[4]は「典型的には国家レベルにおける、言語問題の組織的解決の追求」となっており、この時期の言語政策は、国語・共通語の選定、標準化、その普及など、国家建設におけるプロセス、また言語による国家アイデンティティ形成と関連している。ただ、この国家建設のプロセスには、当時の西洋の国民国家制度に基づくイデオロギーが強く政策に影響を与えており (Ferguson, 2006; Ricento, 2006)、必ずしも各国の歴史的、民族的環境に適したものではなかった。「西洋的な国家の基準から考えると、言語的多様性は、遠心的であり国家建設の障害であると考える傾向があった。そのため、社会言語学的複雑さを避けるために、公的使用に用いる言語種を限定する政策がとられた」(Ferguson, 2006, p.10) のである。この結果、西欧語が公用語の一つに選ばれる傾向が見られ、この構造が後にポストコロニアルと呼ばれる状況の土壌となったとも言える。

　第二期は「批判の時代」と呼ばれる。1980年代から90年代初めにかけて社会的・経済的不平等の再生産において言語が果たす役割に関心が持たれはじめ、上述のポストコロニアリズムとも言える新興国の社会状況に対し、その状況を促進する言語状況を作った第一期言語政策への批判の時期として形成された (Wright, 2004; Ferguson, 2006; Ricento, 2006)。これらの批判の一つは、特にアフリカの多くの新興独立国の言語計画において、旧宗主国の言語を公用語として残したことが、旧宗主国の言語と現地語との固定的ダイグロシアにつながり、旧宗主国と一部の「支配的エリートの利益と計略に仕えた」(Ferguson, 2006, pp.3-4)というものである。また、この時期の言語政策理論は、批判理論 (critical theory) から影響を受けており、言語と国家の構造を基盤とする利害構造に批判的な分析を加え、国家と言語の関係が持つイデオロギー性を明るみに出し、社会的、政治的、経済的不平等における言語

政策の役割をより意識するものであった。たとえば、Ricento (2006, pp.14-15) は、1950~60年代の西洋ベースのアカデミックな言語政策理論が前提としたイデオロギーには、(1)言語がコミュニケーションのための規定的で不変、標準化された規則に支配された道具であるというような「言語の性質」、(2)モノリンガリズムと文化同一性は社会的・経済的進歩、近代化、国家的統合にとって必要なものであるという考え、(3)言語の選択は「理性的 (rational)な選択」であり、すべての選択肢が等しくすべての人に提示され、等しく平等に作られるという「理性主義」があるとする。よって、この「批判の時代」は、当時の不平等な社会状況への批判、第一期言語政策への批判、批判理論の三つの「批判」において特徴付けられる (Tollefson, 2006)。

第三期は「ポスト冷戦時代」である。冷戦終結から現代にいたるこの時代の言語政策論への関心についてFerguson (2006, p.4)、Hornberger (2006, p.24) は「復活 (resurgence)」という用語をあてている。第二期において批判された言語計画は一時衰退 (Ferguson, 2006, p.4) をしていたが、冷戦終結がもたらした劇的な社会変動は、言語政策論の「復活」をもたらした。Ferguson (2006, pp.5-9) は、言語政策論へ新たな関心が向かった歴史的要因として、「ソ連崩壊と冷戦終了」「ヨーロッパ諸国内での小民族、地域語の復興」「グローバリゼーション」「超国家政体の形成」を挙げている。冷戦終結にともなう人の移動は、国民国家イデオロギーにより管理されていた言語と人 (国民) との関係に見直しを要請する。国境によって管理されていた社会領域は文脈によって引き直され、領域内に国民、移民など多様な「人」と「ことば」が現れる。このため、現在では、新しい政治的枠組みとその領域内における「人－ことば－社会」の関係が模索されるようになった。

以上のように、言語政策理論の半世紀の歴史は、新興独立国や超国家政体など新しい政治的領域における「人－ことば－社会」の関係の創造、あるいは、既存の関係に対する介入の歴史であったと言える。また、西洋型イデオロギーに基づく言語政策への批判、冷戦後のグローバリゼーションがもたらした社会変化は、「人－ことば－社会」の関係が西洋型国民国家という単位で処理できず、新たなモデルを必要としていることを示している。つまり、「国民の言語とは」という集合名詞においてデザインされた計画・活動が、国民

国家制の弱体化の過程でその関係性が相対化した結果、「わたし（たち）の言葉とは？」というよりミクロな次元で、個人と言語の関係が検討されるようになったと言える。本稿の文脈においては、「ブラジル日系人のことばとは何か」という問いについて、国家と言語とのイデオロギーは批判、再検討され、日本、ブラジルという国家に縛られない「ことば」のあり方を模索する視点が与えられるのである。比喩的な表現を使えば、言語政策論は「日系ブラジル人」という集団の独自性の確立と言語的独立を検討する論点を提供するものといえるだろう。

2.2 言語計画の過程と行動

では、「ブラジル日系人」の新しい「人－ことば－社会」の関係を形成するのにどのような過程を踏むのであろうか。Cooper (1989, pp.31-34) は言語計画における「行動」として、席次計画 (status planning)、実体計画 (corpus planning)、習得計画 (acquisition planning) の三つを挙げている。「席次計画」とは言語の選択に関わるものであり、例として国家語、公用語、地域言語の選択などがある。「実体計画」とは席次計画によって選択された言語に対する働きかけであり、例として正書法開発、発音、言語構造の改編、語彙の近代化などが挙げられる。「習得計画」は選択され、機能・内容を整えた言語種に対する普及、言語教育に関わるものであり、例としてカリキュラム、教授法、評価などがある。

この行動は、「日系ブラジル人」という個人・集団が、どのようなことばを選択し、その内容がどのようなものであり、どのように教育するのか、という問いに変わる。この問いは、ブラジルに移民した日本人が自ら「日系人」として意識しはじめたころから、問われ続けた問題である[5]。そして、グローバル化が進む現在、世代が変わりゆく環境にある日系社会においては、国民国家制度とともに新しい戦略的概念が必要となってくる。

2.3 言語政策論の戦略的概念

本稿では「ブラジル日系人の日本語教育」を議論するために、言語政策論が提供する戦略的概念としてポストモダニズム的思考を導入する。

Pennycook (2006) は、ポストモダニズムについて、「啓蒙、西洋思想のヘゲモニー、など近代性や世界を理解するために使われてきたツールや概念などの、近代性の前提に対して疑問を投げかけること」(Pennycook, 2006, pp.61-62) とし、言語、政策、母語、言語権という概念のとらえ直しを要求する。Pennycookは言語政策との関連で、「統治性 (governmentality)」「言語の存在論 (language ontologies) の問い直し」「大きな物語 (grand narratives) の問い直し」「(意味・概念などの) 解体、局所的偶発性、遂行的 (disinvention, local contingencies, and performative)」という概念を導入するが、「ブラジル日系人の日本語教育」という概念のとらえ直しのためには、「言語の存在論の問い直し」「解体、局所的偶発性、遂行的」という概念が有効だろう。

　Pennycookは、「言語が構造、境界、文法、形式など、存在論的な実体として存在するという考え」を疑い、「マルチモーダルな記号論のシステム」として置き換える。それは、言語が自立して存在するという認識を改めることであり、社会行動、記号論システムという文脈から包括的にとらえる視点である。そして、「言語は民族、領土、出自、国家に結び付けられた先行システムではなく、社会的インターアクションの創発特性 (emergent property) である」と言う。本稿の文脈から言い換えれば、国民国家制度が弱体化した現在の社会で、とりわけ日本の国境の外部で生活する日系人が日本、日本語とどのような関係性を形成するのかというのは、先験的に決まっている事項ではなく、アイデンティティという自己形成活動の中で発見、形成されるべきものである、と言える。つまり、「日本」「日本語」「日系人」という概念は、先験的に存在せず、日本の国境を超えた領域で社会参加する個人が、それぞれの概念を再定義しながら、自らの言語としての「日本語」を発見することになる。

　また、Pennycook (2006, pp.69-70) は、この言語とアイデンティティの関係について、言語の遂行的な性質について強調する。つまり、「言語とは主に主体的な行為であり、再生産というよりも再構築の行為」であり、「言語使用とは先験的文法構造の繰り返しではなく、あるアイデンティティの記号論的再構築である」という。

> 言語やアイデンティティは、より偶発的で、移ろい、挑戦的なものであると考えられる。よって、民族的、領土的、国家領域につながれていると想定するよりも、<u>言語を超えた自己同一性</u>に焦点を置く。
> (Pennycook, 2006, p.71　強調は本稿の筆者)

　この考えは個人のあり方（＝アイデンティティ）の創造性を示しており、民族、領土、出自、国家を前提としない「私のありかた」から思考を始める視座を示唆している。つまり、社会に参加する一人の個人の視点から、「日系人」「日本語」といった国家、民族にとらわれた概念を再定義し、「わたし（たち）」を創造するのである。

　ただ、民族、領土、出自、国家といった概念が個人・集団のアイデンティティにとって無効な概念になったと主張しているのではない。特に、戦前ブラジルに移住したものにとって、他者との接点から見いだされた自らの日本人性は、大きなアイデンティティの支えとなったと想像される。ただ、グローバリゼーションが進行する現在の社会で「日系人」が、単に「日本から日本以外の国に移民した人」を意味しないのと同様に、彼／彼女たちの言葉の一つとなりうる「日本語」も日本国内で使用される「日本語」とは異なる概念に基づく言語となりうる。ブラジル日系人は日本から移動した人間につながる存在であるが、それと同時にブラジル社会に十全に参加する社会的存在でもある。さらに近年では、人生の一時期を日本で暮らし、その後ブラジルと日本を行き来する日系人もいる。つまり、「ブラジル日系人の日本語」は、日本の「外」で使用される日本語とも言えるし、日本の領域外の社会の「中」で文脈化され、使用される日本語であるとも言える。それは、社会で生きる「わたし（＝日系人）」が、発見する「ことば」であり、このような視点から「ブラジル日系人の日本語教育」は再考されるべきである。

　以上、「ブラジル日系人の日本語教育」を議論する理論的フレームワークを述べた。次節は、視点を変えて、継承語・外国語論を軸に「ブラジル日系人の日本語教育」という概念を分析する手がかりを得る。

3 ブラジルの日本語教育と継承語・外国語論に関する文献の概観

本節では、ブラジル日本語教育がどのように語られてきたのかを先行文献からまとめ、その言説を史的観点から分析する。

3.1 ブラジルの日本語教育の特徴

まずは、ブラジル日本語教育の現状を見る。2012年の国際交流基金の「日本語教育機関調査」によれば、ブラジルの日本語学習者は19,913名で、その内訳は「初等教育段階」1,974名、「中等教育段階」3,010名、「高等教育段階」1,488名、「学校教育以外」13,441名である（図1）。この内、全体の67.5％を占める「学校教育以外」には、日系団体が経営する学校や、語学学校、大学の公開講座が含まれており、機関名などから判断して、「学校教育以外」の機関の9割程度が日系団体の経営するものだと考えられる。ただし、図1の通り、「学校教育以外」の学習者数は減少しており、これは、端的に日系の日本語学校が減少していることを意味する。

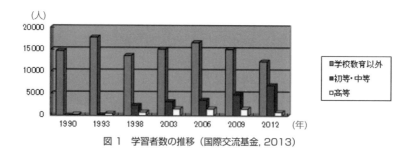

図1　学習者数の推移（国際交流基金, 2013）

また、同調査によると「日本語学習の目的」に関する回答の上位は「アニメ・マンガ・J-POPが好きだから」（79.1％）、「日本語そのものへの興味」（75.4％）、「日本語でのコミュニケーション」（67.7％）であり、世界全体の傾向とほぼ一致している。しかし、ブラジルでは、これらの項目の次に「母語または継承語」（59.1％）が続く。この数値は世界の中で最も高くブラジル日本語教育の特徴

だと言えよう。

3.2　ブラジル日本語教育に関する文献の概観

次に、ブラジル日本語教育を巡る言説の推移について分析を行う。以下は1970年代後半からのブラジル日本語教育に関する文献を収集し、特に継承語・外国語論についての記述を分析したものである。文献数は47点で書かれた時期は下記の通りである（表1）。資料は末永が、日本の大学図書館、国会図書館、ブラジルの人文研やブラジル日本語センターで関連があると思われるものを可能な限り収集した。

表1　ブラジルの日本語教育に関する文献

時期	文献数	特徴
1970～1980年代	20	20点中研修参加報告書15点
1990年代	14	14点中JICA及び国際交流基金の報告書2点
2000年代以降	13	すべて日本語・日本語教育に関する研究
合計	47	

3.2.1　1970年代後半～1980年代
：移行の必要性が認知され教育現場に浸透する

1970年より以前は、日本語教育に関する学術的な文献はほとんど見当たらない。それに関して山東（2003）は、1960年代前半までは日系人の手による随筆的なものが多く、1970年代から日本語・日本文学関係の研究者が客員教授や日本語講師としてブラジルに派遣されるようになり、ブラジルの日系人の日本語使用に対して学術的な関心が示されるようになったことを指摘している。

1978年に開催されたブラジル移住70周年国際シンポジウムでは、日本語学校で学ぶ学習者は三世と四世を合わせて70％を占めており、彼らにとっては読み書きを中心とした指導ではなく話し言葉から教えなければならない（鈴木, 1978）といった発言が見られ、外国語としての日本語教育への移行の必要性が認知されるようになる。この移行について、鈴木（1978）は「これ

まで見られた血縁的、精神的なイデオロギーは薄まり、代わって教養的、実利的なものが日本語を学ばせる動機として出てきた」(p.85) と述べている。

1979年には、ブラジル最大手の日本語学校である日伯文化連盟[6]が日本語が話せない子ども (5歳から15歳ぐらい) 向けの教材作成に着手している。その背景には、日本語学習者のニーズが変化しており、従来の教授法では学習効果が上がっているとは言えない現状があった (日伯文化連盟, 1980)。この教材は、『にっぽんごかいわInfantil (幼年)』(1979) と『にっぽんごかいわJuvenil (少年)』(1979) として出版され、外国語としての日本語教育を目指してブラジルで作成された子ども向けの教科書としては初めてのものとなる。1986年には『一、二、三、日本語ではなしましょう』(ブラジル日本語センター) の発行が続き、これらの教材開発は教育現場の意識の変化を示す象徴的な出来事であると言える。

外国語としての日本語教育への移行に賛同する意見は、日系社会の知識人の発言 (半田, 1980) をはじめとして、現場からも聞かれるようになる。国際交流基金の研修に参加した日本語教師の報告書からは、日常生活に重点を置き、発音の練習、動詞の活用や基本文型を教えている (安井, 1984) といった発言があり、話し言葉を教える方法を模索していることがわかる。また、外国語としての日本語教育に切り替えるために必要な教材や教師の能力について具体的に認識されるようになったこともうかがえる (井上, 1982; 中山, 1985; 髙橋, 1985)。

3.2.2　1990年代：新たな方向性が示される

1980年代までの文献20点のうち15点が研修参加報告書であったのに対し、1990年代になると国際交流基金や日本の大学の紀要などに掲載された論文が12点となり、個々の現場の報告ではなく、ブラジルの日本語教育全体を視野に入れた文献が増えた。

小久保 (1991) および深沢 (1995) は、ブラジルの日本語教育はもうすでに外国語としての日本語教育環境に変化したことを受け入れることが必要だとあると主張した。それに対し、長野 (1992)、鈴木 (1994)、渡辺栗原・一甲 (1999)、森脇 (1999) は、ブラジルの日本語教育は日系社会と切り離せない

ものであり、外国語としての日本語教育に移行することを是としない意見を述べた。

このような議論とは別の視点から佐々木 (1996)、太田 (1997)、鈴木 (1997) は、外国語教育の新たな方向性を提案している。佐々木 (1996) および鈴木 (1997) はブラジルの日本語教育の目的として異文化コミュニケーション能力を養うことが必要だと主張した。佐々木 (1996, p.119) は「日本的価値観を過度に強調するのではなく、ブラジルの文化を母文化とする学習者に価値観の多様性に気づいてもらうと同時に、日本的価値観との共通点および差異がなぜ起きるのかを考えるきっかけ」を作ることが望ましいと述べている。太田 (1997) は異文化コミュニケーション能力育成には、日系社会の日本語学校ではなくブラジル政府に認可された公教育のシステムの中で行われることが望ましいとしている。

3.2.3　2000年代以降：実態の把握と課題の明確化

2000年に入ると実証的な研究が増え、ブラジルの日本語教育の現状把握が進んだ。

森 (2004)、Morales (2009)、モラレス (2014) は、外国語としての日本語教育に移行しない要因として日系社会における日本語学校は言葉の習得ではなく日系人としてのアイデンティティ形成の役割を果たしてきたことを指摘した。江原 (2006) は日系社会の日本語学校が時代の変化に対応できない要因として、教授面や人材面、学校側の指導方針などを挙げているが、中でも日本人としての民族保持への願望が大きな影響を及ぼしていると主張している。

他方、遠藤 (2003)、柴田 (2007) はインタビュー調査によって教育現場の課題を明らかにしようとした。遠藤 (2003, p.213) は、学校側の教育目的は「日本語を通し、文化を伝承し継承させる」ことだが、保護者と生徒自身の学習動機は「将来、仕事や留学に役立つから」であると、その相違を指摘した。その上で、日本語学校は日本語の有用性を重視する学習者のニーズを踏まえ、教育目的および教育内容を見直す必要があると述べる。また、柴田 (2007) はブラジルの日本語学校では言語面だけではなく、日本的なしつけや掃除な

どの情操面の教育を重視する場でもあるが、必ずしも学習者がこのような教育方法を評価しているわけではないと主張している。

佐々木 (2000) は、日系社会の日本語学校の授業の分析をし、認知発達に合わない内容の教材を使って、文型中心に学ぶ方法や読み書きを重視した教育方法は第二言語習得の面から、子ども (9歳程度) にはあまり効果的ではないと指摘した。

3.3　まとめ
：継承語教育から外国語としての日本語教育の移行について

ブラジルの日本語教育の40年の文献を概観した結果、外国語としての日本語教育に関する議論は1970年代後半にはその必要性が認められ、1980年代には教材開発など、方法論において具体的な変化が現れた。1990年代から研究者の間での議論が本格的に始まり、その移行は現在に至るまで実現されていないと認識されている。その背景には、日系社会の日本語学校が言語の習得よりも日系社会の結束の役割を担わされてきたことが示唆された。つまり、この問題は言語が集団に対して持つ「コミュニケーション機能」と「アイデンティティ機能」が、時代とともに変わることによって生じた現象であると考えられる。次節では、この言語の二つの機能を軸に継承語・外国語論の構造を分析する。

4　継承語・外国語論の構造

本節では言語政策的視点から、継承語・外国語論の分析を行い、「ブラジル日系人の日本語」の論点を探る。

4.1　日系コミュニティにおける日本語の機能の変遷

本稿第2節で論じたように、言語政策理論において、ある社会的集団は、人−ことば−社会の関係を創造することにより構成される。そして、この集団において、諸個人が特定の言語に対して帰属意識を持つには、言語に二つの機能が必要となる。一つは、「コミュニケーション機能」であり、その言

語を媒介に意思疎通がとれる機能である。もう一つは「アイデンティティ機能」であり、言語が民族、伝統、歴史、文化、宗教などとともに、集団を象徴する機能である。前者の機能は、ある言語で意思疎通ができる範囲を一つの集団として形成することにより、その他の言語を使う集団を排他的に区別することができる。後者は、特に近代化という歴史的過程の中で生まれた想像的/創造的観念であり、多くは国籍など法的地位とも結びつき、現代でも強力な結束力を持っている。「日本人」「日本文化」という概念はその典型的なものであろう。

　ここで、ブラジル日系社会における日本語の機能を考えるにあたり、日系人の「国籍」「アイデンティティ」「コミュニケーション言語」を軸に日系社会における日本語の機能の推移を考えてみる。その推移の実態はコミュニティにより多様であったであろうが、本稿では、分析的な記述を構成するため単純化する。

　戦前、出稼ぎを目的とした移民にとって、日本語は主要なコミュニケーション言語であり、多くの場合、唯一の言語であった。また、成人してから移住した一世は、国籍も日本であり、日本人であるという意識も強かった。

　その後、移住の形態が出稼ぎから永住目的の移民に移行し、ブラジル社会における社会参加が意識され、また、その子供である二世やその後の世代がブラジル国籍を取得する過程で、民族、言語に対する意識にも変化が生まれた。自己アイデンティティは「日本人」であるという意識と区別して「日系人」という意識も現れた。1960年代くらいまでは、日本語は、家庭、日系コミュニティにおいて、コミュニケーション機能を保持しており、アイデンティティの要素であったと考えられる。ただ、ポルトガル語が日系社会においても、さまざまな社会領域で流通するようになり日ポ併用の複数言語状況が生まれた。日本語教育は、家族、コミュニティのコミュニケーションのツールとして日本語を学ぶ機能とともに、集団の結束といった機能を併せ持っていた。

　1970年代以降、二世、三世と世代を経るにつれて、ポルトガル語によるコミュニケーションが、家庭、日系コミュニティでも主流となる地域が増加した。日本語のコミュニケーション機能は、多くの日系コミュニティで日本語が流通していた時代までは、自然習得により日系人子弟に獲得され機能し

ていた。しかし、その後、その機能は日系社会で低下し、自然習得ではなく学習により習得する必要が出てくる。よって、この段階になると、日本語は「日系人」という集団におけるコミュニケーションを保証する言語ではなくなったと言える。

　そして、同時期に継承語・外国語論が始まる。この議論は失われた日本語のコミュニケーション機能を日本語教育によって回復するための議論といえる。しかし、日本語コミュニティが失われた後で、学習によりその機能を回復することは不可能であった。

4.2　継承語・外国語論の原因

　継承語・外国語論は、ブラジル日系社会における日本語のコミュニケーション機能の低下と、アイデンティティ機能の揺れに基づくものであると考える。また、この状況をより複雑にしているのは「継承語」「外国語」といった用語の混用である。

　繰り返しとなるが、本稿においては、「継承語教育」は、親から受け継がれ、コミュニケーションのツールとなる言語を学ぶことを指し、「外国語としての日本語教育」とは、日本語以外の母語を持つ者に対し、日本語によるコミュニケーション能力を養成する教育を指す。この定義を見る限り、「継承語」は日系社会に日本語のコミュニケーション機能がある限りにおいて有効であり、自然習得を基盤とし、家庭や地域コミュニティでの日本語使用により非常に高い日本語運用能力が維持できた。一方、「外国語教育としての日本語教育」は、日本語非母語話者を対象としていることから、日本語のコミュニケーション機能が低下した状況では、日系人であっても日本語は「外国語」とみなされる。習得は学習を基盤とし、コミュニティ内にコミュニケーション現場が少ないことから、継承語教育当時のように、高い言語運用能力がつくことは期待できない。よって「継承語から外国語へ」という掛け声は、本来は日系社会における日本語のコミュニケーション機能の低下に起因する、日本語教育上の技術の変更にすぎないのである。（表2参照）

表 2　継承語教育と外国語としての日本語教育の対比

	対象者の母語	習得方法	成果	コミュニケーション機能	アイデンティティ機能
継承語	日本語、日本語およびポルトガル語	自然習得および学習	高	あり	あり
外国語	ポルトガル語	学習	低	なし	あり

　一方で、継承語・外国語論の決着がつかない理由の一つには、現在においても、日系人を対象とした日本語教育に、目的としてアイデンティティ機能があることである。日系社会に日本語のコミュニケーション機能が十分にある環境においては、「日本語ができる」ことが非日系から区別される「日系人」のアイデンティティになりえた。しかし、日本語のコミュニケーション機能が低下した現在、日本語の運用能力は日系人であることの条件とはなりえない。それにもかかわらず、いまだ日本語と日系人アイデンティティが重ねあわせられる傾向がある。「日本語ができる日系人」と「日本語ができない日系人」が日系社会で心情的に区別されるのも、日系人のアイデンティティと日本語運用能力が結びついている証左であろう。そして、ブラジル日系人には、日本語に替わる言語アイデンティティが見つからないため、日系子弟の日本語運用能力の低下は日系社会の衰退のように思えてしまう。ただし、時代とともに「日本語ができる」＝「日系人である」という言語アイデンティティは日系人という範囲を規定することはできなくなっており、新しい言語アイデンティティが必要である。

　さらに、「外国語としての日本語」という用語による誤解や心情的な抵抗も問題となっている可能性もある。「日系人」という概念には、ブラジルという移住先で移住者が体験的に見いだした「非日系(＝外国人)でないもの」という意義が構造的に含まれている。そのため、日系人が学ぶ「日本語」が、「外国語」、つまり、自らがそのアイデンティフィケーションのために否定したものであるとすると、「日系人」という概念自体が自己矛盾を起こしてしまう。よって、日本語のアイデンティティ機能を考えるとき、「ブラジル日系人の日本語教育」は「外国語」であってはならないという帰結になる。

4.3　まとめ：継承語・外国語論の構造からみる課題

　継承語・外国語論から考えると、ブラジル日系人の日本語教育の課題は、日本語に替わるアイデンティティ言語に関する観念を創出することであると考える。ここでいうアイデンティティ言語とは、コミュニケーション機能とアイデンティティ機能をともにコミュニティ内が保持する言語である。すでに、日系ブラジル社会において、日本語のみにこの機能を託すのは困難である。よって、ブラジル日系人のあり方にしたがって、能動的、積極的に言語（概念）を計画し創造する必要がある。

　また同様に、日本語がブラジル日系人のアイデンティティ言語に残った場合、日本語教育の内容も新たに創造する必要がある。ここでブラジルの日本語教育に関与する人が自覚すべきは、世界のどこを探しても「ブラジル日系人のための日本語教育」のモデルは存在しないということである。世界最大の日系社会の規模を持ち、ブラジル社会に「日系人」として認知され、社会的評価も高い「ブラジル日系人」は、世界的にも稀なその特殊性を認識し、自らの日本語教育を新たに創出する必要がある。次節では本稿のまとめとして、「ブラジル日系人の日本語教育」の論点を提示し、議論を促したい。

5　「ブラジル日系人の日本語教育」の言語政策

　本節では「ブラジル日系人の日本語教育」を考えるにあたり、2.2で述べた言語計画の行動フレームを援用する。すなわち、「日系ブラジル人」という個人・集団が、どのようなことばを選択し（席次計画）、その内容がどのようなものであり（実体計画）、どのように教育するのか（習得計画）であり、その上で、「ブラジル日系人」はどんな存在なのかを示すことである。

5.1　席次計画：どの言語を使用するか

　まずは、「ブラジル日系人」の言語レパートリーを規定することから始める。つまり、「ブラジル日系人」という個人・集団が使用する言語、たとえば、ポルトガル語、日本語、英語、スペイン語といった言語種を選び、その言語に、国語、国家語、民族語、公用語、象徴語、継承語、遺産言語、外国語と

いったカテゴリーを設けることである。

　席次計画の際、「日系人」という概念をさまざまな側面から分析すると議論が活性化する。たとえば法的には日系人はブラジル人であるため、ブラジル国家の教育政策にしたがう。つまり、ブラジル日系人の国語はポルトガル語であり、必修外国語として英語、スペイン語が言語レパートリーとして組み込まれる。では、日本語をどう位置づけるか。祖先の民族言語として、継承語、象徴語、遺産言語などの地位を与えるか、フランス語、ドイツ語と同様の外国語とするかは、個人や地域によって議論が分かれるところだろう。

　なお、言語のカテゴリーは、社会と言語の状況を考慮して、意図的、政策的に機能を付与する。つまり、ブラジル日系人社会において、日本語にどのカテゴリーを付与するかは、個人・集団の政策的意図である。たとえば、日本語を日系コミュニティの「公用語」とするのであれば、コミュニティ内における日本語のコミュニケーション機能の回復を目指すことになる。そうなると、この政策は日本語教師だけでなく、コミュニティのすべての人が参加する大掛かりな事業となる。一方、「象徴語」とした場合は、コミュニケーションよりアイデンティティ機能にフォーカスされた日本語教育の開発が必要となるだろう。

　このように、言語の選択とカテゴリー分けは、「ブラジル日系人」という概念を規定する行為でもある。よって、本稿2.3で示したように、「日系人」という概念を個人的な視点から変更しながら、再構成する手法も考えられる。「日系人」という概念は、その構造から三つの点から再構成が可能である。一つ目は「日本から来た」という過去を重視する見方である。この場合、現在のアイデンティティが過去に紐づけされるため、言語レパートリーとして日本語を選択するのは、自明であり自動的な行為となる。二つ目は、ブラジル社会に生きる現在の状況から、自らのルーツの言語である「日本語」を意識的に選択する行為もある。これは一つ目と現象的には似ているが、言語選択を意志的に行っている点が異なる。三つめは、将来の自らのあり方から現在を考え、日本語を言語レパートリーに選択する行為である。これは、日本とブラジル日系人の関係の将来像から逆算し、現在の言語計画を立てる方法である。いずれも現在の「日系人」の言語計画となるのであるが、その結果、

構成される「日系人」像は異なる。このように、言語計画は個人・集団のアイデンティティを規定する行為であり、個人、家族、地域の言語レパートリの選択と機能付与については、その成員全員が参加する必要がある。

5.2 実体計画：日系ブラジル人の言語

　言語計画における実体計画は、一つの言語を選択し、その言語の文法、語彙、正書法、言語の仕様法などを決める行為であるが、本稿では、「言語の内容を作る」という行為をアナロジカルに解釈し、席次計画により選択した複数言語の機能、場面を計画することを実体計画とする。この行為は、本書のタイトルとなっている「複言語主義」の思想を取り入れたものである[7]。

　たとえば、国語としてポルトガル語、外国語としての英語、遺産言語としての日本語を言語レパートリーとして、それぞれどのような言語使用が考えられるだろうか。ブラジルで社会参加するためには、社会の私的領域、公的領域、職業領域、教育領域のすべての局面において、ポルトガル語で言語行為が行われる必要がある。外国語としての英語は職場で専門的な会話も必要となるかもしれない。では、遺産言語の日本語については、どうであろう。

　ある家族では、日本語母語話者の祖父母と話すために日本語が必要であるかもしれない。この場合、教育領域における日本語会話や、読み書きは必ずしも必要でない。あるいは、日系コミュニティに日本語が流通している地域においては、日系コミュニティに参加する場面において日本語能力が必要になる。日常的な社交会話が必要だろうし、ニュースレターなどは日本語で回ってくるかもしれない。ただし、この場合も、すべての領域、すべての技能で日本語ができる必要はない。その他の言語領域、技能はポルトガル語や英語などで補完されるからからである。

　この実体計画も経済的な観点から日本語を部分的に選択する視点も有効だろう。たとえば、言語を資源とみなし、日系人であるという歴史を活かし、将来に役立てるといった考えである。日本は経済的にも人口的にも大きな市場であるが、多くの国民は日本語モノリンガルであり、日本語という言語が大きな機能を果たしている。いわば、日本という市場は日本語によって守られており、外部からの参入が困難な市場と言えるだろう。よって、日本語は

日本という市場にアクセスするのに、重要な媒体となるのである。現在、日本も国際化を図り、外国語教育に力を入れているが、ブラジル日系人が、日系コミュニティの言語資源を活用し、日本語能力を身につけることができれば、日本語に支配されている市場に直接アクセスできる。インターネットを使えば、空間的制限は解決されるだろう。言語の有用性を基準に言語計画をする際、英語のような国際性の高い言語を身につけることも競争力を高めるだろうが、日本語のような希少資源を身につけることも有効であろう。日系ブラジル人にとって、言語の問題は「ポルトガル語か日本語か」「英語か日本語か」といった二者択一ではなく、三つ、四つの言語を習得し、それぞれの言語に適切な役割を配置するほうが戦略的であるように思われる。なぜなら、ブラジル日系人社会は、これらの言語を身につけるための有効な言語資源が、コミュニティに存在する世界の中でも恵まれた環境だからである。ブラジル日系人はヨーロッパ言語であるポルトガル語を母語に持つことから、ヨーロッパ系言語の習得にも優位性を持つだろうし、コミュニティ内に日本語話者を探しだすのは困難なことではない。ただ、資源は開発しなければ、利用できない。ブラジル日系人という言語資源を十分に活用するのも、それを活用する人の政策にかかっている。

5.3　習得計画：どのように教育するのか

　習得計画は席次計画による言語機能に適した計画を立てる必要がある。日本語を考える場合、コミュニティに日本語のコミュニケーション機能があるかないかで、大きく方法が異なる。そもそも継承語・外国語論は、この習得計画における方法論の議論であり、多くのヒントはこの議論の中に見られる。以下、日本語教育の目的、方法、評価の観点から論点を提供する。

　日本語教育の目的は、個人、家族、コミュニティにより多様である。一つの考え方として、日本語のコミュニケーション機能とアイデンティティ機能のどちらを重視するかを考える必要がある。また、日本語を個人の言語レパートリとするか、地域の言語レパートリとするかでも、その行動は変わる。

　方法について、大きな課題は、学習者の多くが年少者であるという点である。この分野の研究や実践例は少なく、ブラジルの日本語教育は、この分野

の最前線にあると言える。年少者の日本語教育については、継承語・外国語論で議論されたように、年齢相応の発達段階に合わせたものである必要があるし、コミュニケーション能力育成だけでなく、異文化理解や文化的な項目を育成することのほうが適切な場合もある。ただ、このバランスや方法について、適切な前例はないと言っていい。よって、ブラジル日系人の日本語教育は、日本語教育学の他、教育学、認知心理学、発達心理学などの専門家が、日系コミュニティとチームを組んで実践する必要があるだろう。

評価については、目的、方法に準じた目標設定が必要である。日本語運用能力の到達目標については、コミュニティに日本語が残っているかどうかで、大きく水準が変わる。ブラジルにおいては、ある日系コミュニティでは、小学生で日本語能力試験N2をとることが可能な地域もあるが、日本語のコミュニケーション機能が失われた地域で、年少者に対して日本語能力試験を目標にするのは適切ではない。日本語の使用機会がない環境で、子供が週に2度程度日本語を学習しても、20〜30年前のようにコミュニケーションができると期待することはできない。よって、本稿1.2の末永の学校のケースのように「7歳で日本語学習を始めた子どもが6年間勉強しても単語レベル、または1文単位でしか話せない」ことは、十分想定できる事態であり、教師も子供も悲観することはない。むしろ、日本語学習にともない学び、経験した行動や心の動きこそ重要であり、「ブラジル日系人の日本語教育」を日本語の運用能力でのみ評価することは、その可能性を損なうことになる。

6　おわりに

以上、言語政策論言語政策理論に基づき、ブラジル日系人の日本語教育における諸論点を提示した。ブラジル日系人の言語環境を議論するための試案となれば幸いである。

最後に執筆を終えた末永のことばを持って本稿を締めくくりたい。1.2で述べたとおり、本稿は日本から派遣された福島とブラジル日系人末永の共著であるが、論文の構成上、末永のことばは福島の理論により言い換えられてきた。最後は末永の声をもって今後の議論の端緒としたい。

私は日系二世の両親を持つ日系三世である。ブラジル生まれの両親は戦後教育を受けたにもかかわらず、日系コミュニティで日本的価値観を重視して育てられた。そこには、祖父母のいずれかは帰国しようと思っていた日本への強い思いと、子孫には日本人として育ってほしいとの意志が込められていたと思う。三世である私は、その意志を受け継いだ両親に「あなたは日本人だから家の中では日本語で話さなければいけない」と言って育てられた。子どものころは、特に違和感はなかったが大人になって「はたして自分は日本人なのかブラジル人なのか」と悩んだこともある。今では、自分はブラジル生まれの「日系三世」であり、日本語もポルトガル語も話せてよかったと思っている。

　日本語教育に携わるようになってから、従来の継承語教育ではなく新たな方針に向かうべきではないか考えるようになったが、その方向性はなかなか見いだすことができず何度も挫折した。その原因の一つに、継承語教育を否定すれば自分自身が受けてきた教育を否定しているのではないかといった思いがあったからである。しかし、本稿で言語政策理論の観点からブラジル日系人の日本語教育について考えることによって、少しは気が楽になった。なぜなら、言語政策の戦略的概念に基づいて考えると、「日本語」は日系社会で生きる私自身が発見する「ことば」であるといった視点から「ブラジル日系人の日本語教育」を考えることができるからである。

　また、ブラジルの日系社会における継承語・外国語論を言語政策理論の観点から考察することで、「ブラジル日系人の日本語教育」のモデルは世界のどこを探しても存在しないということもわかった。前例がないということは、新たなことを作り出すことであり、簡単に解決できる課題ではないということでもある。理論的には「ブラジル日系人」が言語レパートリーを規定し、どのような内容をどのように教育するかだが、「ブラジル日系人」である私が実際に行動に移すためにはどうすればよいのだろう？　という疑問が残る。今後は、一人の「ブラジル日系人」として自分の「ことば」を考え直すことと、それを日本語教育に生かすかを考えていこうと思う。

注

1) 日本語学校の設立は1910年代後半から1920年台前半にかけて各植民地で始まった。1938年ブラジル政府のナショナリゼーション政策により全面閉鎖された後、戦中戦後の「空白期」を経て、再び盛り返したのは1950年代からである (森脇, 2008)。
2) 1939年の調査でも、鉄道ノロエステ線およびパウリスタ線沿線に住む日本人約一万二千家族の内、85%が永住ではなく帰国を希望していた (輪湖, 1939, p.1)。
3) 外国語教育に対立する日本語教育について、鈴木 (1978) は「移住型日本語教育」、鈴木 (1994) は「母語教育」としているが、本稿では「継承語教育」のカテゴリーに入れる。
4) 言語計画 (language planning) は言語政策 (language policy) の実践レベル (カルヴェ, 2000, p.11) とされており、本稿でも理論的な言論を「言語政策」、実際の行動を「言語計画」とする。ただし、その差は厳密ではないため、近年の研究ではLanguage Policy and Language Planning (LPLP)(Wright, 2004)、Language Policy and Planning (LPP) (Hornberger, 2006)と併記されるなど、一つの事象として扱われることが多い。
5) 「日系」という語は、ブラジル永住が議論された1939年の文書にも現れる (香山, 1949, p.312)。戦後、この問題は「二世」の問題として議論され、アンドウ (1958, p.5) は「二世の人間像」を描くことから日本語との関連を論じている。その後、1978年の「ブラジル移住70周年国際シンポジウム」では、醍醐 (1978, p.189) は、「日系人」という概念のブラジル社会における「不都合さ」を表明している。
6) 日伯文化連盟は1956年に設立され「当初は母語教育を行っていた。日本ブームによって生徒のプロフィールが変わりつつあったのを1970年代前半に早くも感知し、教材・教授法を日本語教育に改めた」(鈴木, 1994, p.125)。
7) 複言語主義に基づく言語計画の例としては福島 (2014) を参照のこと。

参考文献

Ferguson, G. (2006). *Language Planning and Education*. Edinburgh: Edinburgh University Press.

Fishman, J. A. (1974). Language modernization and planning in comparison with other types of national modernization and planning. In J. A. Fishman (Ed.), *Advances in Language Planning* (pp.79-102). The Hague: Mouton.

Hornberger, N. H. (2006). Frameworks and Models in Language Policy and Planning. In T. Ricento (Ed.), *An Introduction to Language Policy: Theory and Method* (pp.24-41). Malden: Blackwell Publishing Ltd.

Johnson, D. C. (2013). *Language Policy*. Basingstoke: Palgrave MacMillan.

Morales, L. M. (2009). *Cem anos de imigração japonesa no Brasil: o ensino de japonês como língua estrangeira*. Tese de doutorado – Faculdade de Filosofia, Letras e Ciências Humanas, Universidade de São Paulo, São Paulo.

Pennycook, A. (2006). Postmodernism in Language Policy. In T. Ricento (Ed.), *An Introduction to Language Policy: Theory and Method* (pp.60-76). Malden: Blackwell Publishing Ltd.

Ricento, T. (2000). Historical and theoretical perspectives in language policy and planning. *Journal of sociolinguistics, 4* (2), 196-213.

Ricento, T. (2006). Theoretical Perspectives in Language Policy: An Overview. In T. Ricento (Ed.), *An Introduction to Language Policy: Theory and Method* (pp.3-9). Malden: Blackwell Publishing Ltd.

Tollefson, J. W. (2006). Critical Theory in Language Policy. In T. Ricento (Ed.), *An Introduction to Language Policy: Theory and Method* (pp.42-59). Malden: Blackwell Publishing Ltd.

Wright, S. (2004). *Language Policy and Language Planning*. Basingstoke: PALGRAVE MACMILLAN.

アンドウ・ゼンパチ (1958).『二世とニッポン語問題―コロニヤの良識にうつたえる―』自費出版.

井上たきえ (1982).「日伯文化連盟における日本語教育の現状と問題点」『海外における日本語教育の現状と課題』Vol.7, 108-109. 国際交流基金.

江原裕美 (2006).「ブラジルにおける日本語教育の現状と課題」『帝京大学外国語文学論集』Vol.13, 25-62.

遠藤クリスチーナ麻樹 (2003).「ブラジル都市部の日本語学校における日本語教育に関

する意識調査」『日本語教育指導者養成プログラム論集』Vol.2, pp.197-217. 政策研究大学院大学・国際交流基金日本語国際センター・国立国語研究所.

太田亨 (1997).「海外における日本語教育の連携―ブラジル」『日本語教育―21世紀への展望―』Vol.16, pp.203-210. 明治書院.

香山六郎 (編著) (1949).『移民四十年史』サンパウロ.

カルヴェ, ルイ＝ジャン (著), 西山教行 (訳) (2000).『言語政策とは何か』白水社.

国際交流基金 (2013).『海外の日本語教育の現状　2012年度日本語教育機関調査より』くろしお出版.

小久保ネイダ (1991).「南米における日本語教育概観」『講座日本語と日本語教育』Vol.16, pp.130-146. 明治書院.

佐々木倫子 (1996).「ブラジル人の日本語学習環境」『日本語と外国語との対照研究Ⅲ　日本語とポルトガル語 (1)』pp.94-135. くろしお出版.

佐々木倫子 (2000).「日系ブラジル人児童の日本語教育―ハワイの事例との対照」国立国語研究所 (編),『第7回国立国語研究所国際シンポジウム第一専門部会　日系ブラジル人バイリンガリズム』pp.64-89.

山東功 (2003).「ブラジルの日系人の日本語への視点」『女子大文学』Vol.54, pp.36-54. 大阪女子大学.

柴田あづさ (2007).「ブラジルの日系青年にとっての継承日本語教育」『佐賀大学留学生センター紀要』Vol.6, pp.29-42.

鈴木潤吉 (1997).「ブラジルでの日本語指導―外国語としての日本語教育への移行をめぐって―」『日本語教育研究』Vol.34, pp.74-93.

鈴木妙 (1994).「ブラジルにおける日本語教育―サンパウロ大学を中心―」『世界の日本語教育＜日本語教育事情報告編＞』Vol.1, pp.123-129. 国際交流基金日本語国際センター.

鈴木正威 (1978).「移住型から文化型日本語教育へ」毎日新聞社 (編),『われら新世界に参加す　ブラジル移民70周年国際シンポジウム』pp.183-187.

醍醐麻沙夫 (1978).「日系人という概念は疑問」『われら新世界に参加す　ブラジル移住70週年国際シンポジウム』毎日新聞社.

高橋瑠美子 (1985).「日伯文化連盟における日本語教育の現状」『海外における日本語教育の現状と課題』Vol.10, pp.196-198. 国際交流基金.

中島和子 (2003).「JHLの枠組みと課題―JSL／JFLとどう違うか」『母語・継承語・バイリンガル教育研究会』プレ創刊号, pp.1-15.

中山遙 (1985).「ブラジルのみどり学園おける日本語教育の現状と問題点」『海外における日本語教育の現状と課題』Vol.10, pp.190-192. 国際交流基金.

長野正 (1992).「日本語教育の課題―中南米を例として―」玉川大学文学部(編),『論叢: 玉川大学文学部紀要』Vol.33, pp.39-63.

日伯文化連盟日本語普及研究部 (1980).「ブラジルにおける日本語教育の現状と幼児児童向きの会話テキスト作成について」『日本語教育』Vol.40, pp.55-66.

半田知雄 (1980).「ブラジル日系社会における日本語の問題(完)」『言語生活』Vol.348, pp.67-73. 筑摩書房.

深沢リジア真澄 (1995).「85周年を迎えたブラジルの日本語教育」『世界の日本語教育＜日本語教育事情報告編＞』Vol.2, pp.61-71. 国際交流基金日本語国際センター.

福島青史 (2014).「私の家族の言語政策」『つなぐ―わたし・家族・日本語―』pp.7-17. 日本文化言語センター.

モラレス松原礼子 (2014).「ブラジルの日系人と在日ブラジル人―言語・メンタリティ―」『日本に住む多文化の子どもと教育　ことばと文化のはざまで生きる』pp.89-114. 上智大学出版.

森幸一 (2004).「ブラジルの日系人の「日本語」を巡る状況と言説―1908年から1980年代まで」『大阪大学大学院文学研究科紀要』Vol.44-2, pp.123-161.

森脇礼之 (1999).「日本語教育の理念の変遷 (Ⅱ)」『人文研』Vol.4, pp.43-75.

森脇礼之 (2008).『ブラジルにおける日本語教育史　その変遷と近年の動向』Universidade Estudual de Campinas.

安井信子 (1984).「汎アマゾニア日伯協会日本語普及講座の現状と問題点」『海外における日本語教育の現状と課題』Vol.9, pp.119-121. 国際交流基金.

輪湖俊午郎(編). (1939).『バウルー管内の邦人』サンパウロ.

渡辺栗原章子・一甲真由美エジナ (1999).「ブラジルの日本語教育をめぐる現状と展望」『世界の日本語教育＜日本語教育事情報告編＞』Vol.5, pp.63-77. 国際交流基金日本語国際センター.

2 中国朝鮮族の民族語継承と日本語教育

本田弘之

KEYWORDS：継承語教育，少数民族教育，日本語教育，中国朝鮮族，外国語教育政策

要旨

　「朝鮮族」は、中国政府により認定された「少数民族」である。しかし、「先住民族」ではなく、近代になって隣接する朝鮮半島から移動してきた移民集団である。その移住は清末に始まり、昭和初期の「満州国」建国とともに激増し、第二次世界大戦の終結とともに終了した。現在の人口は約180万人とされている。

　その朝鮮族の生活に大きな転機が訪れたのは、1990年代である。中国の改革開放政策による外資の導入と韓国との国交正常化がそのきっかけとなった。この変化により、大量の朝鮮族が「出稼ぎ」を目的として韓国に再移動した。その数は、23万人を数える。

　このように、中国朝鮮族は、移動の時期、現在の人口、そして故地との関係など、ブラジルへの日系移民とよく似たエスニック集団であるといえる。そして、日系移民が日本語の継承・維持への努力を続けてきたのと同様に、朝鮮族も、民族語である朝鮮語を維持・継承する努力をかさねてきた。しかし、その継承語教育は移住を受け入れた中国政府の政策により、ブラジル日系移民とは、やや異なる環境で推移した。さらに朝鮮族の言語生活には、継承語である朝鮮語と移住先の言語である漢語（中国語）に加え、第3の言語として、日本語が深くかかわってきた点も注目される。

　本稿は、このようなブラジル日系人と類似した歴史を持ちながら、異なった条件の下で進展した朝鮮族の継承教育政策と言語環境、民族コミュニティ盛衰の関係を紹介する。

1　中国朝鮮族について

「朝鮮族」は、中国政府により認定された「少数民族」であり、中国東北地方を中心に居住している。しかし、少数民族という呼称から一般的に連想される「先住民族」ではなく、隣接する朝鮮半島から移動してきた移民集団である。中国政府の統計によれば、現在の人口は約180万人であるが、この統計には、後に述べるとおり、1990年ごろから始まった人々の急速かつ大規模な移動が正確に把握されているとはいえないため、現在、中国国内に実際に居住する朝鮮族の数は、これよりかなり少ないと思われる。

彼らの移動は、清末にはじまり、中華民国成立 (1921年) までには、半島に隣接する吉林省間島地区 (現在の吉林省延辺朝鮮族自治州) に朝鮮族の居住地ができていた。しかし、その移住は、半島北部から間島への移動に限られており「移民」というより「越境」とよぶほうがふさわしい[1]。移民が本格化したのは、日本による朝鮮の植民地化と「満州」地域への進出がはじまった後である。朝鮮に「鮮満開拓会社」が設立され、日本から送られた満蒙開拓団と同様に朝鮮の人々の計画的な集団移住がおこなわれ、「満州」の各地に朝鮮族のみで構成される集落が形成された。その範囲は現在の東北三省から内蒙古の一部におよんだ。

ブラジルへ移民した日系人が、茶や野菜、果実の生産で成功したのと同じように「満州」への朝鮮族移民は、彼らの生業であった水稲耕作において成功をおさめた。寒冷な気候のため、それまで水稲耕作が困難とされていた中国東北部で良質の稲が作られるようになったのは、朝鮮族の功績であるといってよい。

水田を開発するため、朝鮮族の移民地には、それまで耕作が行われていなかった川沿いの低地が選ばれた。そこで、朝鮮族の集落は、先住者の集落から比較的孤立したところに形成されることが多く、周囲に居住する漢族との交渉があまりなかった。コミュニティ内部では、朝鮮語 (と日本語) のみが通用し、漢語 (中国語)[2] は、ほとんど話されなかったのである。そして、このような状況は、中華人民共和国が建国された後もかなり長く続いた。

朝鮮族は、伝統的に教育を重視する。そのため集落ができるとすぐに学校

が建設されることが多かったが、「満州国」時代の集落内の学校教育は、朝鮮総督府の教育制度に準じておこなわれていたため、日本語を教授言語としており、日本語の教科書が使われた。そこで、コミュニティは、朝鮮語と日本語によるダイグロシアの状態にあり、特に就学年齢のこどもたちは、母語と同様に日本語を使いこなす者がめずらしくなかった。

中華人民共和国建国後、郷里に引き上げた人々もいたが、まもなくはじまった朝鮮戦争の混乱により、半島南部出身者を中心に、80万人程度が中国に残留した。当初、中国政府は彼らの二重国籍状態を公認していたのだが、1948年から1950年ごろには、朝鮮族を「少数民族」として認定し、国籍の選択をせまった (孫, 2004, pp.59-61) (王, 2005, pp.134-135)。その後、プロレタリア文化大革命 (1966-1977) の時期に社会的騒乱と鎖国状態が続くと、韓国・北朝鮮との連絡がきわめて難しくなったことも手伝い、朝鮮族は、自らが「中国人」であるというアイデンティティを確立することになった。

現在の朝鮮族は、移民二世から四世にあたる。中国人としてのアイデンティティをもっている一方、朝鮮族のみで構成されるコミュニティがごく最近まで残っていたこと、国交が結ばれた1990年代前後から韓国の書籍やDVDが大量に輸入されていること、同時に韓国との人的交流が非常に増えたこと、そしてなにより、後述する「民族学校」制度があることにより、東北三省に居住する朝鮮族については、三世であっても朝鮮語を継承している者が少なくない。なお、中国朝鮮族の朝鮮語と韓国・北朝鮮の言語とは、聞いてすぐわかる程度の差異があるものの、双方のコミュニケーションに支障はなく「方言」レベルの差であるといってよい。

2　中国における朝鮮族の教育と言語の継承

多民族国家を標榜する中国には、少数民族を対象とした「民族教育」制度がある。これは、各少数民族の集住地に「民族学校」をつくり、民族語で授業をおこなう制度である。さらに民族教育を補完するものとして、民族学校の出身者が進学に際して不利にならないよう、大学入学統一試験の問題を民族語に翻訳し、民族語による解答を認める制度がある。民族学校の出身者は、

受験科目についても普通の学校出身者と異なり「語文」科目[3]の試験が「民族語文」と「漢語文」の2言語(2科目)で行われる。2科目の合計点を2で割ったものが「語文」の点数となる。さらに「漢語文」には、民族学校出身者用の問題が使われるが、これは、一般の「漢語文」より易しい問題となっている。このように中国では、公教育を民族固有の言語で行うことが保障されており、その点が、日本やブラジルとの大きな違いである。ただし、多くの少数民族では、言語内の方言差が激しく地区間の通話さえ難しい、専門用語の翻訳ができない、教員がいないなど、さまざまな問題を抱えており、民族学校がつくられても、小学校低学年で補助的に民族語を使うのみで、教科の授業はすべて漢語で行っているケースが少なくない。

　その中で朝鮮族は、民族教育がもっとも充実している民族の一つであるといえる。就学前教育から高等教育まですべてのレベルで朝鮮語による教育を受けることが可能であり、教科書や大学入学統一試験の問題なども朝鮮語版が準備されている。

　ただし、民族学校へ進学するか、普通の(漢語で教育がおこなわれる)学校へ進学するかは、児童生徒の出自(民族)によって決まるわけではなく、各自および保護者の意思による自由な選択にまかされている。したがって、朝鮮族であっても朝鮮族学校に進学しなければならないというわけではない。また漢族のこどもが民族学校に入学することも可能である。

　ところで、朝鮮族の場合、民族学校に通学しないと、家庭内で朝鮮語を使っていても、こどもは漢語話者となり、ほとんど朝鮮語を話さなくなり、やがて漢語のモノリンガルになることが多い。筆者が調査を重ねても、その明確な理由は明らかにならなかったが、民族学校を選択するか普通の学校を選択するかが、朝鮮語を次代に継承するか否かという選択でもあることは、すべての朝鮮族の親が知っていることなのである。すなわち、朝鮮族の継承語教育が行われる場は、民族学校をおいてほかになく、朝鮮族の人々もそれを強く意識してこどもの進学先を選択しているのである。

3　文化大革命による民族教育と朝鮮語継承の危機

　この民族教育が深刻な危機に陥ったのが1967年から1976年まで続いた「プロレタリア文化大革命（文革）」の時代であった。この時期、中国の学校教育は、著しく荒廃したが、特に民族教育が紅衛兵の糾弾の対象となり、民族学校が閉鎖されたり、漢族の学校との統合が進められたりした。地域によって若干の差はあったようだが、総じて朝鮮語による教育がほとんどおこなわれなくなったために、朝鮮族の人々は、朝鮮語の継承に強い危機感を抱くことになった。そのため、文革が終結すると、朝鮮族の人々は、ただちに民族学校を再開した。朝鮮族は「満州国」時代から就学率が高い集団として知られており、学校の再開にあたって資格のある教員を確保することは容易であったが、ただ一つ課題となったのが、外国語教育をどうするか、ということであった。というのも、文革中は、外国語教育と大学入試がともに否定され、両方とも中断されていたのだが、文革が終了すると、ただちに両者が再開されることとなり、外国語教育が必修となるだけではなく、大学入試科目として非常に重視されることとなったのである。しかし、文革以前の民族学校においては、外国語科目が免除され、その代わりに漢語教育が行われていた、という事情があった。そのために、外国語を担当する教員だけは、簡単に確保することがむずかしかったのである[4]。

　ところで、中国においても外国語教育といえば、実質的に英語教育を指す。この「外国語教育の再開」も、実質的に「英語教育の再開」を意味していたのだが、朝鮮族に限らず、中国全土で英語教員が不足している状況であったため、英語以外にロシア語と日本語を外国語科目として選択することが認められた。そこで、朝鮮族の人々が目をつけたのが、日本語を外国語科目として採用することであった。その理由は、いうまでもなく「満州国」時代に日本語で教育をうけ、日本語を母語同様に話すことができる世代を教員として採用することができたからであった（本田、2015, pp.123-136）。こうして、朝鮮族学校では、ほぼすべての学校で日本語が外国語科目として採用されることとなった。

4 「開放改革」期の民族教育振興方略と日本語教育

　いち早く民族学校を再開するために、という単純な理由で採用された日本語教育であったが、当初考えられていなかったその「効用」に朝鮮族の人々が気づくのは早かった。再開後の大学入試で、朝鮮族学校の生徒たちが、漢族の進学校を上回るような得点をあげ、超難関大学である北京大学や清華大学に合格する生徒さえ現れたからである。

　そのカギとなったのは、外国語科目で高得点をあげることであった。外国語科目に日本語を選択する朝鮮族の生徒と英語を選択する一般の学生の平均点の差が20点近くになったのである。前述したとおり中国では、日本の「センター入試」に似た大学統一入学試験が行われるが、日本のような大学独自の（二次）試験はなく、また合否は、総合点だけで決められ、教科ごとの「足切り点」のようなものは設定されていない。つまり、合否は、総合点だけで決まり、総合点が高ければ高いほど「よい大学」に入学できるというシステムになっているのである。そして、朝鮮族の生徒は、三つの言語科目、すなわち朝鮮語文・民族学校用の易しい漢語文、そして外国語科目の日本語で、高い総合点を獲得することができたのである。

> 朝鮮族の躍進は、「語文」（特に「朝鮮語文」）と外国語（日本語）で、平均点に20、30点大差をつけることによって、その他の科目（平均点より2、3点下回る）の劣勢を一気に挽回してトップに躍り出る（文系合格率トップ）という図式になっている
>
> 　　　　　　　　　　　　　　　　　　　　　　　（小川、2001、p.212）

　朝鮮族の人々は、民族学校の生徒が日本語で高い得点を得ることができる理由を、朝鮮語と日本語の統語構造が類似しているからだ、といっている。それが本当の理由かどうかには、やや疑問があるが（本田、2005）、外国語として日本語を選択できるのが、事実上、民族学校に限られており[5]、民族学校を選択することが大学受験に有利であることを積極的に宣伝して、進学者を獲得するという方略をとりはじめた。

じつは、現在の中国で、朝鮮族幼稚園および小・中学校があるのは、ほぼ東北三省（黒龍江省、吉林省、遼寧省）と内蒙古自治区に限られる。さらに、朝鮮語で高等教育を受けられるのは、延辺大学の一部の学部と民族師範学校などの数校に限られる。民族語による受験と進学を認めている大学は、中国各地にいくつかあるが、数が限られる上に、入学後１年間、漢語と英語を補修するための「民族預科教育」を受けなければならないので、卒業も１年のびてしまう。また、大学入学後の授業は、当然のことながら、すべて中国語でおこなわれる。すなわち、民族学校で学ぶことは、進学先の選択肢を著しく狭め、入学後の学修に民族語を生かす機会もないから、大学進学を考える場合、有利な選択とはいえなかったのである。そのため、文革終結後も、民族学校を選択せず、ふつう（漢族）の学校に通学する朝鮮族が少なくなかった。1980年代初頭における調査では、延辺朝鮮族自治州で10％程度、人口比率が少ない黒龍江省では20~35％の朝鮮族がふつうの学校へ通っていた（高崎、1996, p.173；岡本、1999, p.155, p.162）[6]。

　このように、進路の選択が狭くなる、という大問題があるのだが、民族学校に進学し、統一試験にあたって、省でトップクラスの成績をあげることができるならば、北京大学や清華大学などの「名門校」に進学することが夢ではなくなる。統一試験で高得点をあげることが可能な上に、これら、名門校は、中国政府の少数民族優遇政策の一環として「少数民族（学校）枠」を設定しているからである。中国において、地方都市のふつうの学校へ入学した生徒が、北京大学のような名門大学に合格することは、事実上不可能といっていいほど困難なことであるが、民族学校へ進学すれば、その夢がかなう可能性があるのである。

　さらに、民族学校は、入学時の競争相手が人口の少ない少数民族のこどもにほぼ限られるため、競争の激しい一流進学校に比べて競争率もずっと低く、入学することも難しくない。そこで、朝鮮族の民族学校は、入学が容易なのにもかかわらず、大学進学にも有利であるという点を宣伝して生徒を集めはじめた。たとえば黒龍江省のようなところでは、朝鮮族の人口比率が低いので、民族学校の運営が難しかったのであるが、全寮制で進学教育を行うことを学校の特色にかかげて、きわめて広い範囲から生徒を集めることに成功

し、学校の規模を拡大する民族学校が現れた。こうして、1990年代後半から2000年代前半にかけて、朝鮮族の教育は、中国でもっとも成功した民族教育になったのである。この時期、中国は「改革開放」政策が波に乗り、著しい経済成長をはじめていた。

5 朝鮮族の複言語環境

　ここで、中国朝鮮族の複言語環境の特徴についてまとめておきたい。

5.1 民族語継承教育が公教育の場でおこなわれている

　一つの国家に二つ以上の言語を用いる集団が存在する場合、すなわち、多言語国家においては、こどもたちの教育をめぐって、大きく二つの政策が考えられる。一つは、すべてのこどもに共通して複言語による教育をおこなうことを前提とするものであり、もう一つは、単一言語による教育を原則とするものである。また、後者については、さらに二つの考え方がある。それは、集団に固有の言語による教育を基本とする考え方であり、もう一つは、その国家でより広く使われている言語による教育を優先させる考え方である。

　中国の教育制度は、国内で最も広く、そして圧倒的に多くの人々によって使われている漢語を教育に使うことを標準としつつ、少数民族については、民族固有の言語を使って教育を受ける権利を認め、また、そのための制度も作られている。教育を受けるこども、あるいは、その保護者は、漢語で教育を受けるか、民族語で教育を受けるかを、自分たちの判断で決めることができる[7]。

　それぞれのエスニック集団が、自分たちの言語を維持・継承し、あるいは発展させていくという「(民族の) 言語権」を保障するという点で、これは理想的な制度であるように思われる。しかし、現実には、先に述べたとおり、制度の運用にあたってさまざまな問題点があり、制度が機能している例のほうが少ない。その中で朝鮮族は、最も「うまくいっている」民族であることも前述したとおりである[8]。

　この点で、朝鮮族の民族教育は、少数民族にその民族言語による公教育を

保障する際のケーススタディとなると思われる。しかし、そのような観点から、朝鮮族の教育の現状を見てみると、民族の言語を尊重するための公教育が持つ本質的な「むずかしさ」が浮きぼりになっているように思われる。

それは、民族学校で学んだ生徒の学習成果が保証されているのが、大学入学試験までであるということである。5節で述べたとおり、大学入学試験で優れた成績をあげれば、その成績に応じた大学に入学できるのだが、その大学に入学してからの勉強は、すべて漢語でおこなわれる。そのため、漢語母語話者の学生にくらべて、学習上の負担が大きくなる。そして、大学卒業後、広く中国社会に出ていこうとすると、言語的なハンディキャップはさらに大きなものとなる。つまり、少数民族教育を受けた者は、その民族コミュニティを離れて活躍することが難しくなるのである。公教育で民族語を選ぶか、漢語を選ぶかという二者択一を就学年齢で迫られるというのは、こどもにも保護者にも大きな負担となる。

5.2　第3の言語の存在

朝鮮族は、漢語、朝鮮語以外に、日本語という第3の言語を持っているという特徴をもっている。朝鮮族にとって「満州国」時代から日本語は縁のある言語であったこと、そして、日本語を自分たちの民族教育を成功させるためのカギとして使ってきたことは、すでに述べてきたとおりであるが、彼らは、このように日本語を第3の言語として使用してきた理由を「朝鮮語との言語的な近さ」にあるとしている。事実、幸運なことに日本語と朝鮮語は、その言語の構造がきわめてよく似ているが、もう一つ、漢語と日本語は、漢字を使用するという共通点を持っている。そのため、この3言語を同時に学ぶことは、効率がきわめてよいのである。学校教育で何を学ぶか、というときに「より役にたつ科目」、つまり「英語」という選択肢でなく「より学びやすい科目」を選択したところに、朝鮮族の民族教育の特徴があらわれているように思われる。

6　民族教育の「成果」としての朝鮮族の拡散

　中国の急速な経済成長は、朝鮮族の民族教育をさらに振興させる役割を果たした。1990年代から、欧米の企業とともに日本企業・韓国企業が積極的に中国への進出をはじめ、中国は「世界の工場」とよばれるようになった。そして、これら企業の中国進出にあたって必要な日本語と中国語、さらに韓国語（朝鮮語）と中国語に堪能な人材を、朝鮮族学校が供給する役割を果たしたのであった。じつは、朝鮮族の人々は、このとき、はじめて自分たちの「能力」に気づくことになったといってよい。それまで、彼らの日本語教育は、もっぱら進学のみを目的としており、（日本人との）コミュニケーションのために日本語を学ぶという概念が、ほとんどなかったのである (本田, 2015, p.250)。

　ところで、それまで「受験」のみを目的として行われてきた朝鮮族学校の日本語教育であったが、その朝鮮族の日本語教育を担ってきたのは、先ほど述べたとおり「満州国」時代に日本語教育を受け、母語話者に準ずるようなレベルの日本語運用力を持った世代であった。さらに、その世代の子どもたちにも、文革中も家庭内で日本語を聞いて育ったという者が少なくなかったので、朝鮮族学校の日本語教育は、かなりレベルが高かった。筆者は、2000年代初頭に中国東北地方の各地で数多くの民族学校を訪問した経験があるが、どの学校を訪ねても高校2・3年生の生徒の中に必ず何人か筆者と不自由なく会話できるほど日本語の上手な生徒がいた。したがって、それまでの民族学校の日本語教育が、コミュニケーションを目的としない「受験日本語」であったということは事実なのだが、同時にコミュニケーションに「使える日本語」でもあったのである。

　こうして、民族学校で学んだ朝鮮族の日本語が「使える」ことを知った日本企業が争って求人をはじめると、民族教育の関係者にも、日本語教育が進学だけではなく、就職にも非常に有利であることが理解されていったのであった。少し遅れて韓国企業が中国に進出をはじめると、同様に「韓国語」を話すことが、他の民族にまねのできない「能力」であることが明らかになる。じつは、それまで朝鮮族の人々は、朝鮮語に対して、ほとんど「民族のことば」という意識しかなく、自分たちの伝統を継承することだけが、朝鮮語教

育の目的であった。ところが、山東省を中心に韓国企業が争って中国に進出し、工場を建設しはじめると、中国全土に「韓国語」ブームが起こり、大学の外国語学部に「日本語学科」とならんで「韓国語学科」が新設される事態となった。そのとき初めて、朝鮮族は、日本語だけではなく朝鮮語も、経済的にきわめて「役にたつ」言語であることを実感することとなったのである。

　こうして、それまで大学進学率の高さのみが「売り」であった朝鮮族民族学校は、日本語と朝鮮語の習得が就職においてもきわめて有利であるということを積極的に宣伝し、さらに生徒募集を進めていった。しかし、それは同時に、仕事に就いた若年層の大規模な移動を招くこととなった。その移動の方向は、中国「南方」、韓国、そして日本をめざしていた。さらに、その大規模な移動は、朝鮮族コミュニティの解体・消失をまねく要因となった。

6.1 「南方」への拡散

　民族学校で日本語を学習した朝鮮族の人々が、「日本語ができる人材」として注目されるようになったのは、外国人に対する中国旅行の解禁がきっかけであった。文革中は、外国人の入国を厳しく制限していた中国政府であるが、1979年から旅行会社が募集する団体のパッケージツアーを順次、許可しはじめた。このとき、もっとも早い時期に中国へのツアーを組んだのは、日本の旅行会社であり、その内容は、かつて「満州」に暮らした日本人を「故郷」に案内する旅であった。「満州」地域は、朝鮮族の集住地でもあるため、民族学校で日本語を学んだ多くの若い朝鮮族が通訳ガイドとして採用されることとなった。その後、日本人の主要な観光の目的地は、「満州」地域から、桂林・西安・上海など、中国の南の地域に移っていったが、これらの地域では、十分な数の日本語通訳が確保できなかったため、通訳ガイドの求人は、依然として中国東北三省を中心におこなわれ、多くの朝鮮族がこれらの地域へ派遣され、就職することとなった。これをきっかけに朝鮮族の若者が、より有利な職を求めて、中国の「南方」9) 地域への移動をはじめることとなる (本田, 2012, pp.251-254)。

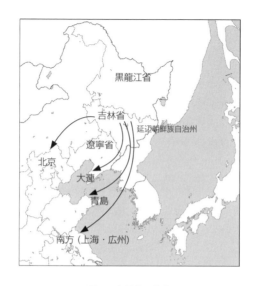

図1:朝鮮族の移動

　1990年代になると、日本・韓国企業の積極的な中国進出がはじまった。当初、工場の立地として選ばれたのは、大連（日本企業）や青島・威海・煙台（韓国企業）であった。沿海地域の成長が顕著になると、しだいに珠江デルタ（広州）・長江デルタ（上海・蘇州・杭州）地域に、多くの工場が建設されていったが、この地域に進出した企業も、東北三省で通訳や工場のマネージャーとして朝鮮族を数多く採用した。当時、各地の朝鮮族学校へ企業の求人担当者が訪れたという。こうして、多くの朝鮮族の若者が、学校を卒業すると故郷を離れ、大連以南の沿海地域に向かうことになった。

　このころ、中国では、毎年10%以上の経済成長をみたが、その発展の大部分は、沿海地域への外資系企業の進出によるものであり、東北地域は、経済発展から取り残されてしまった。そのため、一度「南方」で職を得た者は、故郷には戻らず、沿海地域で結婚し、家庭をもち、結果的に定住することとなった。しかし、5節で述べたとおり、朝鮮族の民族学校は、東北三省と内蒙古自治区以外には、ほぼ存在しない。したがって、彼らのこどもたちは、ふつう（漢族）の学校に通わざるを得なかった。家庭内で朝鮮語を習得

させようと努力した家族もあり、朝鮮語の補習校がつくられた地域もわずかにあったようだが、実際のところ、移住先で育ったこどもたちは、漢語母語話者となり、朝鮮語を喪失するケースがほとんどであった。

　ところで、朝鮮族は、外見や宗教で漢族と変わるところがほとんどない。したがって、もっとも重要な、ほぼ唯一のエスニック・マーカーが「朝鮮語」であるといってよい。朝鮮族に聞くと、朝鮮語と並んで料理や礼儀作法をエスニック・マーカーとしてあげる人も多いが、中国でも大都市を中心に韓国料理店が普及し、スーパーでもキムチなどが売られるようになった現在、朝鮮料理を食べることが、朝鮮族特有の特徴であるとはいえなくなってきている。礼儀作法にいたっては、その礼儀作法を要求する民族コミュニティの存在なしに成立しえない。すなわち、漢語を母語とし、漢族のコミュニティで生活する朝鮮族のこどもは、身分証の記載以外、漢族とまったく区別できるところがなくなってしまうのである。こうして「南方」に移住した朝鮮族は、わずかに個人的な「意識」の中に民族アイデンティティを持ち続ける可能性だけを残して、漢族社会のなかに消失しつつある。その数は、2006年ごろの推計で約42万人とされている (韓, 2006, p.159)[10]。しかも、その多くが、若い世代であった。

6.2 韓国への移動

　「南方」への移動とともに、朝鮮族の社会を大きく変えたのが、韓国への移動 (移住) である。1948年、朝鮮半島の南北分断によって朝鮮族が韓国を訪れることは、ほぼ不可能となったが、1990年代に入り、両国の関係が改善されると離散家族の再会や親戚訪問を目的に数多くの朝鮮族が韓国を訪問する機会を得た。そして、そこで彼らが目にしたものは、そのころまだ文革の影響を強く残し、経済的に疲弊した中国とくらべると圧倒的に豊かな韓国の市民社会であった。当時、韓国で仕事をすれば、1〜2カ月で中国の年収に等しい収入が得られたという。そこで、朝鮮族の韓国への大規模な移動が始まったのである。韓国にいく朝鮮族の目的は、その当初からほぼ二つに絞られていた。その一つは「出稼ぎ」であり、もう一つは「結婚」であった。
　日本以上に進学率が高く、出生率が低い韓国では、いわゆる「3K」労働

を低賃金でおこなう労働者が慢性的に不足していた。ここに朝鮮族の雇用が生まれたのである。朝鮮族も韓国人同様に単純労働を嫌う傾向がきわめて強い。そのため中国国内では、「3K」とよばれるような仕事につく朝鮮族は、ほとんどいないのだが、中国と韓国の賃金格差は、その嫌悪感をこえるほどであったのである。したがって、労働者として韓国に渡った朝鮮族は、中国で仕事に恵まれない者、こどもの教育費を必要とする夫婦、そして、進学に失敗した若者などが多かった (朴, 2004, pp.130-144)。こうして、国交が締結された1992年には2万6千人、10年後の2002年には8万人もの非合法入国者を数えた (最相, 2015, p.165)。

このような非合法入国者の急増に対し、韓国政府は、朝鮮族の在留資格を短い期間にかなり大きく変更していった。筆者が朝鮮族の調査をおこなった数年の間にも、何度か韓国政府のビザ発給条件が変わったという話を聞いている。しかし、一つ変わらない方針があった。それは、韓国語の運用力に関する条件、すなわち、韓国語ができない者は、原則として韓国に受け入れない、という方針である。3節で述べたように、朝鮮族であっても、ふつうの学校へ進学した生徒は、朝鮮語の運用力が低くなってしまう。特に朝鮮族の人口比率が低い大都会に暮らすこどもたちの場合、民族学校に進学しない限り、朝鮮語をまったく話せなくなることが多い。したがって、韓国政府が、ビザ発給条件に韓国語運用力を入れたことは、朝鮮族の中でも朝鮮語を継承した人を選択的に韓国へ流出させることにつながった。

彼らは、短期間、韓国に滞在し、できるだけ多くのかせぎを手にして帰国し、そのかせぎを元手に事業を起こすことを目標としていた。実際に成功し、中国で事業を起こすことができたものも少なくない。たとえば遼寧省瀋陽市の西塔地区は、2000年ごろから形成された新たなコリアンタウンであり、数多くの飲食店 (韓国料理店など) が軒をつらねているが、その多くが韓国から帰国した朝鮮族の経営になるものである。彼ら韓国から帰国した人々が話すことば (ソウル方言) は、朝鮮語と区別され「韓国語」とよばれるようになった。これが「成功した人」の言葉遣いであるというイメージでとらえられ、瀋陽などの朝鮮族学校では、意識して「韓国語」を使いはじめる若者も現れた。また、瀋陽以外にも、帰国した朝鮮族が経営する「韓国料理店」や「韓

国ファッション」の店は、少なくない。

　その一方、韓国で生活を続けることに慣れてしまい、中国に住むこどもたちに仕送りをしながら、長期にわたって韓国に滞在し続けている朝鮮族もまた非常に多い。その背景には、先に述べたとおり韓国政府のビザ発給の制度が頻繁に変更されるため、一度出国すると再入国がむずかしい、あるいは、最初から非合法滞在なので再入国ができない、といった事情がある。民族学校に在籍する生徒の「留守家庭」に関しては、さまざまな調査が行われてきたが、どの報告でも半数近くかそれ以上のこどもが留守家庭に育っているという。しかも、その「留守」の期間がしだいに長期化しており、筆者が2010年に訪問した遼寧省の朝鮮族中学では、もう10年以上一度も両親に会っていないという生徒がクラスの1/3をしめるほどであった。そして、このような環境におかれたこどもの素行不良が、現在の朝鮮族の民族学校における最大の問題となっているのである。それにともない学習意欲も低下傾向が続き、かつてのような高い進学率を誇る民族学校が数少なくなっている。また、前述したとおり、朝鮮語を積極的に継承した両親が韓国に渡ってしまうと、残されたこどもたちは、朝鮮語を使う機会が減り、民族学校もしだいに漢語化が進んでいるという。

　もう一つの目的として「結婚」のため韓国に渡る朝鮮族も多い。林(2004)によれば、比較的若い年齢で離婚した朝鮮族の女性が、国際結婚をあっせんするブローカーの紹介により、韓国の農村部に住む未婚の男性と結婚するというケースが多いという。朝鮮族は、漢族と比較して「亭主関白」な傾向が強い。また、過度の飲酒や賭博(主に賭けマージャン)に走る男性の比率が高いという。そのため、朝鮮族の離婚率は、漢族よりはるかに高いのである。

　その一方、韓国の農村部では、男性の「結婚難」が問題となっており、その両者を取り持つ形で結婚(再婚)相手を紹介する企業が現れた。このような「国際結婚」の数は1990年から2001年の間に15,000件に達したという。当然のことながら、移動した人々のほとんどが女性であった。なお、結婚により韓国の滞在資格を得た場合、両親や(前夫との)こどもを呼び寄せることが可能になるので、なんらかの形で「結婚」をきっかけとして韓国に移動した人の数は、この数倍にのぼると考えられる。

こうして現在、韓国に滞在する中国朝鮮族の数は23万人に達している（最相, 2015, p.168）。

6.3　日本への移住

朝鮮族が、その民族学校で日本語教育を積極的に展開していったことは、朝鮮族の日本への移動を促していくことにもつながった。現在、日本にどのぐらいの朝鮮族が滞在しているのかについては、正確な統計がなく[11]、きわめて大雑把な数値であるが3万人から5万人（権・宮島・谷川・李, 2006, p.181）であろうと推計されている。この数は中国「南方」に住む42万人、韓国に住む23万人にくらべればずっと少ないが、朝鮮族の拡散と移動を語るうえで見逃せない特徴をもつ。それは、5.2で述べたとおり、韓国へ移動した朝鮮族の多くが、労働者として滞在しているのに対し、日本に滞在している朝鮮族の多くが大学・大学院の留学生として、あるいは留学を終えて日本企業の正規社員として就職して滞在しているという点である。

朝鮮族が日本への移動を志すのは、民族学校で日本語を学んでいるからである。したがって、日本へ来ようとする朝鮮族は、民族学校卒業後、日本で大学に進学することを目的として来日する者が圧倒的に多く、それに次ぐのは中国で大学を卒業し、日本で大学院に進学しようと考えた者である。すでに述べたとおり、中国では、英語に替えて日本語の試験で入学できる大学があまり多くはない。それに対し、日本では、留学生の入学に際して、日本語の試験を課すかわりに、英語の試験を免除している大学が少なくない。さらに、少子化が進む日本の大学では、2000年ごろから留学生の募集を積極的に展開しはじめた学校も多く、そのため、朝鮮族にとっては中国の大学に進学するよりも、日本の大学に進学するほうが容易である、という逆転現象が起きているのである。一方、単純労働者として仕事をするのであれば、日本に来るよりも、ことばが通じる韓国に行ったほうがずっと楽に仕事がみつかる。そんな理由から、日本にくる朝鮮族は、成績が比較的優秀な若者が多く、そのほとんどが大学留学生として、あるいはそれをめざして来日するのである。

このように日本で大学を卒業して、日本企業に就職した人は、引き続き日

本在留資格を得ることも比較的容易である。実際に日本の大学を卒業した者は、日本で職を探すケースがほとんどである。経済が急成長した中国であるが、まだ、給与水準は、日本のほうがずっと高いからである。したがって、日本に滞在する朝鮮族の多くが、日本への定住、つまり、とくに期間を決めずに滞在することを考えているという点で、短期間の労働を目的として滞在している韓国の朝鮮族とかなり異なる。現実的には、韓国に滞在する朝鮮族も、かなり長期に渡って滞在しているケースが非常に多いのだが、あくまでも、その生活の本拠は中国にあると考えており、こどもを韓国によびよせる例は、まれである。それに対し、日本に在留する朝鮮族の人々には、帰国を考えておらず、こどもの教育も日本でおこなおうとする人たちが少なくないという違いがあるのである。

以上のように日本へ留学する人々は、民族学校でも比較的優秀な生徒たちが多い。その人々が日本へ流出し、故郷に帰ってこないことから、近年、民族学校では教員を確保することがむずかしくなってきている。これは、両親が韓国へ出稼ぎにいってしまった「留守家庭」のこどもたちの問題とならんで、朝鮮族の民族教育の大問題となっている。

7　民族コミュニティの解体と複言語継承の将来

このように2000年ごろから、中国朝鮮族は「民族」としての大きな岐路をむかえている。前節までに述べてきたとおり、その理由は、朝鮮族が長い間、集住してきた中国東北地域からの移動と拡散にある。

現在、朝鮮族の移動は大きく二つの方向にむかっている。一つは、「南方」すなわち、中国社会への一層の定着を志向する動きであり、言語生活としては、完全な「漢語化」にむかっている。もう一つの動きは、再度、中国国外へ移動し、そこでの経済的成功を志向する「トランスナショナル化」であり、同時にそれは継承語である朝鮮語をリソースとして生かそうとする動きとしてあらわれている。

しかし、このような人口の移動によって朝鮮族が中国東北地域に維持していた民族コミュニティは解体・消失の危機に直面している。実際に東北三省

の朝鮮族の村落を訪ね歩いても、移動した人々に故郷の現状をインタビューしても、確実に多くの「村」そのものが急速に消失しつつあることがわかる。また、少子化により、すでに多くの民族学校が閉校している。伝統的に水稲耕作を生業としていた朝鮮族は、農村に朝鮮族だけの集落をつくり、その民族コミュニティが言語や文化の継承を支えてきた。集落には、必ず民族学校がつくられ、コミュニティの総意によって支えられていた。民族学校が中心となり、コミュニティと一体となって朝鮮語が継承されてきたのである。6.1で述べたとおり、朝鮮族のエスニック・マーカーは、朝鮮語によるコミュニケーションにあるといってよい。つまり、朝鮮族にとってコミュニティの縮小と解体は、民族の解体と消失に直結しているのである。

ところで、朝鮮族とならび、中国東北に居住する比較的人口の多い少数民族に満族と蒙古族がある。朝鮮族と異なり満族も蒙古族も先住民族であるが、三つの民族には、宗教や外見で漢族ときわだった差異がないという共通点がある。しかし、民族語の維持状況に関しては、かなりの違いがみられる。

まず満族は、すでにまったく民族語を使用していない[12]。これは、清の時代、満族が支配階級であったため、王朝が存続した250年の間に多くの人口が東北三省の故地を離れ、関内(主に北京とその周辺)に移動し、漢族の社会で生活をはじめたこと、そのため故郷の集落が衰退したことと無関係ではないと思われる。すなわち、現在「南方」に移動した朝鮮族と同じ状況がおこったのである。

一方、蒙古族は満族のような大規模な移動をしていないため、モンゴル語を継承している人の数は少なくない。しかし、現在もモンゴル語を継承している人々のほとんどは、伝統的な生業である牧畜(遊牧)に従事している家庭に育っている。これに対して、内蒙古自治区内にあっても、漢族の人口比が高い都市に居住する蒙古族は、すでに民族語を失っている家庭が多い。やはり、ここにも伝統的な民族コミュニティの存在と民族語継承に強い結びつきがみられるのである[13]。

このような例をみる限り、現在、コミュニティが消失しつつある朝鮮族も、今後、民族語を継承できなくなる可能性が高い。「南方」に移住した人々は、こどもが朝鮮語を使用する機会がほとんどなくなり、次世代で朝鮮語を失う

可能性がきわめて高い。東北三省では、集落が消失し、民族学校が閉校した地区から、朝鮮語が失われてゆくと思われる。人口比率が低い黒龍江省、遼寧省では、これまで民族語を継承する場として最も影響力があった民族学校内でも漢語化が急速に進みつつあるため、民族学校が残っても、民族語の継承はかなり難しいように感じられる。結局、今後も朝鮮語を継承していくのは、朝鮮族の人口比率が高く、韓国との交流も多く、朝鮮語で日常生活を送ることが可能な延辺朝鮮族自治州の一部地域に限られるのではないだろうか。

一方、トランスナショナル化を志向し、国外に移動した朝鮮族の言語生活がどうなるかは興味深い。まず、韓国に移動した朝鮮族である。現在、ソウル南部の加里峰洞地区には、朝鮮族タウンが形成されていて、ここでは羊の串焼き[14]に代表される「朝鮮族料理」の店がならび、漢語（中国語）が通用する街として有名である。韓国に移動した朝鮮族が、あえて漢語を使うのは奇妙な話であるが、その背景には、職業選択などで朝鮮族がやや差別的な扱いを受けていることと関係があるようである。つまり、自分たちが韓国人ではなく、中国人であることを常に表明することで、自分たちのアイデンティティの独立性を主張しているのだという。とはいえ、韓国に渡った朝鮮族が日常生活で朝鮮語以外の言語を使用する機会は、それほど多くないと思われるので、言語生活に関して朝鮮族と韓国人の間に差がなくなるのにそれほど長い時間は必要ないと思われる。したがって、朝鮮語（韓国語）への単言語化が進み、言語生活における複言語環境は失われていくのではないだろうか。

これに対し、現在「日本に在住する中国朝鮮族は、朝鮮語、中国語（普通話）、日本語を日常的に使用」している（高・村岡, 2009, p.43）という特徴がある。これは、日本での留学生活の場に、これら3言語を使用する人間、すなわち中国留学生・韓国留学生・そして日本学生がいるからである。このように3言語を使いわける生活、そしてその使いわけを常に意識させるような生活があるのは、朝鮮族にとって日本以外の地にはない。そのため、高・村岡が指摘しているように、朝鮮族の人々は日本に来た後、意識的に多言語使用を管理することをおぼえ、あるいは意識的なコードスイッチングを駆使して生活していかなければならない。

それと同時に日本人が、朝鮮族が日本語と中国語、韓国語の3言語を使いこなすことを積極的に評価していることも見逃せない。朝鮮族の留学生の多くが希望する日本での就職に当たっても、多言語運用能力を持っていることが非常に有利に働く。それは、彼らにとって、自分が「韓国人でも中国人でもなく中国朝鮮族であること、そして、中国朝鮮族であり続けることの価値」を意識させられる新しい発見につながっていると思われる。
　このように考えると、中国朝鮮族は再移動先の日本で、独自の社会的なポジションを確立することになる。しかし、彼らがこどもたちに、どのようにその複言語環境を継承していくか、また、いけるのかは不明である。したがって、その結果を知るのには、いましばらく時間がかかるだろう。

注

1) このような歴史的背景の違いにより、現在でも延辺地区の朝鮮族とそれ以外の「内地」(延辺地区以外の遼寧省、吉林省、黒竜江省および内蒙古自治区のことを、朝鮮族の人々はこう呼ぶ)に住む朝鮮族は、継承語教育の意識などにかなりの差があるように思われる。
2) 一般に「中国語」とよばれている言語を中国国内では「漢語」と称する。この稿では、中国語を「漢語」と表記する。
3) 中国の学校で、日本の「国語」にあたる教科を「語文」というが、民族学校では、漢語(中国語)のほかに民族語の科目が設置されているので、それぞれを「漢語文」「朝鮮語文」「蒙古語文」……と呼びわけている。
4) 朝鮮族学校の教員採用条件に「朝鮮族に限る」という規定があったわけではないが、当時の学校内では、ほぼ朝鮮語のみが使われていたので、朝鮮語ができない人が仕事をすることは難しかった。現在は、後述するように学内で広く漢語が使われ、また、朝鮮族の教員が不足ぎみであるため、他の民族(主に漢族)が採用され、勤務しているケースはそれほどめずらしくなくなった。
5) 中国東北地方では、1990年代初頭まで、一般(漢族)の中学でも、日本語クラスを設置している学校があったが、90年代半ば以降、外国語として日本語を採用するのは、ほぼ朝鮮族と蒙古族の民族中学のみとなった。
6) この数値は文化大革命の終結後一度下がったが、1990年代中頃から再び上昇傾向にあり、現在は40%(小学校)・20%(中学校)近くに達するという(出羽, 2015)。
7) 漢族のこどもが民族学校を選択することも自由である。実際に相当数の漢族の生徒が在籍している朝鮮族学校もある。
8) 中国政府は56の少数民族を認定しているが、この中で高等教育まで民族言語で受けることが可能な民族は5ないし6民族に限られ、しかも、受けられる高等教育は「語文」などごく狭い専門領域に限られている。
9) 朝鮮族は、延辺と「内地」に対し、山海関以南の地域(関内)をまとめて「南方」とよぶことが多い。なお、大連は遼寧省であるが「南方」あつかいされることがある。
10) 中国は戸籍制度の関係で、公式な人口統計と実際の居住人口にかなりの差があることが珍しくない。農村から都市、国外への流動人口がほとんど把握されていないためである。
11) 日本の在留外国人の統計は、国籍別であるため、朝鮮族の人々は「中国人」としてしかカウントされないためである。
12) ただし中国東北から新疆に集団で移住した錫伯(シベ)族は、現在も「錫伯語」という名称で満州語を継承・維持している。
13) ここで述べるのは、中国国内におけるモンゴル語の状況である。
14) 羊肉串は、本来、中国西部ウイグル族から伝わったものだが、延辺で独自の改良がくわえられ、「朝鮮族の料理」となった。

参考文献

王柯 (2005).『多民族国家　中国』岩波書店.
岡本雅享 (1999).『中国の少数民族教育と言語政策』社会評論社.
小川佳万 (2001).『社会主義中国における少数民族教育』東信堂.
権香淑・宮島美花・谷川雄一郎・李東哲 (2006).「在日本中国朝鮮族実態調査に関する報告」中国朝鮮族研究会 (編),『朝鮮族のグローバルな異動と国際ネットワーク』pp.179-222. アジア経済文化研究所.
高民定・村岡英裕 (2009).「日本に住む中国朝鮮族の多言語使用の管理―コードスイッチングにおける留意された逸脱の分析―」『言語政策』5, pp.43-60. 日本言語政策学会.
最相葉月 (2015).『ナグネ―中国朝鮮族の友と日本―』岩波書店.
孫春日 (2004).「中国朝鮮族における国籍問題の歴史的経緯について」櫻井龍彦 (編), 牛承彪 (訳),『東北アジア朝鮮民族の多角的研究』pp.49-63. ユニテ.
高崎宗司 (1996).『中国朝鮮族　歴史・生活・文化・民族教育』明石書店.
出羽孝行 (2015).「朝鮮族学校の課題―1990年代から2000年代の延辺を中心に―」朝鮮族研究学会 2015年度全国大会第2部セッションレジュメ (2015年11月29日, 於日本大学)
朴光星 (2004).「韓国における朝鮮族の労働者集団の形成」櫻井龍彦(編)・イ・スンヒョン(訳)『東北アジア朝鮮民族の多角的研究』pp.130-144. ユニテ.
韓光天 (2006).「中国朝鮮族の都市移動の実態に関する報告」中国朝鮮族研究会 (編), 宮島美花(訳),『朝鮮族のグローバルな異動と国際ネットワーク』pp.159-163. アジア経済文化研究所.
本田弘之 (2005).「中国朝鮮族の継承後維持方略と日本語教育」社会言語科学会『社会言語科学』8(1), pp.18-30.
本田弘之 (2006).「日本語教育の〈自律〉と〈変容〉―中国東北地域における〈満州国〉後の日本語教育の意味−」『言語政策』2, pp.91-101. 日本言語政策学会.
本田弘之 (2010).「中国朝鮮族の日本語教育『再開』期の様相―日本語教育史の『断絶史観』を再考する―」遠藤織枝・桜井隆 (編)『世界をつなぐことば』pp.487-506. 三元社.
本田弘之 (2012).『文革から「改革開放」期における中国朝鮮族の日本語教育の研究』ひつじ書房.
林明鮮 (2004).「延辺朝鮮族の離婚と国際結婚―女性の資源の保有と婚姻行動―」櫻井龍彦(編)『東北アジア朝鮮民族の多角的研究』pp.195-218. ユニテ.

3 日本の言語政策と敬語運用能力

中井精一

KEYWORDS：これからの敬語，敬語の指針，敬語教育，地域バリエーション，社会バリエーション

要旨

　昭和24年、国語の改善および国語の教育の振興に関する事項を調査審議する目的で国語審議会が設置され、昭和27年4月には「これからの敬語」を、平成12年12月には「現代社会における敬意表現」を、そして平成12年2月には「敬語の指針」を答申した。これらのことからもわかるように、戦後わが国の言語政策において「敬語」は一貫して重要なテーマであった。

　しかしながら近年の調査結果によれば、現代の日常生活においてさえ、敬語を使用しない地点(地域)は、全国におよそ4割もあり、敬語教育・敬語を中心とした言語政策の成果は、ほとんどあらわれていないとも言える。

　敬語の受容やその運用能力の獲得には、各地の地域特性が大きく影響するとともに学歴や社会階層といった社会バリエーションも関係している。本論では、東京語(共通語)と地域日本語との接触、および言語政策との関わりに焦点をあて、現代日本社会における敬語の受容ならびに敬語教育について、社会言語学的観点から検討する。

1　はじめに

　文化庁は、平成26年3月に実施した「国語に関する世論調査(平成25年度)」の結果概要を公開している[1]。それによれば、「今後とも敬語は必要だと思うか。」という質問に対し、「必要だと思う(計)」の割合が98.0％で、「必要だと思わない(計)」の割合が1.4％となっている。過去の調査結果(平成15年度)と比較すると、「必要だと思う(計)」の割合はあまり変化がない。

　次に、「今まで敬語をどのような機会に身付けてきたか」を尋ね(選択肢

の中から幾つでも回答)たところ、「職場(アルバイト先を含む)の研修など」の割合が63.5％で最も高く、次いで「家庭でのしつけ(54.3％)」、「学校の国語授業(42.6％)」、「学校内のクラブ活動など(31.7％)」「国語の授業以外での学校の先生の指導など(24.3％)」となっている。過去の調査(平成15年度)と比較すると「職場(アルバイト先を含む)の研修など」が12ポイント、「学校内のクラブ活動など」が9ポイントそれぞれ増加している。「家庭でのしつけ」の割合は、平成15年度の調査では52.99％で最も高かったが、この調査では2番目に高い割合となっている。順位に若干の変動はあるが、敬語の習得には「家庭」「学校」「職場」が大きな役割を担っている。

　昭和24年、国語の改善および国語の教育の振興に関する事項を調査審議し、文部大臣及び関係各大臣に建議する目的で国語審議会が設置されるが、昭和27年4月には「これからの敬語」を、平成12年12月には「現代社会における敬意表現」、平成19年2月には「敬語の指針」を答申したことからもわかるように、戦後わが国の言語政策において「敬語」は一貫して重要なテーマであった。

　一方、近年、東京への一極集中が一段と進行し、それによって新たな社会問題の発生が、敬語行動研究や配慮表現研究を促している。第二次大戦終結直後の1945年に13.0％であった首都圏の人口が、2005年には26.9％となった。産業構造の側面からは、バブル崩壊以降、企業のコスト削減指向に拍車がかかり、工場の海外進出が盛んになって、1993年から製造業の就業者数が減少に転じる一方、サービス業の就業者数は拡大の一途をたどっている。高度経済成長期以降の産業構造の変化は、人口移動の視点から考えれば、農山村人口を都市工場労働者にし、バブル期以降では農山村人口を都市でのサービス産業従事者として、都市が吸収したとも言える。そしてそれにともなって多くの都市移住者は、言語形成期を過ごした農山村とはことなる社会の言語形式や言語行動の習得が求められることになった。

　以上のような前提をふまえ本研究では、東京語(共通語)と地域日本語との接触、および言語政策との関わりに焦点をあて、現代日本社会における敬語の受容ならびに敬語教育について、社会言語学的観点から検討する。

2 日本の言語政策と敬語

2.1「これからの敬語」

　1949年、文部省設置法制定にともなって、国語審議会が改組され、第1回 (昭和 24年 11月 10日) から第 3回 (昭和 25年 1月 30日) までの総会における自由な討議の結果、国語白書作成、漢字、話しことば、敬語、公用文法律用語の 5部会を設けた[2]。

　敬語部会は、金田一京助を委員長に諸事項を検討し、第 14回総会 (昭和 27年 4月 14日) において、「これからの敬語」が文部大臣への建議として決定された。

　その「まえがき」には、

> 　この小冊子は、日常の言語生活における最も身近な問題を取り上げて、これからはこうあるほうが望ましいと思われる形をまとめたものである。
> 　これからの敬語についての問題は、もちろんこれに尽きるものではない。元来、敬語の問題は単なることばの上だけの問題でなく、実生活における作法と一体をなすものであるから、これからの敬語は、これからの新しい時代の生活に即した新しい作法の成長とともに、平明・簡素な新しい敬語法として健全な発達をとげることを望むしだいである。

とある。また「基本の方針」には

1　これまでの敬語は、旧時代に発達したままで、必要以上に煩雑な点があった。これからの敬語は、その行きすぎをいましめ、誤用を正し、できるだけ平明・簡素にありたいものである。
2　これまでの敬語は、主として上下関係に立って発達してきたが、これからの敬語は、各人の基本的人格を尊重する相互尊敬の上に立たなければならない。

3 女性のことばでは、必要以上に敬語または美称が多く使われている（たとえば「お」のつけすぎなど）。この点、女性の反省・自覚によって、しだいに純化されることが望ましい。

4 奉仕の精神を取り違えて、不当に高い尊敬語や、不当に低い謙そん語を使うことが特に商業方面などに多かった。そういうことによって、しらずしらず自他の人格的尊厳を見うしなうことがあるのは、はなはだいましむべきことである。この点において国民一般の自覚が望ましい。

全体としては、

1 人をさすことば　(1) 自分をさすことば　(2) 相手をさすことば
2 敬称
3 「たち」と「ら」
4 「お」「ご」の整理
(1) つけてよい場合　(2) 省けば省ける場合　(3) 省くほうがよい場合
5 対話の基調
6 動作のことば
7 形容詞と「です」
8 あいさつ語
9 学校用語
10 新聞・ラジオの用語
11 皇室用語
12 むすび

という構成になっている。

　まず、「基本方針」を見れば、大きくは①敬語の行きすぎをいましめ、平明・簡素にする。②敬語を上下関係から基本的人格を尊重する相互尊敬のものにする、といったGHQの政策および民主主義国家である新生日本の理念にそったものであることがわかる。

次に平明・簡素といった観点から、また本論の考察との関係から「6　動作のことば」を見てみる。

> 6　動作のことば
> 　動詞の敬語法には、およそ三つの型がある。すなわち、

表1：動詞の敬語法

語例＼型	Ⅰ	Ⅱ	Ⅲ
書く	書かれる	お書きになる	(お書きあそばす)
受ける	受けられる	お受けになる	(お受けあそばす)

> 第1の「れる」「られる」の型は、受け身の言い方とまぎらわしい欠点はあるが、すべての動詞に規則的につき、かつ簡単でもあるので、むしろ将来性があると認められる。
> 第2の「お——になる」の型を「お——になられる」という必要はない。
> 第3の型は、いわゆるあそばせことばであって、これからの平明・簡素な敬語としては、おいおいにすたれる形であろう。

とあって、「これからの敬語」においては、レル・ラレル敬語がすべての動詞に規則的につき、かつ簡単でもあるので、将来性があるといった理由で支持されていることがわかる。

2.2「敬語の指針」および答申の経緯

　国語審議会の建議「これからの敬語」以降も、敬語に関しては、以下のような流れで継続して審議が続けられてきた。

・国語審議会・標準語部会報告「標準語のために」(昭和29年3月15日)[3]
　　第2部　「これからの日本語」[5　敬語について]
・国語審議会報告「国語改善の考え方について」(昭和38年10月11日)

「Ⅰ　これから改善をはかる必要のある諸問題」「1　話しことばの敬語的表現について」
- 第19期国語審議会報告「現代の国語をめぐる諸問題について」(平成5年6月8日)
「第2　現代の国語をめぐる諸問題」の「1　言葉遣いに関すること」[(3)敬語] [4)]
- 第20期国語審議会・審議経過報告「新しい時代に応じた国語施策について」(平成7年11月8日)「Ⅰ　言葉遣いに関すること」の「3　敬語の問題」で取り上げた項目 (1) 現代の敬語　(2) 国語審議会における敬語の取り上げ方　(3) 敬語の理念及び具体的な語法　(4) 学校教育及び日本語教育における敬語の扱い
- 第21期国語審議会・審議経過報告「新しい時代に応じた国語施策について」(平成10年6月24日) [5)]
「第1　現代社会における敬意表現の在り方」の「Ⅰ　コミュニケーションと言葉遣い」1 現代の社会状況と言葉遣い、2 様々な人間関係と言葉遣い「Ⅱ　敬意表現の在り方」1 敬語表現と敬語、2 敬意表現の理念と標準の在り方、「付1 敬意表現の教育」「付2 多様な敬意表現の例」

そして、第22期国語審議会で「現代社会における敬意表現」(平成12年12月8日)が答申された。

「敬語の指針」は、文化審議会国語分科会が平成19年2月2日に文部科学大臣に答申したものであるが、昭和27年4月の「これからの敬語」(建議)と、平成12年12月の「現代社会における敬意表現」(答申)を踏まえ、「これからの敬語」で個別的に扱われた敬語をより全体的な視野から検討すること、また「現代社会における敬意表現」で扱われた「敬意表現」のうち、敬語に焦点を絞ることを心掛け、答申「敬語の指針」を作成している。「敬語の指針」では、「敬意表現」を

> コミュニケーションにおいて、相互尊重の精神に基づき、相手や場面に配慮して使い分けている言葉遣いを意味する。それらは話し

手が相手の人格や立場を尊重し、敬語や敬語以外のさまざまな表現から適切なものを自己表現として選択するものである。
　本答申では、敬語に関し、「相互尊重」や「自己表現」という用語と考え方によって説明したり、「相手や場面に配慮して」という趣旨の説明を用いたりしている。このことに端的に現れているとおり、本答申は、敬語を用いた言語表現を敬意表現に位置付ける立場に立っている。

としている。
　つまり相手や場面に配慮した言葉遣いは敬語以外でも行われていることに注目し、敬語に加え、敬語を使わずに配慮を表す表現も含め、「敬意表現」として扱うことを明確にしている。身分や階級が固定していた戦前とは異なり、現代社会では、人と人の関係性によって、言葉遣いを切り替えることが多いという状況、ならびに研究動向の影響を受けながら、敬語の考え方やとらえ方も修正されてきたと言える。

3　日本語敬語研究と「敬語の指針」

3.1　日本語敬語の地域バリエーション

　「敬語の指針」では、敬語運用のバリエーションについてもふれている。以下に引用してみる。

(7 敬語使用における地域差の問題)
　【35】東京の大学に通う地方出身の大学生だが、先日、クラスのコンパのことで、担任の先生に「先生も行かれますか。」と尋ねたのだが、敬語の使い方として、これでよかったのだろうか。(p.50)

これに対して二つの解説がなされている。
　【解説1】ここでは、「行かれますか。」よりも「いらっしゃいますか。」の方がふさわしかったと思われる。「行かれますか。」も尊敬の表現

として決して間違いではないが、東京圏における尊敬語としては「行かれる」よりも「いらっしゃる」の方が、敬語の程度が高く、より一般的だと言える。(p.50)

【解説2】同じ敬語であっても、その使用状況や意識については、さまざまな地域的な違いがある。「行かれる」で先生に対する十分な配慮が表せる地域もあれば、そうでない地域もある。地域の言葉には、それぞれに敬語の仕組みが備わっており、それを理解し尊重することが大切である。(p.50)

この【解説2】には、平成9年1月に実施した文化庁の「国語に関する世論調査」の結果が補足されていて、「あしたの会議で意見を言うか」という下線部分を上位者に尋ねる場合、どのような敬語表現が最も多く使われているかの結果が、関東では「おっしゃいますか (41.2％) ／言われますか (34.1％)」。近畿では「おっしゃいますか (40.4％) ／言われますか (48.1％)」と逆の結果が示されている。また、関東ブロックのうち東京都区部に限ってみると、「おっしゃいますか (47.1％) ／言われますか (34.3％)」と「おっしゃいますか」を選択する割合はさらに高いこと、「言われますか」については、近畿ブロックだけでなく、西日本全域で最も高く選択されていることにふれている。つまり、関東圏では、シャル系の方がレル・ラレル系よりも敬意度が高く、近畿圏および西日本ではレル・ラレル系の方がシャル系よりも敬意度が高いということを補足し、敬語運用における地域差を解説している。

日本語に敬語があるように、地域日本語である方言にも敬語がある。そしてその敬語には体系だけではなく敬語行動や敬語意識にも地域差のあることが知られている。加藤 (1973) および宮治 (1996) を参照すれば、方言の敬語は、共通語の敬語モデルとの比較・対照でその特徴を示すことが一般的と言えるが、共通語とは大きく異なる体系を有する地域があることもわかっている。たとえば尊敬語、謙譲語、丁寧語のような敬意や丁寧を表す専用の形式をもたない方言が、東日本を中心に存在することが知られている。また、話題の人物に対する尊敬表現は、近畿地方中央部の「読マハル」を含めて、西

日本には「読ミナハル」「読ミンサル」「読マハル」「読ミヤル」「読マッシャル」のように動詞＋助動詞で表現する地域が多い。これに対して終助詞使用と命令・依頼の場合以外に敬語の枠がゼロである無敬語（単純）地域は、東北から静岡にかけての太平洋側と紀伊半島南部や四国に見られる。ただ、伊豆諸島のうち、八丈島は有敬語、それ以北の島々は無敬語という状況にある（図1参照）[6]。

日本語の特徴の一つとして「敬語」を挙げる研究者がいるが、（地域）日本語の敬語体系や敬語の運用はバリエーションが豊かで、一様ではない。

図1　日本語敬語運用の地域バリエーション

中井（2014）によれば、無敬語地帯の敬語行動は、敬語体系がシンプルであるだけでなく、対人配慮行動が京都や大阪などの歴史ある近畿中央部の都市部に比べて淡泊であることがわかっている。つまり、敬語行動のシンプルな地域は、対人配慮行動も淡泊な社会を形成しているということである。

「敬語の指針」には、「敬語の重要性」として、

> 敬語は、古代から現代に至る日本語の歴史の中で、一貫して重要な役割を担い続けている。その役割とは、人が言葉を用いて自らの意思や感情を人に伝える際に、単にその内容を表現するのではなく、相手や周囲の人と、自らとの人間関係・社会関係についての気持ちの在り方を表現するというものである。気持ちの在り方とは、たとえば、立場や役割の違い、年齢や経験の違いなどに基づく「敬い」や「へりくだり」などの気持ちである。同時に、敬語は、言葉を用いるその場の状況についての人の気持ちを表現する言語表現としても、重要な役割を担っている。(中略)
>
> 敬語は、話し手が、相手や周囲の人と自らの間の人間関係をどのようにとらえているかを表現する働きも持つ。留意しなければならないのは、敬語を用いれば、話し手が意図するか否かにかかわらず、その敬語の表現する人間関係が表現されることになり、逆に、敬語を用いなければ、用いたときとは異なる人間関係が表現されることになるということである。敬語をどのように用いるとどのような人間関係が表現されるかについて留意することはもとより必要であるが、それと同時に、敬語を用いない場合にはどのような人間関係が表現されるかについても十分に留意することが必要である。(p.15)

と記している。

これまで無敬語地帯あるいは無敬語地帯に準じる三重県や和歌山県の紀伊半島沿岸部や大阪府泉南地域、高知県内各地で方言調査を実施してきたが、そういった地域では、上下関係や力関係といった人間関係・社会関係のあり方が違い、敬語行動の前提となる地域社会が、私が暮らしてきた近畿地方中央部とは大きくことなっていた。つまり、日本語敬語の前提となっている「敬語を用いれば、話し手が意図するか否かにかかわらず、その敬語の表現する人間関係が表現されることになり、逆に、敬語を用いなければ、用いたときとは異なる人間関係が表現されることになるということである。」という記

述は、無敬語地帯の人びとにとって、理解が異なる可能性がある。また「敬語をどのように用いるとどのような人間関係が表現されるかについて留意することはもとより必要であるが、それと同時に、敬語を用いない場合にはどのような人間関係が表現されるかについても十分に留意することが必要である」についても理解されない可能性がある。

　「敬語の指針」は、日本の敗戦を受けて新たに発足した国語審議会が建議した「これからの敬語」の流れを汲む、戦後日本の言語（国語）政策の到達点とも言えるが、近代以降わが国がすすめてきた東京を中心とした社会観・言語観を大きく踏み出すものではなかった。

3.2　日本語敬語運用の経年変化

　国立国語研究所は、大西拓一郎氏をプロジェクトリーダーとして、2009年度より方言の形成過程を明らかにすることを目的とした全国調査のプロジェクト（方言の形成過程解明のための全国方言調査、以下FPJD）に取り組んできた。2010年〜15年度の6カ年をかけて全国約500の地点で調査を実施し、このほどデータの集約をほぼ完了した。FPJDは、『日本言語地図（以下LAJ）』、『方言文法全国地図（以下GAJ）』に次ぐ、日本列島全体を視野に入れた大規模調査であり、日本語学のみならず、民俗学や地理学、歴史学の分野の研究者からも注目されている。ここでは、2010年〜15年に実施したFPJDの調査データ（FPJD108「先生が来る」（聞き手：近所の知り合い））と1979〜1982年に行なわれたGAJの調査データ（GAJ295「（あの先生は）行くのか（一般動詞）」（聞き手：友だち））を比較することで、30年間の変化を観察してみる[7]。

　GAJ295「先生が行く」、FPJD108「先生が来る」の調査結果を比較してみると、ゼロ形式のイク・クルは、GAJ：47.3％からFPJD：38.9％と大幅に減少するとともに、イカッシャルやキッシャルなどの地域方言の敬語形式が減少していることがわかる。

表2 GAJ295 (1979～1982年) とFPJD108 (2010～2013年) の経年比較

	GAJ295 回答割合	FPJD108 回答割合
イク・クル	47.3%	38.9%
レル・ラレル	13.6%	14.9%
シャル	4.7%	0.8%
ナサル	2.2%	2.2%
ハル	2.5%	3.5%
ナハル	1.9%	2.7%
ヤル	3.2%	3.5%
ナル	1.6%	2.3%
イラッシャル	0.5%	4.2%
オ～ニナル	4.9%	3.4%
オジャル	0.6%	0.8%
オイデル	2.8%	6.5%
ゴザル	0.6%	1.8%
その他	8.4%	4.7%

　これとは対照的に標準語あるいは共通語 (東京語) と意識されるコラレルやイラッシャル、近畿中央部方言と意識されるキヤハル・キハルなどが増加していることがわかる。つまり、この40年のあいだに、個々の地域社会で運用されてきた「方言敬語」が徐々に衰退し、標準語に移行したり、首都圏や関西圏といった大規模言語を受容したということになる。
　このFPJD108を地図化すると以下のようなことに気がつく。
　この項目は、近所の人を話し相手にし、「先生が来る」という場合に「来る」の部分をどのような敬語表現をするかについて調べたものなので、敬語形式が表出しやすい場面設定となっている。先にふれたコラレルやイラッシャルといった標準語あるいは共通語と意識されている形式やキヤハル、キハルといった関西中央部の形式のほかにも、名古屋を中心とした東海地方にはミエルが一定の勢力をもって分布・使用されていることがわかる。また西日本の各地にはキヤルやキラルといった助動詞ヤル、ラルを使用する表現やキテヤ、キテジャといった「テ敬語」の使用も認められる。このほかキテクレルやキテクレハル、キテクレヤルといった「クレル系表現」が目にとまる。
　ここで注目したいのは、21/クルという回答をしている地点・地域である。このゼロ形式クルは、近所の人を話し相手にした場合に「先生が来る」と言う際に敬語形式がともなわないことを意味している。その地点が、38.9%。

およそ全国の4割がそういった地点であり、地域的には東北地方や関東地方、東海地方、南近畿や四国地方の太平洋側であることがわかる。つまりこういった地域では、加藤（1973）の状況と大きな変化がないということになる。

　方言調査では、地点間あるいは地域間の差異、つまり地域差を明確にすることに目的があって、調査地域では一律の調査方法や質問文をもとに聞き取りをすることが多い。したがって個別地域に特筆されるような言語現象が明確にならない場合も少なくない。この項目についても当該社会や被調査者が「近所の人との会話」をどのように位置づけ、「先生」をどのような待遇をすべき対象とするかによって、敬語表現の表出度合いは変動し、敬語形式が出現しない可能性がある。たとえば、「近所の人」を「家族」と同じぐらい親しい気の置けない人物と考えている人もいれば、「近所の人」は「家族」と異なり、気を許すことのできない人物と考えている人もいる。そもそも「家族」に対しても、たえず気をつかい丁寧な対応をのぞむ社会もある。また、話題の人物である「先生」に対しても、日本人の学歴が今に比べて低かった時代には、高等教育を受け、相応の教養や社会的地位にある「先生」は、地域社会ではおおむね高い地位にあったし、尊敬の対象であった。しかしながら地方と大都市圏の格差が減少し、多くの日本人が高等教育を受ける現在、「先生」を高い地位の存在と考える日本人はそれほど多くはない。したがってゼロ形式で回答した地点・地域の「近所の人」や「先生」に対する意識を確認する必要がある。しかしながらこれまでの研究をふまえれば、やはり当該地域が敬語および敬語行動が希薄な地域であることは、否定されるものではないと思われる。

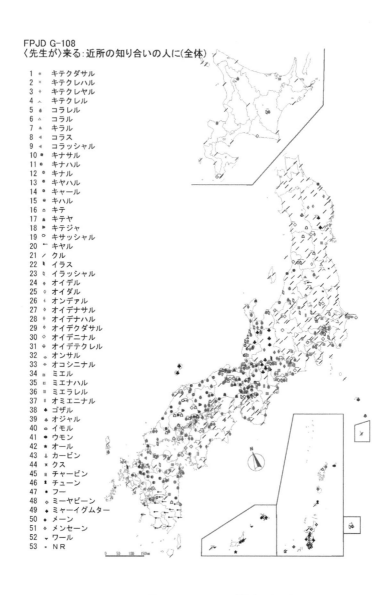

図2　FPJD-G108「先生が来る」

4　敬語運用能力と言語政策

4.1　標準語および東京語との接触

　国立国語研究所は、1951年から1991年まで20年おきに山形県鶴岡市で、3回にわたって共通語化に関する調査を実施した。その結果、40年間でアクセントや語彙などの共通語化が進行したことを報告している。

　言うまでもないが、われわれの日常生活では、共通語の使用なしでは成り立たず、また言語生活では絶えず共通語（東京語）と接触を繰り返しながら、伝統方言を変質させている。

　先にふれたが国語審議会は、1952年に「これからの敬語」を文部大臣へ建議した。そこでは、「敬語の問題は単なることばの上だけの問題でなく、実生活における作法と一体をなすものであるから、これからの敬語は、これからの新しい時代の生活に即した新しい作法の成長とともに、平明・簡素な新しい敬語法として健全な発達をとげることを望むしだいである。」と記され、新時代に即した敬語のあり方をしめしている。

　昭和30年～35年の指導要領では、

　　小学校
　　2年　ていねいなことばと普通のことばのあることに気づくこと
　　4年　文章の常体敬体の違いを理解すること
　　6年　日常よく使われる敬語の使い方に慣れること

　　中学校
　　1年（2年、3年も同じことを指導する）
　　一つの語句がいろいろの意味や用法をもち一つの意味がいろいろの語句で表わされることに気づかせる。また語感の違いに気づかせ敬語の用法に慣れさせ語句の組立や接頭語接尾語のはたらきなどをわからせる。

　　高等学校（特記なし）

以上のように記述されている。

小・中学校では、言語(国語)政策にもとづき、学校教育において「敬語」の学習が少しずつ取り入れられていたと言える。

言語政策による「敬語」教育(標準語化・共通語化)の進展、中央と地方との関係変化、東京が一極化したことによる東京語の拡大、日本各地の地域日本語(方言)は、戦後、この二つの言語変種と接触し、その圧力にさらされてきたと言える。ただ2010年〜13年に実施したFPJDの調査データ(FPJD108「先生が来る」(聞き手:近所の知り合い))を見れば、学校教育における標準語教育や東京語の拡大による地域日本語(方言)の衰退や危機が叫ばれる今日にあっても敬語形式がともなわない回答をしている地点が、全国におよそ4割もあり、敬語教育・敬語を中心とした言語政策の成果は、ほとんど見られないとも言える。

4.2　敬語運用能力と社会差

文化庁は、平成26年3月に実施した「国語に関する世論調査(平成25年度)」の結果概要を公開しているが、「今まで敬語をどのような機会に身付けてきたか」を尋ねたところ(選択肢の中からいくつでも回答)、「職場(アルバイト先を含む)の研修など」の割合が63.5%で最も高く、次いで「家庭でのしつけ(54.3%)」、「学校の国語授業(42.6%)」、「学校内のクラブ活動など(31.7%)」「国語の授業以外での学校の先生の指導など(24.3%)」となっている。過去の調査(平成15年度)と比較すると「職場(アルバイト先を含む)の研修など」が12ポイント増加していた[8]。

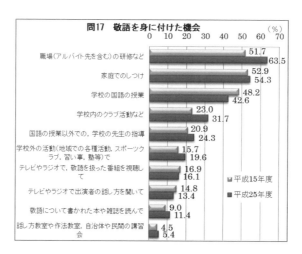

図3　敬語を身につけた機会

　国立国語研究所は、1982年に『企業の中の敬語』を刊行したが、本社のホワイトカラーは、敬語習得の基礎的訓練はすでに「子供のころからの家庭環境・しつけ」のなかで行なわれていて、工場や営業所で働く人々との大きな違いを見せた[9]。

　この報告書からホワイトカラーは、家庭における敬語習得と大学卒業までの長く質の高い学校教育が敬語習得につながっていることいることが理解できる。

　一方現場の労働者は、「会社の上司・先輩から注意されて」敬語を習得したと回答したものがもっとも多く、彼らが体験的に習得した敬語は、所属する「社会」によって形成されたローカルタイプの敬語であった可能性が高い。敬語の運用能力は一朝一夕に獲得される性質のものではなく、その背景には社会に対する適応能力と言語運用能力の獲得が潜んでいる。ブルーカラーは、「家庭（地域社会）」や「学校」での敬語獲得プロセスがより少なかったとも言えよう。

　高度経済成長期以降、日本企業の多くは各地に生産の場を求めたが、本社機能は、首都圏に集中させていった。敬語運用能力の観点から言えば、高い敬語運用が可能な本社のホワイトカラーは首都圏に、そうでないブルーカ

ラーは、工場誘致が便利な地方により多く存在したとも言える。地方にいまなお無敬語地域（地点）が存在するのも、あながちこのことと無縁ではなかろう。

2005年2月に提出されたOECDのレポートによれば、日本の貧困率が、OECD諸国で第5位、貧困者が15.3％も存在することが報告され、「一億総中流」と言われ、貧富の差の少ない国であると思われていたわが国が、先進国のなかでも貧富の差の大きい階層差のある国になってしまった。この10年の状況で格差が拡大しているのは、30歳未満の若年層と50歳代の高年層である。若年層は、フリーター等の非正規社員の増加が、高年層は、経済不振にともなう雇用数の減少が影響しているとされる。このことは、地方から首都圏に移動を促す大きな動機ともなっている。

一方、低い言語運用能力の者が、サービス業に従事し、「感情労働」に就労することは、かつて地方から都会に移住し、工場で従事した労働者以上に大きな困難をともなう。敬語運用能力という「文化資本」の有無が、社会移動にも大きな影響を与えているが、この克服に有効な政策は、容易に見当たらない。

5　まとめ

1949年、文部省設置法制定にともなって国語審議会が改組され、第14回総会（昭和27年4月14日）において、「これからの敬語」が文部大臣への建議として決定された。これを読めば、民主主義国家の建設を国語政策から進めていこうとする当時の委員の自負を感じるとともに、新しい時代の生活に即した平明・簡素な新しい敬語法が提案されたことがわかる。この「これからの敬語」以降も国語審議会ならびに文化審議会国語部会において敬語は継続して審議され、戦後わが国の言語政策において「敬語」は一貫して重要なテーマであった。

近年、国立国語研究所によって大規模な全国方言調査が実施され、敬語に関しても共通語形の浸透が確認される一方、調査をした全国の4割の地点で規範と異なる敬語運用のなされていることが確認された。つまり戦後、我が

国の言語政策・国語教育の重要なテーマであった敬語受容・定着は、十分に達成されていないことがわかった。

　敬語は、日常生活の規範やルールと一体をなすものであるから、敬語運用の差異は、社会の差異の反映とも言え、日本各地に存在するさまざまな地域社会とそこで運用される地域日本語の存在を抜きにして建設的な議論はなしえない。加えて、生育する家庭環境や教育を受ける学校といった個々人をとりまく社会バリエーションの存在も無視できない。国立国語研究所の『企業の中の敬語』によれば、ホワイトカラーは、家庭における敬語習得と大学卒業までの長く質の高い学校教育が敬語習得につながっているのに対し、ブルーカラーは、「会社の上司・先輩から注意されて」敬語を習得したと回答したものがもっとも多く、厳しい家庭環境のなか、家族から十分な教育を受ける機会が少なく、学校教育の恩恵も少なかったことがその背景にある。つまり、家庭（地域社会）や学校が敬語獲得に大きな影響を与えていることがわかる。

　平成26年3月に文化庁が実施した「国語に関する世論調査（平成25年度）」によれば、敬語を「職場（アルバイト先を含む）の研修など」で身につけたとする回答が最も高く、「家庭でのしつけ」や「学校の国語授業」、「学校内のクラブ活動など」「国語の授業以外での学校の先生の指導など」を上回り、平成15年度と比較すると12ポイント増加していた。学校教育や家庭教育の影響力低下が認められるとともに、彼らの身につけた敬語はブルーカラー同様、体験的に習得したローカルタイプの敬語である可能性が高く、ここにもバブル崩壊以降、地方の農山村人口をサービス産業従事者として都市に吸収し、従事させる過程で身につけるローカルタイプの敬語（＝マニュアル敬語）の影を感じずにはいられない。

　以上、現代日本社会で運用される敬語について、地域バリエーションと社会バリエーションに注目して調査データをもとに検討したが、日本語の特徴の一つに掲げられる敬語は、所属する社会によってさまざまな規範と運用のスタイルが存在している。そしてどのようなレベルの教育を行い、習得に努めるかは、まさに教育を受ける学生がどのような社会を志向するかによって異なってくるが、敬語の運用能力は一朝一夕に獲得される性質のものではな

く、その背景には社会に対する適応能力と言語運用能力の獲得が潜んでいる。この克服は容易ではないが、言語の応用研究を志向する研究者にとって、価値ある研究テーマであり、今後も社会言語学的な観点からかかわっていきたい。

注

1) 「平成25年度「国語に関する世論調査」の結果の概要」http://www.bunka.go.jp/kokugo_nihongo/yoronchousa/index.html
2) 「第1期国語審議会概要」http://kokugo.bunka.go.jp/kokugo_nihongo/joho/kakuki/01/gaiyo.html
3) 「文化審議会39回総会資料」http://www.bunka.go.jp/bunkashingikai/soukai/39/shiryo_5.html
4) ここでは、「敬語は、国語の中で非常に大切な働きをしているものであり、人間関係を円滑に進めていく上でもなくてはならないものである。今日の現実に即した敬語の在り方について、話し言葉・書き言葉　の両面から検討する必要があるのではないか。」と記されている。
5) 「はじめに」には、国語審議会は、現代社会の言葉遣いの在り方を考える上で重要な概念として「敬意表現」を提唱する。敬意表現とは、コミュニケーションにおいて、相互尊重の精神に基づき、相手や場面に配慮して使い分けている言葉遣いを意味する。それらは相手の人格や立場を尊重し、さまざまな表現から適切なものを自己表現として選択するものである。また、「Ⅲ　言葉遣いの中の敬意表現」の「2　敬意表現の概念」「(2) 敬語と敬意表現」には、「昭和27年の国語審議会建議「これからの敬語」は、従来の複雑な敬語を廃し、民主主義社会にふさわしい平明・簡素な敬語の在り方を示した。これは当時の社会においては画期的な提案であり、これまでの国語審議会が敬語について示した唯一の見解である。ここに示された内容のうち、「相互尊敬」を旨とすることや、過剰使用を避けることなどは現代においても継承されるべきものとして、本答申はこの考えを受け継いでいる。一方、「これからの敬語」は、敬語のみを扱っているが、本答申では相手や場面に配慮した言葉遣いは敬語以外でも行われていることに注目し、敬語に加え、敬語を使わずに配慮を表す表現も含め、「敬意表現」として扱うものである。」とある。
6) 図1は、加藤(1977)による。
7) 表1および表2は、調査データに基づいて筆者が作成したものである。
8) 図3は、「平成25年度『国語に関する世論調査』の結果の概要」による。
9) 国立国語研究所(1982)「2.2.3　敬語習得」『企業のなかの敬語』pp.239-249. 三省堂.

参考文献

加藤正信 (1973).「全国方言の敬語概観」『敬語講座6 (現代の敬語)』pp.25-83. 明治書院.
加藤正信 (1977).「方言区画論」『岩波講座 日本語11 方言』pp.41-82. 岩波書店.
蒲谷宏 (2013).『待遇コミュニケーション論』大修館書店.
菊池康人 (2003).『朝倉日本語講座8　敬語』朝倉書店.
高知市史編纂委員会民俗部会編 (2014).『地方都市の暮らしとしあわせ』高知市.
国立国語研究所 (1953).『地域社会の言語生活―鶴岡における実態調査―』秀英出版.
国立国語研究所 (1982).『企業のなかの敬語』三省堂.
国立国語研究所 (1989-2006).『方言文法全国地図』国立国語研究所.
真田信治 (1990).『地域言語の社会言語学的研究』和泉書院.
杉戸清樹・尾崎喜光 (2006).「『敬意表現』から『言語行動における配慮』へ」『言語行動における「配慮」の諸相』pp.1-10. くろしお出版.
田中章夫 (1999).『日本語の位相と位相差』明治書院.
中井精一 (2003).「西日本言語域における畿内型待遇表現法の特質」『社会言語科学』5(1), pp.42-55. 社会言語科学会.
中井精一 (2005).「日本語敬語の地域性」『日本語学』24(11), pp.110-123. 明治書院.
中井精一 (2007).「ことばの研究にとっての社会―都市をめぐる人びとの心性とことば―」『音声言語研究のパラダイム』pp.345-357. 明治書院.
中井精一 (2012).『都市言語の生成と地域社会』和泉書院.
中井精一 (2014).「敬語意識とその説明体系の地域性」『柳田方言学の現代的意義』pp.291-316. ひつじ書房.
西尾純二 (2013).「無敬語地帯の素材待遇表現」『都市と周縁のことば　紀伊半島グロットグラム』pp.91-114. 和泉書院.
宮治弘明 (1992).「方言敬語の動向」『日本語学11 (11)』pp.124-133. 明治書院.
山岡正紀 (2010).『コミュニケーションと配慮表現』明治書院.

4 日本国内における地域日本語教育・外国人支援の現状と課題

神吉宇一

KEYWORDS：地域日本語教育，政策，日本語教育の専門家，不可視化，コミュニティ

要旨

　本稿では、日本国内における地域日本語教育・外国人支援について、国の政策の現状と地域の外国人の現状や日本語教育の現状とを対比させることによって、今後の日本社会における日本語教育のあり方について論じる。日本では、外国人に対する政策は、原則として入国管理に関わるものが中心であり、社会統合政策として定位されているものはないと言われている。そのようななか、グローバル化と少子高齢化対策という文脈で、「高度人材」と呼ばれる外国人の受け入れを積極的に進める政策をとっている。しかし、国内地域社会では、「高度人材」は定着せず、本来受け入れを行わないとしている非熟練労働者の定住化が進んでいる。さらに、在留資格「永住者」取得者が、在住外国人の半数を占め、実質的な移民社会へと移行しつつある。このような状況下、地域日本語教育等、外国人支援をしている人たちがみている地域社会の現状は、「外国人の不可視化」と「コミュニティの分断」という様相を呈している。また、在住外国人の増加により、地域における日本語教育の必要性が主張されているが、地域の外国人支援において、日本語教育の専門家に対するニーズが必ずしも高くないという状況も明らかになっている。このような現状を踏まえ、地域の日本語教育を通して、日本社会の今後をどう創り上げていくか、その際の地域日本語教育システムをどのように構築するかについて議論を行う。なお、本稿で言及する地域の具体的な状況については、2014年11月から2015年3月の間に行った調査をもとにしている。

1 はじめに

　2016年6月現在、日本政府は移民・外国人労働者受け入れについては公に認めていない。しかし、国内では生産労働人口が減少しており、その減少分をどうやって補うかが課題となっている。現実的には、国際貢献の枠組みである技能実習制度を活用して、特に労働力不足が深刻な業種を中心に、労働力確保が進んでいる。また、従来、日本経済を牽引していた製造業における製品のコモディティー化が進んでおり、産業イノベーションの促進が改めて課題となっている。これらの課題への対応策として、海外からのいわゆる「高度人材」の獲得や、高度人材予備軍としての留学生の受け入れを増やし、彼／彼女たちの就職活動支援を行うことで、国内産業の活力向上を図ろうとしている。さらに、人口減少局面において、消費の低迷が進んでおり、内需の拡大も課題となっている。そこで、外国人観光客の誘致が積極的に展開されており、2015年は約2000万人（前年比47.1％増）の外国人が来日しており（日本政府観光局, 2016）、2020年までに年間4000万人の訪日外国人を受け入れることが政策的な目標となっている[1]。

　日本国内の在留外国人数（旧外国人登録者数）は、1990年にはじめて100万人を超え、2005年に200万人を超えた。リーマンショックや東日本大震災の影響等で、2008年の2,217,426人をピークに一時的な落ち込みは見られたものの、2005年以降の過去10年はおおむね200万人超という数で推移している。在留資格別に見ると、「永住者」が100万人を超えており、在留外国人の約半数が「永住者」の在留資格を持つものとなっているというのが現状である。過去15年ほどで比較すると、「日本人の配偶者等」「定住者」の数が減っていることから、「日本人の配偶者等」「定住者」の在留資格から「永住者」への在留資格変更が進んでいることが推測される。また、外国籍から日本籍へと国籍を変更する人も一定数いる。このような動きを勘案すると、外国人の定住化傾向は確実に進んでおり、移民・外国人労働者を受け入れないという建前と現実の間の乖離がさらに顕著になっていると言える。そのため、政権与党の中にも、移民政策を検討すべきだという声が一部出ており[2]、今後の政策的な動向を注視する必要がある。

一般的に、移民や外国人に対する受け入れ政策は、入国管理政策と社会統合政策に大別される (近藤, 2009)。日本では、移民・外国人労働者を受け入れないという建前があることから、外国人に対する政策は、ほぼ入国管理政策のみに限定されており、外国人の社会統合を進める政策的な取り組みはほとんど進んでいないと言われている (北脇, 2011; 山脇他, 2002)。また、既述したように、労働力不足の解消や消費拡大という目的によって外国人の受け入れを促進しているという側面があることから、日本の入国管理政策は、経済産業政策として推進されていると言える (明石, 2010)。

　地域に在住する外国人[3)]に対する言語的な支援に関連する政策は、中央省庁では文化庁が担当している。また、地域の多文化共生に関しては総務省や内閣府の所掌の範囲である。在留外国人数は、日本の総人口比で 1.6 ～ 1.7% 程度であり、決して多数とは言えないが、国の取り組みが不十分であることは再々議論されている。また、外国人の社会統合に関する言語的支援の重要性がたびたび指摘されている (cf. 田尻・大津, 2010; 日本語教育政策マスタープラン研究会, 2010; 野山, 2009; 春原, 2009; 松尾, 2015)。

2　外国人の受け入れや定住に関する政策的取り組み

　国としての外国人受け入れ政策は、近年拡大の方向で進んでいるが、定住する外国人に対して国が実施している各種の政策は、「外国人労働者問題関係省庁連絡会議」によって、その全体の方向性が議論されている。特に日系人に対しては、「日系定住外国人施策推進会議」が設置され、進められている。本節では、2.1で外国人受け入れ政策の概要を述べたあと、2.2、2.3で上記二つの会議をもとにした具体的な政策について記述する。

2.1　外国人受け入れ政策の傾向

　外国人の受け入れ政策に関して、ここでは近年特に増加している留学生と技能実習生に対する政策、また、政府が再々主張している、いわゆる「高度人材」受け入れに関するものについて述べる。

　留学生に関しては、文部科学省が「国際化拠点整備事業 (大学の国際化の

ためのネットワーク形成推進事業)」を実施している。これは通称「グローバル30」と呼ばれ、留学生に対して魅力的な教育内容を提供したり、海外の学生が日本に留学しやすい仕組みを作り、それら留学生と互いに切磋琢磨しながら、国際的に活躍できる人材を育成することを企図しているものである。グローバル30では、英語のみで単位が取得できるコースの大幅な増加や、大学の受け入れ体制の充実、戦略的な国際連携の推進等が進められている。グローバル30に採択されている大学は、全国の13大学のみであるが、その他の国際化に積極的な大学にも、効果を波及させるべく、取り組みが進められている[4]。この取り組みを中心に、現在、国内大学では英語だけで単位取得ができるコースを増設する動きが盛んになってきている。

　技能実習生に関しては、2015年3月に「外国人の技能実習の適正な実施及び技能実習生の保護に関する法律案」「出入国管理及び難民認定法の一部を改正する法律案」が閣議決定された。これらの法案では、種々人権問題等が指摘されている技能実習制度の適正化を図るとともに、技能実習制度の拡充を目指している。また、最長3年の技能実習期間を5年に延長できるようにすることや、対象となる職種に介護を追加することなど、いくつかの制度変更が目指されている[5]。技能実習制度は、技能実習受け入れ相手国への技能移転が建前上の目的であるが、実際には労働力不足が叫ばれている業種への労働者受け入れ制度として機能しているのは周知のとおりである。

　高度人材に関しては、受け入れ促進のために2012年より、高度人材ポイント制が導入されている。この制度は、高度人材の活動を「高度学術研究活動」「高度専門・技術活動」「高度経営・管理活動」の三つに定めている。そして、それぞれの活動特性に応じて、学歴や年収等のポイント加算によって、一定の点数に達した場合、入国管理上の優遇措置を設けているものである。優遇措置としては、日本国内で従事できる職業範囲の緩和や、在留期間5年の付与、永住許可要件の緩和、配偶者の就労許可、一定条件下での親や使用人の帯同許可等がある[6]。さらに、高度人材として3年間の在留を経ることで、在留期間を無期限に緩和するという措置もある。このような高度人材の受け入れ促進は、経済界の要請によるところが大きい。実際に、企業側でも、高度人材の定着に関して、さまざまな方策を行っている(労働政策研究・研修

機構, 2013)。

2.2 外国人労働者問題関係省庁連絡会議

　内閣官房に設置されている「外国人労働者問題関係省庁連絡会議」は、2006年に「『生活者としての外国人』に関する総合的対応策（以下、総合的対応策）」をとりまとめている。そして、そのとりまとめが、以後の関連施策を立案・実施する場合のよりどころとなっている。2006年のとりまとめでは、1) 外国人が暮らしやすい地域社会づくり、2) 外国人の子どもの教育の充実、3) 外国人の労働環境の改善、社会保険の加入促進等、4) 外国人の在留管理制度の見直し等という4項目が柱となっており、その下に種々政策的な課題が挙げられている (外国人労働者問題関係省庁連絡会議, 2006)。この中で、特に1) の外国人が暮らしやすい地域社会づくりの取り組みとして、日本語教育の充実が挙げられている。総合的対応策では、外国人と地域社会との間に、言葉や習慣の違いによる軋轢（あつれき）や摩擦が一定程度存在していることや、労働環境の不安定さから生活の安定が図れていないことが現状分析として述べられている。また、外国人の子どもの教育問題が、将来大きな問題となることが指摘されている。その上で、外国人の受け入れを行っている国として一定の責任を負う必要があるとしている。しかし現実には、国としての「一定の責任」とはどういったものかについて具体的な言及はない。本会議を踏まえた国の取り組みに関しては、2.4で改めて論じる。

2.3 日系定住外国人施策推進会議

　日系人に対しては、前節で触れた「『生活者としての外国人』に関する総合的対応策」の一環として、2014年、内閣府に「日系定住外国人施策推進会議」が設置された。1990年ごろより、南米からの来日を中心として日系人が増加し、ピーク時には30万人を超える日系人が製造業をはじめとする日本国内産業の担い手として働いていた。リーマンショックをきっかけとする景気後退によって、就労先が減少したことに加え、帰国支援事業[7]や、母国の景気浮揚などもあり、一時期に比して南米からの日系人は減少している。しかしながら、在留資格「永住者」を取得する人々の割合は高まっており、永住

化傾向が見られる。特に日系定住外国人が集住する地域においては、彼らを、支援が必要な外国人としてではなく、ともに地域社会を作り出していく一員としてとらえる傾向が強くなっていると言われている（内閣府, 2014）。日系人に対する政策としては、2009年に「定住外国人支援に関する当面の対策」および「定住外国人支援に関する対策の推進について」がとりまとめられた。その後、2010年に「日系定住外国人施策に関する基本指針」、2011年に「日系定住外国人施策に関する行動計画」が策定されている。これらの策定が、文化庁の日本語教育事業や、文部科学省の日本語指導が必要な児童生徒向けの諸施策、厚生労働省の日系人就労準備研修等を実施する根拠として位置づけられている。

2.4 日本語教育や定住外国人支援に関する政策的な取り組み

政府が定住外国人向けに行っている各種の政策は、2.2、2.3節で触れた二つの会議を根拠として実施されている。2014年度の取り組みのうち、日本語教育支援や多言語化については、以下のような施策が実施されている（外国人労働者問題関係省庁連絡会議, 2015）。

日本語教育については、文部科学省（文化庁）の地域日本語教育に関する取り組みが主なものとして挙げられる。その内容を列挙すると、地域日本語教育の実施・人材育成・教材作成・体制整備・コーディネーター養成、日本語教育推進会議の実施、自治体担当者研修、日本語教育コンテンツ共有システム「NEWS」の運用、生活者としての外国人に対する標準的なカリキュラム案の周知・広報・利用促進、日本語教育小委員会の実施、「日本語学習・生活ハンドブック」のポルトガル語版およびスペイン語版の作成とリリースである。自治体が地域日本語教育を推進するための体制整備に関する施策として、1) 人の育成、2) 教育目的や内容のモデルの発信、3) 地域間・関係者間の情報共有の促進、4) 利用可能なリソースの発信という四つの観点から取り組んでいると言えるだろう。

外務省の取り組みとしては、2009年に開催された「外国人の受け入れと社会統合のための国際ワークショップ」に関連して作成した、入国前外国人に対する多言語情報提供コンテンツ（日本語学習、医療・保健、教育等）が

ある。継続的取り組みとして、これらコンテンツのホームページ掲載と在外公館での当該コンテンツの提供といったものが挙げられる。

　内閣府の取り組みとしては、「定住外国人施策ポータルサイト」の運用があり、2.2、2.3節で触れた二つの会議を踏まえた政策的取り組みに関して、情報発信を行っている。本サイトを確認すれば、国が行っている施策の全体像がわかるようになっている。2015年末現在の更新情報の一例を挙げると、マイナンバー制度の目的や手続きに関する説明を、26言語で発信しているものなどがある。日本語教育に関しては、文化庁が作成している「日本語学習の必要性」へのリンクが掲載されている。

　また、日本語教育に比して、多言語対応の施策はより幅広く各省庁で取り組まれている。具体的には、医療通訳に関する資料一式や外国人向け多言語説明資料一式のホームページ掲載、および、医療機関における外国人患者受入れ環境整備事業による拠点病院の選定。国民年金制度加入勧奨のリーフレットの作成や妊婦健康診査の受診勧奨リーフレットのポルトガル語版およびスペイン語版の作成とリリース（いずれも厚生労働省）。国際協力機構（JICA）による日系人本邦就労者生活相談業務（外務省）。各地方入国管理局等における外国人在留総合インフォメーションセンターの設置と相談員の配置、外国人総合支援ワンストップセンターの開設と運営（法務省）。多文化共生推進協議会や外国人集住都市会議参加自治体との協力による「やさしい日本語」による情報提供の現状把握（内閣府）。日本の教育制度や就学手続き等をまとめた就学ガイドブックのポルトガル語版およびスペイン語版の作成と配布（文部科学省）。外国語による運転免許学科試験等の推進（警察庁）。所得税申告に関する手引きや様式の多言語化（国税庁）。主として旅行者に対する案内表示の多言語化やピクトグラムによる表示（国土交通省）。なお、内閣府の「やさしい日本語」に関する施策は、「中長期的にあらゆる行政文書を翻訳することができる『やさしい日本語』の開発の可否について検討を行う」とされており、2015年度も引き続き「やさしい日本語」の活用方法等について検討を行うとされている。また上記以外にも、地域における多文化化の取組の促進、防災ネットワークの構築等の政策的課題に対して、いくつかの施策が実施されている。

このように政策を見てみると、政府としての「一定の」取り組みは行われていることがわかる。しかしながら、さまざまな先行研究で指摘されているように、特に日本語教育に関しては、その取り組みが以下の二つの側面から十分でないことは明白であろう。一つ目は、国としての理念の問題である。移民や外国人労働者は受け入れないという政府の大方針がありながら、実質的には別の方法で移民予備軍や外国人労働者を受け入れている。そして、その現状を後追いするように、各種政策がパッチワークのように打ち出されていることの問題である。二つ目は、「国としての一定の責任」が、情報提供のレベルにとどまっていることである。換言すると、実際に外国人支援としての日本語教育を行うのは地方自治体であり、国はそれに直接は携わらないというスタンスである。そしてこれらの問題の根底には、いまだ、政策が、外国人の社会統合をどう考えるかという社会統合政策として位置づけられてないことがある。

では、社会統合政策として行われていない現状から、実際に地域社会ではどのようなことが起きているだろうか。筆者たちは株式会社ラーンズと共同で、2014年10月〜12月にかけて、全国の913自治体を対象としてアンケート調査を行った (以下、自治体調査)[8]。また2015年1月〜3月にかけて、文化庁の委託を受けて、地域の日本語教育の実施体制について、全国39カ所を対象に、アンケート調査とヒアリング調査を行った (以下、文化庁調査)。3節では、文化庁調査の結果を踏まえ、地域における外国人の動向について述べる。また、4節では、自治体調査の結果を踏まえ、地域における日本語教育および日本語教育専門家のニーズについて述べる。

3 地域の外国人の動向

文化庁調査において、筆者が直接ヒアリングを行った自治体名を列挙すると、札幌市、大仙市、山形県、宮城県、名取市、角田市、福島県、千葉市、大多喜町、川崎市、横浜市、相模原市、北九州市、福岡市、長崎市、熊本市、都城市、鹿児島県の計17自治体である[9]。本節では、これらのアンケート回答やヒアリングで聞き取った内容をもとに、1) 政策と実態のずれ、2) 労

働力としての外国人の現状、3) 外国人の就労と日本語学習、4) 実態把握の難しさという4点から地域の状況について述べる。なお、本節で扱う情報はいずれも調査終了時点の2015年3月末の状況である。

3.1 政策と実態のずれ

【データ1】
ちょっと感じてるのは、留学生が単身じゃない留学生が増えているので、その家族にかかわるトラブルっていうわけじゃないけれども、それこそ保育所。子どもも連れてきちゃったりするから保育所の入所の問題とか、あと引きこもっちゃってうつになっちゃう奥様とか
　　　　　　　　　　　　　＜2015年3月5日札幌インタビュー＞

【データ2】
課題を抱えていると相談に来る典型的な階層は留学生。特に理系の学生で、学内は英語だけで履修が可能ということで問題がないが、生活で日本語が必要で困るという話がある。
　　　　　　　　　　　　　　　　　　　　　＜福岡アンケート＞

　2節で見たように、留学生の受け入れ促進はグローバル化対応の教育行政の一環である。留学生受け入れの促進という側面だけを見れば、グローバル30のように、英語だけで単位が取れるコースを増設し、日本語ができなくても留学してくる学生が増えることで、政策的な目的は達成していると言えるかもしれない。しかし、それはあくまでも留学生政策、教育政策の範囲内のことであり、そこには「人」が来日し、その「人」たちには生活も家族もあるということまで含んだ対応となっていない。データ1、2に見られるように、特に、大規模な国立大学がある札幌や福岡でこのような状況が目立ってきているというのは示唆的である。このような状況で、中長期的に優秀な留学生や研究者の来日が増加するだろうか。仮に来日者が増加したとしても、ここに長く住もうとは思えないだろう。また、受け入れの責任主体として、大学側が留学生の家族の生活も含めて面倒を見ることは、現実的に難しいだ

ろう。当然のことながら、留学生本人は1日の大半を大学の中で過ごすにしても、その家族は地域社会での生活が中心となるわけである。であるならば、受け入れ地域・社会の側が、包括的な受け入れ政策として、社会統合政策の取り組みを進める必要があることは明白である。

　高度人材にとって、今の日本社会が魅力的ではないというのは、次のデータ3からもうかがえる。

【データ3】
そのIT産業系は、中国の人たちがこれからどうなってくかわかんないんですけど、今までの傾向で言うと、定住は目指してない。定住とか永住とかですね。日本があんまり、そんなに開けた社会っていう魅力がないんじゃないかなと思うけど、あと子どもを日本で育てるってなると、日本語でずっと教育しなきゃなんないけど、あんまりそういう発想がないと思うんですね。やっぱりグローバルな世界でこれから子どもが社会出るときには、中国の本国でやるか、あるいは英語圏になるかっていうことで。ただ、こちらの（高度人材ではない）人たち、フィリピン、タイ、中国系の人は、まず永住を目指してますね。だから政府が欲してることと、みんな逆の方向に行っちゃってるんです。政府がいてほしいのは高度技術者だと思うんですけど、外国人労働者を入れないと言いながら、結局外国人労働者的な人が川崎区の中ではすごく主流っていうか、定住とか永住を目指してるっていう実態かなと思うんだけど。

＜2015年3月3日川崎インタビュー＞

　データ3から、本来政府は受け入れないと言っている「外国人労働者的な人」が定住や永住を目指しているという実態があることがわかる。グローバル化時代における高度人材とは、国境を越えてさまざまな活躍の場を持てる人材であるといっていいだろう。データ1、2で触れた留学生のように、英語だけで単位が取得できる人たちが増えれば、当然ながら、彼／彼女たちの活躍の場は「世界」である。そして「世界」の中で、自分やその家族がより

暮らしやすいところを選択するはずである。仮に、日本における外国人受け入れ政策が、今後も大きな改革を見せないとするなら、世界で活躍できる高度人材は、それぞれのタイミングで日本以外の地を選択して移住していき、そうではない人々が地域社会に残っていくという傾向は、ますます強まっていくと思われる。国内の外国人が増えれば増えるほど、データ1～3で見たような政策的思惑と実態のずれは拡大する一方であると言える。

3.2　労働力としての外国人の現状

一方で、技能実習制度のように、政府が確信犯的に本来の政策的趣旨とは異なる目的で外国人受け入れ策として活用しているものもある。

【データ4】
枕崎の技能実習生に関しては、中国が多いっていうのはお聞きしてます。(中略) かつおぶし工場でなかなか日本人が希望しないケースが多いので、そこで外国人の方の力がっていうことで
　　　　　　　　　＜2015年2月25日鹿児島インタビュー＞

【データ5】
外国人につきましては、年々増加の傾向があります。技能実習生が農業と福祉に。民間で福祉をされているところが学校も作って、留学生の枠で来て、技能実習生になるって形[10]。
　　　　　　　　　＜2015年3月10日都城インタビュー＞

データ4、5から、人口減少局面にある地方都市では、産業の維持のために労働力不足を技能実習生で補塡している、または補塡しようとしている現状がある。すでに多くの論考で指摘されている通りである (cf.「外国人労働者問題とこれからの日本」編集委員会, 2009; 安田, 2010)。

データ1～5から、高度人材は積極的に受け入れ定着を図り、移民・労働者は受け入れないとしている政策の大方針は、すでに破綻していることが明らかであり、新たな受け入れの総合的な施策を打ち出す必要があることがわかる。

3.3　外国人の就労と日本語学習

　米勢（2006）によると、在住外国人が地域の日本語教室に通えない理由として、時間や場所の制約の問題、介護や子育ての問題が挙げられている。実際に、今回調査を行った中でも「妊娠・出産のために学習を中断せざるを得ないケースがある」という話も聞かれた。しかし、今回の調査では、就労先の確保によって日本語学習を中断してしまうという話が、各所で聞かれた。

【データ6】
だいたいもう、仕事が見つかったら教室来なくなりますよね。まあ曜日の関係もあるんでしょうけどね。仕事が決まると、来なくなりますね。

　　　　　　　　　　　　　＜2015年3月1日福岡インタビュー＞

【データ7】
教室に来れない人とかそういう人が問題だとかいう論議があるけど、そもそも私がずっと感じてんのは、でも来た人すらも定着できないような構造でいいのかっていうのはずっと思っていて、(中略) 仕事に就ければ、それはパートとかそういうのなんだけど、それが先っていうことで。今、日本語ゼロだと雇ってもらえないときがあるんですよ。さすがに。でも2、3カ月来たからって日本語ゼロを脱してる状況じゃないんだけど、客観的に。でも (2、3カ月で) 何らかのつてができて (仕事を見つけて) くんですね。

　　　　　　　　　　　　　＜2015年3月3日川崎インタビュー＞

【データ8】
こっちにきてもすぐにたとえばミシンの技術があるからってそういう仕事を始めるとか。なかなか落ち着いてここ (日本語教室) で長く勉強できるっていう環境にはないんでしょうか。割と短期で辞めていく方が多くって。

　　　　　　　　　　　　　＜2015年3月4日名取インタビュー＞

データ6〜8からは、日本語教室に学習者が定着しない理由の一つとして、仕事が決まると来なくなるという実態が挙げられている。データ7では明言されているが、来日2、3カ月という状況で、日本語がほぼゼロという状況を脱していないにもかかわらず、「つて」によって仕事が見つかるという実態がある。リーマンショックによって、「派遣切り」にあった南米からの日系人たちが、中長期的に日本に在住していたにもかかわらず、自分の名前や住所さえも日本語で書くことができなかったという話があった。製造業の工場で、派遣労働やラインの請負による就労であったため、派遣会社や請負会社の社員と母語でやりとりができれば事足りたのと同じ状況であろう。日本語ができなくても就労して生活している外国人の存在は、集住地域だけの問題ではなく、日系人だけの問題でもない。実際、日本語ができないままさまざまな仕事に従事して日本で生活している外国人がどのくらいいるのかを調査したデータはないため、実数はわからないが、相当数の外国人がこのデータ6〜8のような状況にあるのではないかと推測される。この点については、さらなる調査が必要である。では、このように日本語ができない外国人は、どのような就労現場で仕事をしているのだろうか。

【データ9】
　結構やっぱり底辺労働を支えるっていう産業が、この川崎区には集まるので、そういう外国人の生活者の人が多いっていう。(中略) 今はもうお弁当工場。24時間の稼働、コンビニのお弁当がそうだし、あと産業廃棄物のリサイクル工場がもう代表的で、うちの識字に来るフィリピン人、タイ人、日系人の人に、どう仕事してますかって言ったら、お弁当工場か、産業廃棄物、よくリサイクルって言うんですけど、リサイクルの工場か、あとちょっとよくわかんないなあと思ってると、冷凍の食肉工場。その3種類以外に聞いたことがないぐらい。

＜2015年3月3日川崎インタビュー＞

　データ9から、単純かつ過酷な労働に外国人が従事していることがわかる。

データ4のかつおぶし産業でも触れられたように、日本人が集まらない仕事に日本語ができない外国人が従事している。川崎の場合、これらの仕事を斡旋する同国人がおり、そのつてで仕事が見つかるために、日本語があまりできなくても大丈夫だということであった。

【データ10】
安い中華居酒屋が。もう本当に目に見えて増えてる。(中略) 今んところ全然日本人との接点はないみたいだね。
＜2015年3月3日川崎インタビュー＞

データ10で言及されている「安い中華居酒屋」は川崎駅前地区を中心に、外国人経営者が経営しているお店を指している。このような店では、外国人が外国人を安く雇用して過酷な労働に従事させていることが多いということである。そして、経営者も雇われている従業員もともに日本人との接点がないという点で、社会的分断の萌芽となっていることが危惧される。
　データ11も同様に川崎の事例である。

【データ11】
今うちはやっぱり学齢超過の学習サポートを結構力入れてるんですけど、それやっぱり青少年が結構非行傾向っていうのがすごく、もう10年前ぐらいからあったので。最初のスタートはフィリピンの子たちがすごく、駅前方向で結構遊んでてっていう問題行動があったんですけど、最近は少し中国の子に移行してきてるかな。そういう子たち、やっぱりうちに来てる子たちから見ての実態なんですけど、ワンルームに家族で住んでますからね。(中略) その学習サポートは講習費とか一部もらうんですけど、減免とかもしたりするんで、結構課税証明書とかもらったりしてるんですけど、(中略)。だから生活保護よりも下の水準っていうのも結構あって
＜2015年3月3日川崎インタビュー＞

このように、ワンルームに子どもも含めた家族で住んでおり、生活保護よりも下の水準で生活しているケースが「結構ある」ということである。
　昨今、日本社会の格差問題が社会的な課題として挙げられるが、日本語が十分でない外国人の状況は、その典型的な事例と言えそうである。移民の受け入れに対する反対論として、底辺労働に従事する外国人の増加が挙げられるが、このような状況は、外国人個人の問題というよりもむしろ日本の産業構造の問題であり、彼らは日本社会の産業の一部を担っているわけである。したがって、受け入れている日本社会側が何らかの手立てを講じる必要があるだろう。

3.4　実態把握の難しさ
　では、実際に地域で外国人支援をしている人たちは、どのくらい実態を把握できているのだろうか。

【データ 12】
どのくらい（日本語教育）のニーズがあるのか、支援者と学習者の需給バランスの分析などができていないので、支援者を育成したほうがいいのかそうでないのかよくわからない。実際に教室にきている人以外に、どのくらいの人が日本語教育を必要としているのかがわからない。
　　　　　　　　　　　　＜ 2015年 3月 5日札幌インタビュー＞

【データ 13】
実はわれわれも学習者の悩みをはっきりつかめてないんですよね。それは、まず日本語の問題があるわけですよ。どんなことで悩んでるかってことを聞いて、かつ、日本語で意思疎通ができるかという問題もあるし、あまり、そんな話が出てこないんですよね。相談されることもそんなないですしね。それでよく行政からアンケートがくるんですよね。学習者の悩みはなんですかとか。で、誰が書くのかといったらスタッフが書くんですよ。たぶんこんな悩みなんじゃないのとか。
　　　　　　　　　　　　＜ 2015年 3月 1日福岡インタビュー＞

ここまで見てきたように、現在の日本国内では、政策的なずれによって高度人材ではなくむしろ労働者が定住化していること、またそのような外国人が実際に地域社会では欠かせない労働力となっていることがわかる。一方、日本語があまりできなくても仕事が決まると日本語教室に来なくなり、日本語ができないまま定住していくことになる。日本語ができないために、日本人・日本社会との接点がなく、結局のところ、彼らがどこで何をしているのか、どのような考えを持っているのかすら、はっきりはわからない状況になっている。これは、外国人支援をしており、外国人に比較的近い人たちでもそうであるということから、日本社会の中で、確実に外国人・外国人コミュニティの分断が起きていることがわかる。労働者として定住化する外国人は、社会的に「不可視化」されており、既存の地域社会の構成メンバーとして社会参加しているわけではない。そして、彼／彼女たちの子どもも同様の環境で生活している。この状況が放置されることは、いずれ日本社会にとって非常に大きな不安定化要素となるだろう。地域社会の多言語化は進んでいるが、複言語・複文化状況にはなっていないと言える。

　昨今、自治体によっては外国人住民に対する調査等を行い、何らかの形で在住外国人の状況を把握しようとしているケースも見られる。しかし、データ13にあるように、外国人当事者の声が本当に反映されているかどうか、あやしい面もある。

　これらの現状を踏まえ、政策としてきちんと外国人の動向を把握した上で、彼／彼女たちが日本語である程度のコミュニケーションができるようにし、社会的分断状況が起きないような安定した社会を構築する必要がある。このことこそが政府あるいは自治体の重要な役割である。しかし、ここで留意しなければならないのは、「日本語ができるようになれば分断が解消されコミュニケーションが取れるようになる」わけではないということである。日本語話者同士でも分断状況が起きうるわけであり、単に日本語を教える教室を増やしたり、日本語を学べる機会を増やしたりするだけではなく、日本語を学ぶ場が日本社会との接点となり、社会的な分断を回避する「場」となり、さらにそこで育成される複言語・複文化的な能力や視点が育成されることで、同じ社会を構成する人々の接点を創り出し、人々の相互理解と相互尊重を進

めていくことが重要ではないだろうか。

4　自治体における日本語教育および日本語教育専門家に対する意識

　前節で触れた不可視化と分断を回避し、よりよい社会を構想するためには、人々のコミュニケーションが重要である。そのために、地域の日本語教育が果たす役割は大きい。そこで本節では、自治体調査の結果から、日本語教育および日本語教育専門家に対する自治体の意識について述べる。

4.1　自治体調査による全体傾向

　自治体調査では、2014年8月末現在の日本全国の総自治体である1,741自治体のうち、「すべての市」「特別区」「外国人人口比率1％以上の町村」の三つを合計した913自治体を対象とした。調査では、まずこれら913自治体すべてに電話をかけ、在住外国人に対する担当部署の確認、アンケートの趣旨と内容の説明、アンケート送付の可否を尋ねた[11]。その結果、826自治体が送付可、87自治体が送付不可とのことであった。そこで、送付可の826自治体に、実際にアンケートを送付し、約1カ月半の回答期間中に回答・返送をお願いしたところ、484自治体から回答が返送された。以下の表1、2は、それぞれ「すべての自治体を母数とした場合の送付率および回答率」「今回調査対象自治体数を母数とした場合の送付率および回答率である。

表1　全自治体を母数とした場合の調査対象と回答率

対象	数	%
全自治体	1741	100
今回調査対象	913	52.4
全自治体における質問紙送付率	826	47.4
全自治体における回答率	484	27.8

表2　今回調査対象自治体を母数とした場合のアンケート送付率と回答率

対象	数	%
今回調査対象	913	100
今回調査対象自治体における質問紙送付率	826	90.5
今回調査対象自治体における回答率	484	53.0

　回答のあった484自治体を人口規模別で「大都市（総人口50万人以上）」「中都市（20万人以上）」「小都市（1万人以上）」「その他の都市（1万人未満）」「特別区」の五つに分類した[12]。さらに、これらの5分類を、外国人人口比率5％以上、2％以上、2％未満で分類すると以下の表3のようになる。

表3　総人口と外国人比率による回答自治体の分類

都市規模	(1) 外国人比率 5％以上	(2) 外国人比率 2％以上	(3) 外国人比率 2％未満	計
a) 大都市（50万人以上）	0	2	7	9 (1.9%)
b) 中都市（20万人以上）	2	3	35	40 (8.3%)
c) 小都市（1万人以上）	8	69	340	417 (86.2%)
d) その他都市（1万人未満）	0	5	3	8 (1.7%)
e) 東京都区部	3	7	0	10 (2.1%)
計	13 (2.7%)	86 (17.8%)	385 (79.5%)	484

5％以上で区切った理由は、世界的な移民国家の外国人比率を参考にしたからである。総務省による「世界の統計2012」によると、移民を多く受け入れていると言われる国の外国籍の人口比はカナダ5.6％、フランス5.5％、スウェーデン5.3％、オーストラリア7.0％のようになっている[13]。また2％で区切ったのは、日本全体の外国人比率が近年1.6～1.7％で推移していることから、平均よりも明らかに多いという数値で2％とした。この表から、おもに回答している自治体はc-(3)に分類される都市が多いことがわかるが、これは、そもそも全国の自治体の中で、このc-(3)タイプがもっとも多いことによる。また、「その他都市」に関してはd-(2)の回答数が多いこと、「東京都区部」ではe-(3)は0である。
　具体的な質問項目としては、外国人の生活や日本語の状況把握をしているか、している場合にどのような主体がどうやってそれを解決しているか、日本語教育の必要性や日本語教育の専門家の必要性をどう考えているか、地域の多文化共生を進めていく上で必要とされることは何か、多言語の情報発信の現状はどうなっているか等であった。本稿では、そのうち、地域の日本語教育の必要性と日本語教育の専門家の必要性に関する回答についてとりあげる。

4.2　自治体における日本語教育および日本語教育専門家のニーズ

　「地域の外国籍住民(成人)に対する日本語教育が必要だと考えていますか(以下質問1)」「日本語の学習支援を進める上で、日本語教育の専門家が必要だと考えていますか(以下質問2)」「日本語教育の専門家を貴自治体で雇用していますか(以下質問3)」という三つの質問に対する回答結果は以下の図1、2、3のようになっている。

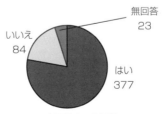

図1: 日本語教育の必要性

質問1に関しては、図1から、外国人に対する日本語学習の必要性はある程度認識されていると言える。しかし、日本語教育は必要ないと答えている自治体が84、全体の17.4%もあるというのも事実である。この84自治体のうち、50自治体は必要ない理由を記述式でも回答している。その記述内容を大まかに分類すると、必要ない理由として、「調査等を行っていないので必要性が確認できない」「外国人からの要望や必要だと感じる事例がない」「外国人が少ない」「短期滞在者がほとんどである」「技能実習生が多いため受け入れ企業が実施している」という五つに分けられる。また「国際交流協会が実施しているため自治体としての取り組みは不要だと考えている」といった意見や、「国際交流協会が実施している教室に参加している外国人が全体のうちのごく一部であるから」といった意見もあった。これらの意見から、地域での日本語教育に関する自治体の関与を高めるためには、その必要性を具体的にわかりやすく提示する必要がある。そして、その必要性の提示には、個別の外国人の「困った事例」を取り上げる形だけでなく、地域社会としての必要性をはっきりと打ち出す必要がある。自治体の役割として、個別具体の困った人の対応より、地域全体の課題への取り組みという方向で政策が作られることが一般的であることを勘案し、個別外国人の問題ではなく、地域社会の課題としてどのように定位するかという点が必要である。

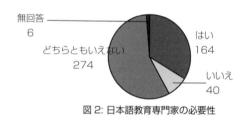

図2: 日本語教育専門家の必要性

　図2は、質問2に対する回答である。ここから、日本語教育の専門家が必要と考えている自治体は全体の1/3程度であり、半数以上が「どちらともいえない」と回答していることがわかる。「どちらともいえない」というのは、まさに判断しかねるということであり、日本語教育の専門家が地域社会にどのように貢献できるのか、実際に今携わっている人たちが、どのように貢献

できているのかが、広く一般に理解されていないことの証左である。また「いいえ（必要ない）」との回答も40程度ある。質問2の「いいえ」の回答と質問1の回答結果をクロスで集計すると、以下の表4のようになる。

表4　質問1「日本語教育が必要」と質問2「専門家は不要」の関係

	専門家は不要
日本語教育は必要	23
日本語教育は不要	17
計	40

　日本語教育の専門家が必要ないと回答した40自治体のうち、日本語教育は必要だけれど専門家は必要ないという自治体が23ある。この数字から見ても、地域の日本語教育における日本語教育専門家の必要性はさほど認識されていないことがわかる。この事実について、どのようにとらえるかについては、本調査のデータからだけでは判断が難しいが、可能性としては二つ考えられる。一つは、自治体職員に対する日本語教育の必要性や重要性とそこに関与する日本語教育専門家の役割が十分に浸透していないということ。もう一つは、自治体職員の「肌感覚」として、日本語教育の専門家がいても地域の改善にはさほど寄与しないと考えていることである。このあたりについては、さらなる調査が必要であろう。

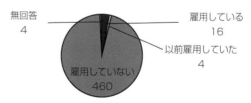

図3: 日本語教育専門家の雇用

　図3は質問3の回答結果である。日本語教育の専門家を雇用している自治体が16あるが、ほとんどの自治体は専門家の雇用を行っていない。また、以前雇用していた4自治体について、表3の自治体分類を踏まえた上で、質

問1、質問2の回答結果とクロス集計したものが以下の表5である。

表5　質問1、質問2と「以前雇用していた」の関係

	自治体分類	外国人の日本語教育	専門家の必要性
A市	中都市、2％未満	必要	必要
B市	中都市、2％未満	必要	必要
C市	中都市、2％未満	必要	必要
D町	小都市、2％以上	不要	どちらともいえない

　A、B、Cの3都市は、外国人の日本語教育も専門家も必要だと考えているが、現在は専門家の雇用が行われていない。この3都市のうちの一つについては、前節で触れた文化庁調査で筆者がヒアリングを行った都市であるが、時限的予算で雇用していたのが、予算の終了とともに雇用も終了したということであった。またD町は、外国人の日本語教育が不要な理由として「会話に不自由しない人が多い」ことを挙げている。一つの例であるため、一般化はできないが、日常的な日本語でのやりとりができれば、日本語教育は必要ではなく、専門家の関与も必要かどうか判断しかねるという自治体の立場がここから見えてくる。換言すると、地域の日本語教育の役割として認識されているのは、日本語での最低限のやりとりができることであり、それ以上の部分については必要性が明確に意識されていないということが言えそうである。

　これらの調査結果から、地域における日本語教育は、外国人個人の日本語による基礎的なコミュニケーションの課題の解決だけでなく、その地域社会全体をよりよいものに変えていくための社会的な課題解決を行うべきだということを、今まで以上に強調して主張する必要があるのではないだろうか。

5　まとめ—不可視化と社会的分断を避けるための地域日本語教育

　本稿では、地域における日本語支援に関して現状を整理した。3節では、文化庁調査の結果をもとに、政策とのずれや外国人の不可視化とコミュニティの分断状況が進んでいることを指摘した。また4節では、アンケート調

査の結果から、地域における日本語教育の社会的な意味や、日本語教育の専門家が関与することの価値が十分に理解されていないことを指摘した。これらを踏まえ、今後の地域日本語教育が取り組むべき課題を3点に整理して結びとしたい。

　1点目は、地域日本語教育を、地域コミュニティの分断による「パラレルワールド化」を防ぐことであると位置づけし、地域日本語教室は日本語を教える教室であるという認識から、地域の多様な住民が相互に接点を持つ「場」として機能させるという捉え直しが必要である。本稿では紙幅の都合で具体的には触れられなかったが、地域日本語教育の活動を住民相互の発信と理解の場として、すでに展開しはじめている事例もある[14]。今回の文化庁調査のヒアリングでも、「今までの地域日本語教育のやり方とは違うことをやらなければならないと感じている」という声が複数あった。このような取り組み事例を広く共有し、複数の地域での成果を検証することで、地域の実態から出発した日本語教育のモデルプログラムの構築が可能となるだろう。言語教育の理論的な背景を踏まえて言うならば、Content-Based Learning（CBI）として地域の日本語教育を位置づけなおさなければならないだろう。

　2点目は、地域の日本語教育において、専門家が関与することの意味や意義を見いだすための実践と評価の包括的なシステム構築を考えることである。この点については、地域日本語教育の実践デザインからその評価に関して、インストラクショナルデザインの知見を援用することができるだろう。例えば、専門家が関与した地域日本語教育の効果について、カークパトリックの4段階モデルを使うことなどが考えられる（Kirkpatrick and Kirkpatrick, 2005）。

　3点目は、全国の状況をできるだけ具体的に実態把握することである。本稿で取り上げた事例は、あくまでも個別事例の域を出ていない。今までの地域日本語教育では、本稿のように個別事例をもとにして、課題を論じているものがほとんどで、それが日本社会全体や、多くの地域に共通している、「ある種の一般化」がなされた課題としての議論は行われていない。3節のデータ13でも言及があったように、行政機関が行っているアンケート調査では、実態把握には限界がありそうである。行政機関が行う調査は、当然ながら貴

重なデータとなるが、それとは異なる大規模調査を行うことが必要だろう。

　グローバル化は、地球規模で格差と分断を生み出している。地域日本語教育は、このようなグローバル化の負の側面に、ローカルな立場から対峙し、ローカルなコミュニティをよりよくしていくための社会的実践である。地域日本語教育に携わるさまざまな人たちが、地域日本語教育の社会的価値を共有し、地域社会の格差と分断を軽減する取り組みであることを意識化した上で議論と実践を進めていく必要がある。このような取り組みの理念と方法は、米勢 (2006) 等で主張されているように「多文化共生社会構築のための日本語教育」とおおむね重なるが、それに加えて、外国人・日本人にかかわらず社会を創り出していく市民としての市民性教育が必要である。また、そこで育成されるのは複言語・複文化的な能力や視点であろう。

　地域の活動の基盤には、政策として社会統合政策が整備される必要があるが、大切なことは、社会統合政策を構築することが目的となってはならないということである。政策に立脚した地域日本語教育が、「学習者個人に対して日本語の知識やスキルを教えるだけ」であったなら、地域における効果も、社会に対する説得力もほとんど見いだせないのではないだろうか。

注

1) 政府の有識者会議「明日の日本を支える観光ビジョン構想会議」による目標値
2) 本稿執筆時の第二次安倍政権では「いわゆる移民政策はとらない」ことが明言されているが、一方で、2015年末現在国務大臣を務めている石破茂、河野太郎らは、移民政策を検討する必要があることを明言している。また移民政策の議論は今に始まったことではなく、例えば2006年に当時の自民党幹事長であった中川秀直が中心となり、移民1000万人計画が議論されるなど、同様の議論は繰り返されている。
3) 実際には、「外国籍」「日本籍」に限らず、日本語支援が必要な人は一定数存在している。すでに述べた通り、昨今は、滞在の長い外国籍住民が日本国籍を取得する例も多くなっている。したがって厳密に言うと、本稿の議論の対象は「外国人」ではない。しかし、便宜的かつ煩雑でない形で何らかの言い方をしなければならないので、とりあえず「外国人」とする
4) グローバル30HP (http://www.uni.international.mext.go.jp/ja-JP/global30/)
5) 本法案は閣議決定後国会で審議されているが、2016年6月現在、衆議院を通過しておらず閉会中審議となっている。
6) 詳細は法務省入国管理局HP (http://www.immi-moj.go.jp/newimmiact_3/system/index.html)
7) http://www.mhlw.go.jp/bunya/koyou/gaikokujin15/kikoku_shien.html
8) 自治体調査に関する報告の一部は、2015年2月に大東文化大学で開催された「多文化共生社会における日本語教育研究会」にて口頭で報告を行った。神吉宇一、岩田一成、渡部倫子、株式会社ラーンズ (2015)「自治体における外国籍住民に対する日本語教育アンケート調査報告 (抜粋)」
9) ヒアリング対象となった自治体もしくは、対象機関・団体がある自治体名であり、必ずしもすべてのヒアリングが自治体職員を対象としたものではなく、国際交流協会や任意団体である支援組織等も含まれる。なお、本調査結果の詳細は文化庁のwebサイトにアップされている。『平成26年度「生活者としての外国人」のための日本語教育事業－地域日本語教育の総合的な推進体制の整備に関する調査研究－』(http://www.bunka.go.jp/tokei_hakusho_shuppan/tokeichosa/nihongokyoiku_suishin/pdf/gaikokujin_nihongokyoikujigyo.pdf)。
10) インタビュー内容ママの記述としたが、実際には留学から技能実習へという流れは一般的には想定しにくい。おそらく、留学時に介護福祉士の資格取得を行うことで、留学期間終了後に介護職として継続在留できる仕組みをにらんでの受け入れ事例ではないかと考えられる。
11) 2013年度には、自治体の多文化共生に関する調査を同様の手法で行った。電話で問い合わせた調査担当者の話によると、多文化共生調査に比して、日本語教育調査の場合は、自治体に問い合わせても担当部署が明確でないところが多かったとのことである。
12)「都市」と表現しているが、ここでは町村も含んでいる。
13) これらの数値とは別に、たとえば、経済開発協力機構 (OECD) が発表している各国の移民人口統計がある (International Migration Outlook 2015)。しかし、OECDの統計で扱われている移民は、国籍ではなくルーツが外国である人々も含んでいる。一方、現段階で日本の在住外国人数はあくまでも外国籍の人たちが対象であるため、ここではOECDの統計は参考としなかった。
14) 千葉市が行っている「ちば多文化協働プロジェクト」(https://www.facebook.com/chibatabunka26/) はまさにこのような理念で活動を進めている取り組みである。また、鹿児島県で行われている桜島防災訓練や外国人向けの病院受診セミナーなどが例や、福島県で行なわれている「外国出身者コミュニティキーパーソン」事業など (http://www.worldvillage.org/kouryu/keyperson.html) も貴重な事例である。

参考文献

明石純一 (2010).『入国管理政策―「1990年体制」の成立と展開―』ナカニシヤ出版.
伊藤健人 (2009).「地域日本語教育―取組むべき課題は何か―」『日本語学』28 (11), pp.12-23. 明治書院.
外国人労働者問題関係省庁連絡会議 (2006).「『生活者としての外国人』に関する総合的対応策」http://www.cas.go.jp/jp/seisaku/gaikokujin/honbun2.pdf
外国人労働者問題関係省庁連絡会議 (2015).「『『生活者としての外国人』」に関する総合的対応策』、『日経定住外国人施策の推進について』実施状況 (平成27年3月25日現在)」http://www.cas.go.jp/jp/seisaku/gaikokujin/pdf/jyoukyou270325.pdf
「外国人労働者問題とこれからの日本」編集委員会 (編) (2009).『「研修生」という名の奴隷労働―外国人労働者問題とこれからの日本―』花伝社.
北脇保之 (編). (2011).『「開かれた日本」の構想―移民受け入れと社会統合―』ココ出版.
近藤敦 (2009).「なぜ移民政策なのか―移民の概念、入管政策と多文化共生政策の課題、移民政策学会の意義―」『移民政策研究』創刊号, pp.6-17.
杉澤経子 (2012).「地域日本語教育分野におけるコーディネーターの専門性―多文化社会コーディネーターの視座から―」『地域日本語教育をめぐる多文化社会コーディネーターの役割と専門性―多様なコーディネーター実践から―』pp.6-25. 東京外国語大学多言語・多文化教育研究センター.
田尻英三・大津由紀夫 (2010).『言語政策を問う！』ひつじ書房.
内閣府 (2014).「日系定住外国人施策の推進について」http://www8.cao.go.jp/teiju/suisin/sesaku/index.html
日本語教育学会 (2009).『外国人に対する実践的な日本語教育の研究開発―「生活者としての外国人」のための日本語教育事業―報告書』http://www.nkg.or.jp/book/houkokusho090420.pdf
日本政府観光局(2016).「平成27年度訪日外客数・出国日本人数」http://www.jnto.go.jp/jpn/statistics/data_info_listing/
日本語教育政策マスタープラン研究会 (2010).『日本語教育でつくる社会―私たちの見取り図―』ココ出版.
野山広 (2009).「他言語・多文化共生の時代に応じた日本語教育政策の構築に向けて」春原憲一郎 (編),『移住労働者とその家族のための言語政策―生活者のための日本語教育―』pp.147-165. ひつじ書房.
春原憲一郎 (2009).「日本の言語政策と日本語教育の現在」春原憲一郎 (編),『移動労働者とその家族のための言語政策―生活者のための日本語教育―』pp.1-40. ひつ

じ書房.
松尾慎 (2015).「地域日本語教育を問いつづける」神吉宇一 (編),『日本語教育 学のデザイン―その地と図を描く―』pp.101-122. 凡人社.
安田浩一 (2010).「ルポ 差別と貧困の外国人労働者」光文社新書.
山脇啓造・柏崎千佳子・近藤敦 (2002).『社会統合政策の構築に向けて』明治大学社会科学研究所ディスカッション・ペーパー・シリーズ, No.J-2002-1.
ヤン・ジョンヨン (2012).「地域日本語教育は何を『教育』するのか―国の政策と日本語教育と定住外国人の三者の理想から―」『地域政策研究』14 (2/3), pp.37-48. 高崎経済大学.
米勢治子 (2006).「『地域日本語教室』の現状と相互学習の可能性―愛知県の活動を通して見えてきたこと―」『人間文化研究』6, pp.105-119. 名古屋市立大学.
労働政策研究・研修機構 (2013).「調査シリーズNo.110 企業における高度外国人材の受入れと活用に関する調査」http://www.jil.go.jp/institute/research/2013/110.html
Kirkpatrick D. L. & Kirkpatrick J. D. (2005). *Evaluating Training Programs: The Four Levels* (3rd edition). Berrett-Koehler.

5 誰が「母語」を必要とするのか
―日本社会のマイノリティにとっての「日本語」の政治的意味―

岡田浩樹

KEYWORDS：マイノリティ，母語，アイデンティティ，政治性,多文化共生

要旨

　グローバル化の進展は、日本社会にこれまでなかった多民族・多文化状況をもたらしつつある。本論の目的は、文化的アイデンティティをめぐるスチュアート・ホール (Stuart Hall) の議論 (Who Needs Identity?, 1996) に触発され、あらためて日本におけるマイノリティにとっての「母語」、そして日本語の関係を検討することにある。本発表はあらためて、誰が「母語」を必要とするのは誰か？　と問い、マイノリティにとっての母語、日本語の意味を再検討し、日本の多文化共生政策の脱政治性の問題と、そこにおいてアプリオリに結びつけられてきた言語と文化的アイデンティティの関係の「脱構築」を試みる。

1　はじめに

　1990年代から日本社会のグローバル化が急速に進展していく過程で、在日外国人をめぐる問題は、政府レベルから地方自治体レベル、さらには日本人の一般市民レベルへと、具体的な生活レベルの課題までになってきた。いわゆる「多文化共生」は、その過程で日本社会に流布した強力なマスターナラティブである。日本型多文化主義とも言える「多文化共生」は、政府、地方自治体だけでなく、NGO、NPOにいたるまで、政策からボランティアのスローガンにいたるまで浸透していると言えよう。

　「多文化共生」がマスターナラティブになった契機は、20年前1995年の阪神・淡路大震災である。同じ被災者という立場に立ったことで、日常レベルの境界の枠を越えて、同じ地域に居住する在日外国人と日本人地域住民の

共存がもとめられた。震災の経験は、地方自治体のレベルだけでなく、日本人、在日外国人の両者を含む具体的な市民生活レベルの問題として「多文化共存」とはなにか」という難問に取り組まざるを得ないという貴重な経験をもたらした。特に在日コリアン[1]をめぐっては、かつて関東大震災での朝鮮人迫害を思い起こすと、日本社会における異民族・異文化に対する態度の成熟を示すものとして評価しうるものであろう。

震災の被害を受けた神戸市および兵庫県は、先進的な地域の一つとして、「多文化共生」政策、「多文化共生」活動を進めてきた。ところが、ここに非常に奇妙な「ねじれ」を見いだすことができる。在日外国人への言語教育支援に際し、兵庫県は「母語教育」、神戸市は「日本語教育」と、それぞれ言語教育の支援のあり方が異なっている。

この「ねじれ」が生じた理由は、いわゆる県と県庁所在地あるいは政令指定都市との間にありがちなライバル意識によるものだけではない。その背後には重要な一般的課題がある。グローバル化の進展によって、トランスボーダーな移動が激しくなってきた今日、移民に対する支援において、マイノリティ（移民）の「母語」か、あるいはマジョリティ（受け入れ社会）の「公用語」を第一に重視するかは、実践的な課題となっている。

ホスト社会において、政治的な問題であるとともに、移民にとっても、言語（母語）はしばしばエスニックアイデンティティの重要な基盤の一部をなしているがゆえに、言語教育は、マイノリティの歴史的定住過程を反映し、かつ政治的な問題となりがちである。日本においては在日コリアンにとっての韓国語（朝鮮語）教育と日本語との緊張関係は、しばしばシビアな政治的問題であった。

一方で、しばしば越境が繰り返される現在の状況では、プラクティカルな意味では、マジョリティの「公用言語」がどの程度「国際語」であるかの問題も浮上している。かつてのように第一移住先に無条件に世代を超えて定住するのではなく、出身社会への帰還や他の地域への再越境が頻繁に起こるとき、特定社会の公用語習得はマイノリティにとって重要性が低くなる。日本社会においても、すでにこの問題は日系ブラジル「デカセギ」家族において起きている。

このように考えたときに、在日外国人支援において「母語」を重視するか、「日本語」を重視するかの問題は、従来言われてきたような問題、マイノリティのエスニックアイデンティティ、あるいは定住化（日本社会への受け入れ）という問題を超えて、日本語が「国際語」として成立するかという問題を考える上で、一つの観点をもたらす問題として考えることができる。本論文は、日本の地方自治制度の制度的な結果、「母語教育支援」と「日本語教育支援」が重なり合う神戸市の事例を中心に検討を行う。

2　「同化」か「包摂」か―日本語教育の政治性

2.1　言語の政治性―在日コリアンの「朝鮮語（韓国語）教育」

　神戸市における外国人登録人員は、2015年3月31日現在で、44,156名である。もっとも登録者数が多いのが韓国・朝鮮籍で18,510名、ついで中国籍の12,874名であり、この二つの国籍登録人数で全体の71％を占めている[2]。3番目にはベトナム国籍、4番目に米国籍、5番目にフィリピン籍、以下台湾籍、ブラジル籍と続く。全体の傾向として、在日コリアン系（長田区）、中国系（中央区）そしてベトナム籍（長田区）に集住する傾向があるものの全体として少人数のマイノリティが神戸市内に散住している状況がある。この10年間に急増しているのが、中国、ベトナム、フィリピンといった系の在住外国人である。

　戦後、在日外国人と政府、地方自治体、地域社会との間の懸案の一つが児童の教育をめぐる問題であり、母語教育を含む「民族教育」をめぐって、激しく政府・地方自治体とマイノリティが衝突してきた歴史がある。大阪市から神戸市までの地域、いわゆる「阪神地域」においては、「阪神教育闘争」という象徴的事件があり、「民族教育」は在住外国人をめぐる中心的政治課題問題の一つであり続けてきた。

　「阪神教育闘争」とは、1948年1月、GHQ（連合軍最高司令官総司令部）が、日本国内に在住していた朝鮮人子弟を日本の公立学校に通学させるよう都道府県宛に通達を出すとともに、当時の在日朝鮮人の民族語教育、民族文化教育を担ってきた民族学校に対し、閉鎖命令を出したことを契機にして起こっ

た。GHQの指令に反発した朝鮮人は激しい反対運動を展開し、神戸市では朝鮮人1万5千名が兵庫県庁近くの公園に集まり、県庁に数百名が突入し閉鎖命令を撤回させた。あわてたGHQは朝鮮人の抗議行動を「暴動」として非常事態宣言を公布し、武力で運動を鎮圧し、1,700名あまりが逮捕され、そのうち136名が軍事裁判にかけられたという事件である。

　戦前日本の朝鮮半島植民地支配の下で進められた同化教育の柱の一つは朝鮮人に対する日本語教育であり、日本で出生した朝鮮人児童は母語(朝鮮語)を十分に読み書きできなかった。1945年、朝鮮半島が植民地から解放されると、在日朝鮮人の間にも民族意識が高まり、また朝鮮半島への帰還に備え、日本全国に在日朝鮮人の自主的な運営による朝鮮人学校が開設され、全国で500校以上、生徒数は6万人に達するようになった。

　1947年10月、連合軍最高司令官ダグラス・マッカーサーは、日本政府に対し、在日朝鮮人を日本の教育基本法、学校教育法に従わせるように指令を出す。この背景には、第二次世界大戦終結後、東西対立が徐々に顕在化し、朝鮮半島においては韓国と北朝鮮という分断国家が成立したことでの緊張の高まりがある。当時の朝鮮人学校の基盤となった「在日本朝鮮人連盟」はそのスローガンが「(朝鮮民主主義)共和国に直結しよう」であることに示されるように、共産主義の影響が強い団体であった。これに対し、GHQ、日本政府は、朝鮮人学校が共産主義教育の温床となることを警戒しての処置であったとされる。

　近年まで在日コリアンが最大のエスニックマイノリティ集団であったことは、その後の日本社会におけるエスニックマイノリティの母語教育問題に大きな影響を与えてきた。すなわち、母語(韓国・朝鮮語)教育は民族的アイデンティティを養成する革新的な問題であり、これを日本政府・地方自治体に認めさせることは重要な政治運動と位置づけられていた。神戸市には朝鮮学校が所在し、また戦前・戦後直後から神戸市を中心に定住している中国系住民(華僑・華人系)も子弟の教育のセンターとして中華同文学校を設立している。これらの民族学校は兵庫県、神戸市兵庫県の民族教育(母語教育)の中核を担っている。

　これらの民族学校を学校教育法第一条に定められた学校として認可するか

をめぐる問題は、単なる教育問題にとどまらない。母語教育、母語による教育はマイノリティの人権をめぐる問題、差別問題の象徴である。韓国語(朝鮮語)教育、民族教育を日本の公立学校において行うことは戦後の在日コリアンの運動において重要な政治的要求であった。このような歴史的経緯から、在日外国人児童の教育をめぐる問題を主管する部署が県教育委員会の人権教育課に置かれている。外国人児童の学校教育問題は、人権問題だけでなく、政治的な問題なのである。

2.2 包摂(周縁化)か、同化か──「母語教育」と「日本語教育」の緊張関係

しかし1980年以降、マイノリティの言語教育においては別の「課題」が生じる。1980年代にはベトナム系難民、1990年代にはフィリピン、インドネシア、さらにブラジル、ペルーなど中南米からの外国籍住民が急増し、そうした多様化したニューカマーの教育をめぐる問題が地方自治体、地域社会の深刻な問題として浮上してきた。

こうしたニューカマーは「出稼ぎ」のための一時的滞在者など居住期間の多様化、移動性の高さによる居住地域の分散、流動化などを特徴とし、法務省の出入国管理局を中心とした従来のシステムでは、その生活実態を把握することが困難であった。いわゆる日系ブラジル人、ペルー人児童における「不就学」問題も、このような政府の在日外国人管理制度の矛盾がその一因となっている。この新しい状況の中で、日本の公立学校においてマイノリティ児童の言語教育が大きな課題となった。地域社会の社会的文化的結節機関として位置づけられてきた学校は、在日外国人と地域社会が交差する社会的・文化的場という別の重要性が高まるようになる。別の言葉で言えば、学校は、マイノリティである在日外国人を異化させつつ、逆にその異質との共存、「多文化共生」を可視化する機関、施設として、改めて「学校」の存在がクローズアップされる。

2000年代から問題となってきたのは、ニューカマーの児童であり、日本語能力が不足しているため、学校での教科学習について行けないだけでなく、日常生活のコミュニケーションにも困難な場合が多い。あるいは、加えて在

日外国人児童が日本語を習得するにつれ、母語しか話せない両親と十分なコミュニケーションが図れず、あるいは日本語を解さない両親を否定的にとらえるなど、親子関係、家族関係が崩壊するケースも出ている。この結果、児童の不就学や非行などの問題が起き、一部のエスニック・グループでは青少年の麻薬常習化など、深刻な犯罪へとつながるケースも出てきている。

　この問題への対策として、兵庫県と、その内部にある政令指定都市神戸市とは対照的な対応を見せている。兵庫県は、「母語教育」によるサポートに重点があり、神戸市は「日本語教育」によるサポートに重点を置くという違いがある。

　母語教育に重点を置く兵庫県では、日本語理解が不十分な外国人児童に対し、1999年度から、国の緊急地域雇用特別交付金を活用し、母語が話せる外国人児童指導補助員派遣を開始した。2002年度からは、指導補助員の名称は「子ども多文化共生サポーター」である。このような兵庫県の「母語教育」指導のフレームワークは、県内在住の外国人団体も運営に関わる兵庫県国際交流協会によって作成、実施されてきた。

　兵庫県内23校のセンター学校を指定し、各センター学校に中国語、ベトナム語、ポルトガル語など各言語を割り当て、サポーターを派遣する方式である。児童はそれぞれの居住する学校の校区を越えて、通常授業終了後、自らの母語に対応したセンター学校に通い、サポーターにより日本語指導や学習指導における指導補助を受けている。また、母語による学習教材の製作・配布なども積極的に行っている。

　こうした母語による外国人児童支援は全国でも兵庫県のみが実施しており、一定の評価を受けている。ただし、現行では主に外国人児童の学校への受け入れ時の初期的な指導補助が中心である。外国人児童の進路に関わる学習言語の習得や学習指導支援には対応しておらず、学校現場、児童とその家族のニーズに必ずしも応えているわけではない。そして母語が話せるサポーターができるものは限られており、そのレベルは多様であり、すべてのセンター学校における母語による指導補助が同じように機能しないという問題があった。

　そもそも多様な出自や文化的背景をもった外国人児童すべてに、それぞれ

の「母語教育」を行う事は事実上不可能であろう。

このような問題はあるものの、母語によるコミュニケーションによって、保護者との関係も視野に入れたサポートが可能になり、学校教育と家庭教育とのギャップを軽減する効果がある。そして、何よりも、圧倒的な日本語環境の中で、自らの言語がマイノリティ言語として周辺化されがちで、自らが排除されていると感じることが多い外国人児童にとって、文化的アイデンティティを回復する契機となっている。

他方、日本語教育重点を置く神戸市には、2014年5月現在で41カ国、1,235名の外国人在日外国人児童に対し、学校の授業の理解をサポートすることを目的として、日本語指導に関わる連絡評議会を設置、また「センター校」1カ所および「拠点校」7カ所を設置し、日本語習得に重点化した支援を行っている。このような神戸市の外国人児童へのサポートは教育委員会主導で行われてきた。

センター校(神戸市立生田中学校)には、日本語で学習指導を行う日本語指導者(日本語教師)を派遣し、センター校以外に在籍する外国人中学生も放課後に通学して指導を受けている。2014年は、日本語初級クラスと、中学校での5教科(国英数理社)指導に当たる「移行期指導クラス」を設置、「日本語習得」状況に応じた指導を行っている。「拠点校」7カ所はいずれも小学校であり、年間35時間程度の日本語教室を実施、指導の中では、日本社会への生活適応をはかる指導、生活言語から学習言語への転換をはかる指導に重点が置かれている。

神戸市の学習支援においては、日本語教育指導に重点が置かれ、また日本の教育制度への適応、日本語による学習指導と高校等への進学準備に「学習指導」の目標が置かれがちである。このことは、在日外国人の次世代の「定住化」を促進すると同時に、一種の「文化同化」を強力に推し進める結果をもたらす。「日本語教育」の外国人児童に対する基本的姿勢は、日本社会で生活していく上での基本的な日本語が未習得な児童、つまりハンディキャップを背負った児童をサポートするというものである。

多様化したエスニックマイノリティの児童の「共通言語」は、日本語であり、その習得を促進することは理にかなっているように見える。しかし、外

国人児童が日本社会で背負うハンディキャップは単に日本語の問題だけではない。さらに日本語習得、日本文化学習に重点化することは一種の「文化的同化」である。文化的同化をしても社会的に「包摂」されない場合、結局のところ、文化的アイデンティティを喪失し、境界領域に位置する「周辺者」の立場に次世代の外国人定住者が置かれてしまう問題は解決できない。

　「文化的アイデンティティ」を重視し、「母語教育」を強調する兵庫県、あるいは、日本社会での生活安定・定住を前提に「日本語教育」に重点を置く神戸市のどちらが、「適切な外国人児童への支援」であるかは、即断できない複雑な問題である。ここで指摘しておきたいのは、この両者がともに「多文化共生」という同一のスローガンのもとに行われており、政府の補助金も含む多額の自治体予算、さらには多数の民間ボランティアの厚意と協力を得て実施されている事実であろう。

　一方でこうした状況をもたらした日本社会の多文化化の状況は、単に支援する側―支援される側の二項対置、あるいは支援する側の「好意の論理」で理解しうるような単純な状況ではない。グローバリゼーションの進行にともなう移動の問題は、事態をますます複雑にしている。たとえば、国境を越えて、「デカセギ」に来た日系ブラジル人家族にとっては、神戸市と兵庫県の区分などは意味を持たない。リーマンショックの際に日系ブラジル人の帰国が増加したが、将来的にブラジルに帰国する事を想定している日系ブラジル人にとっては、ポルトガル語での教育、ブラジルの学校教育に沿った学習指導を希望する。

　一方で、日系ブラジル人に限らず、安定した経済基盤を築き、日本社会での定住、定着志向がある家族は、むしろ日本の学校制度の中の教育メリトクラシーを求め、日本語教育、日本の学校制度に即した学習指導を希望する。インターナショナルスクールなどに入学させ、将来的には欧米やその他の地域で生活基盤を築くことを目指す保護者は、日本語や母語よりも英語教育の充実を求める[3]。

　こうした近年の変化は、日本語教育をめぐる重要な問いをもたらす。最近まで日本語教育は、海外の日本語学習者に向けた方法論的問題が議論の中心であった。これは留学生を対象とした日本語教育においても、大きな相違は

ないように思える。この背後には、日本人にとって日本語は何かという「国語学」的な認識が存在する。一方で、戦前の植民地における日本語教育の記憶は、マイノリティ（在日コリアン）の民族的アイデンティティの「母語維持」と日本社会の同化圧力（日本語化）という特殊な政治的コンテクストにおいて矮小化されてきたとも言えよう。つまり「母語を学ぶ権利」といった政治的主張が前面に出ていた。このために、外国人に対する母語教育あるいは日本語教育が日本社会のどのような社会的・文化的フレームの中で行われるべきかという、広義の政治的コンテクストをめぐる議論がまったくなされないまま、母語教育（民族学校）と日本語教育（海外および留学生）が「併存」してきた状況が続いている。

　ところが、グローバル化が日本社会に大きな影響を与えた2000年代になると、リンガフランカとしての英語と日本語との関係、日本語と他言語との関係は複雑になった。また、日本人と「外国人」を対置し、日本語習得が日本社会の一員である必要十分条件とは言いがたい状況が起きつつある。ゆえに外国人児童に「日本語」あるいは「母語」を指導すると言うことは、つまりグローバル化が進行する日本社会をどのようにとらえるか、社会のフレームワークはなにか、という問題が国家の政策レベルだけではなく、外国人児童支援の「実践の現場」レベルにも突きつけられていると言えよう。

3　「多文化共生」という政治的イシューと日本語教育

3.1　「多文化共生」という曖昧なビジョン

　「多文化共生」は、グローバル化が進行する日本社会における一つのフレームワークであるかのように見える。同じ外国人児童のサポートとして、「母語教育」の兵庫県と「日本語学習支援」の神戸市という対極的な政策は、「多文化共生」を包含する曖昧さによって「共存」が可能になっている。

　「多文化共生」というスローガンが地方自治体の文化施策にまで浸透した背景は、外国人労働者の移動などグローバル化の現象があり、これが地域社会住民の日常生活にまで及んでおり、国家レベルだけでなく地方レベル、地域社会レベルにおいても対応せざるを得ないという今日的状況であろう。し

かしながら、この「多文化共生」という概念自体は曖昧である。多くの場合、「多文化共生」をスローガンとして掲げてはいても、地方自治体、地域住民は個別の具体的状況に追われ、困惑させられている状況すらある。

最近まで日本では「外国人登録法」「出入国管理および難民認定法」によって在日外国人を在留資格別に処遇しており、在日外国人は出入国管理局、法務省など政府レベルの問題ととらえられがちであった。在日外国人問題は日本における外国人居住者の生存権、社会保障権の問題などの制度面で議論されてきたと言えよう。その後、国家は「内外人平等待遇の原則」の遵守、すなわち居住の事実により、その領域に住む個人の人権を保障する義務を負うようになった。これを受けて、各地方自治体レベルでさまざまな取り組みをせざるを得なくなった。

市民レベルでは「多文化共生社会」という概念が市民の間に普及しているものの、具体的にそれが何を意味しているのか、これまでの「外との国際交流」とどのように違うのか、具体的に何をすべきなのかは、深く議論されることはないように思われる。

地域住民レベルでは「多文化共生の実現」が重要だというスローガンは重要だと思う一方で、現実的な問題としてはそれほど意識されているとは言い難いのが現状であろう。日本人と在日外国人が互いの「共存」は意識しても、生活レベルでの「共生」を模索する段階には至っていないとも言えるかもしれない。あるいは、「多文化共生社会の実現」に至っていない。つまり今日の日本社会は、「多文化共生」ではなく、「多文化共存」にゆるやかに変わりつつある過程にある。とはいえ、グローバル化の進展の中で、在日外国人をめぐる問題は、政府レベルから地方自治体レベル、さらには日本人の一般市民レベルへと、具体的な生活レベルの課題になりつつある。

一般的な多文化共生の定義は次のものであろう。「一つの国に複数の民族・人種などが存在し、異なる文化、価値観を相互に共存して暮らすこと。同化と対応して用いられる」[4]。

ただし、そもそも多文化共生という概念を「多くの文化との共生」ととらえるのか、あるいは「他の文化との共生」ととらえるのかという問題点がある。日本においては「多くの文化との共生」よりも「他の文化（異文化）と

の共生」という意味合いで用いられることが多いのではないか。この用法では、多様な文化相互の共生関係というより、日本人（社会、文化）と他の外国人（集団、異文化）との関係が意識されている。その前提には、マジョリティ（ホスト社会）と個別のマイノリティ（ゲスト）という固定化された関係の認識がある。加えて、現在の日本では、多文化共生の具体的な内容よりも、「他（異）文化に対する態度・表現」を迫られる状況がある。つまり在日外国人を受け入れるか否か、が問題とされ、どのようなポジティブ（肯定的）な側面とネガティブ（否定的）な側面があるのか、何が実際に問題なのか、その問題を解決するために、何を行わなければならないのか、について、個別の問題について議論されない傾向がある。結果、「××（文化）は・・・である」というイメージに基づくラベリングにとどまり、エスニックマイノリティを受け入れるか、受け入れないかの態度表明にとどまっている。

　多文化共生に対するポジティブ（肯定的）な見方は、国際化・グローバル化の流れの中で目指すべき方向として理想化する。この中で地方自治体等も、多文化共生を取り上げているのである。もちろん、その中には温度の差があり、「仕方ない状況だからこれをせねばならない」から「地域社会の振興を目的として、積極的に多文化主義を掲げていこう」という意図まである。

　多文化共生についてのネガティブ（否定的）な見方は、他の文化をカリカチュア（戯画化）し、拒否する傾向がある[5]。日常生活の秩序を乱す異物、異文化として拒否し、異文化が入り込まなかったかつての社会（文化）へのノスタルジーを表明する。いわば他文化に対する拒否感から多文化共生にネガティブ（否定的）な見方、態度をとる。

　この両者の見方、態度の双方とも、多文化共生の概念自体の定義それ自体は、曖昧なままで放置する。また、他文化に対していかなる対応をとるべきかの具体的な議論よりも、他（異）文化を受け入れるか、否かが前提であり、同時にそれが結論になりがちな傾向がある。換言すれば、まずは、多文化共生を認めるか認めないか、この態度表明がまず迫られていると言えよう。

　今日の日本社会における一般的な傾向として、多文化共生というスローガンは、人権の尊重や国際化、人道主義というグローバルスタンダードな価値観と深く関係するがゆえに、後者の見方や態度は（表面的には）とりにくく、

政策的には多文化共生主義に対し、肯定する見方、態度で望む場合が多い。

　しかしながら、問題は別のところにある。それは「寛容さ」の問題である。多文化共生という概念は、個人のレベルから共同体、自治体のレベルまで、ある種の「寛容さ」を強要する。つまり異質な価値観、主張をもつ個人、集団が日常生活に共存することに対する「寛容さ」である。これに付随する問題として、他文化（多文化）をいかに尊重するかという実践に関する問題が現れる。これを政策的に行おうとする場合に「寛容さ」といったものが基盤にある以上、どうしても部分的なものしか実行できない。

　たとえば、学校教育といったものが一つの現場になるものの、在日外国人児童のいじめの問題が起こった場合、学校教育の現場だけでは家庭や個人レベルまで「寛容さ」を育てることを強要できないという問題がでてくる。ここには個々人の感情や価値観に依存する部分が大きいのであって、個人の思想、信条の自由にまで行政は干渉できないという大きな前提がある。いわゆる「政策的に実行可能な多文化共生」と「政策的に実行不可能な多文化共生」を明確に区別していく必要がある。多文化共生は自治体の政策だけでなく、日本人、在日外国人という当事者双方に個人レベル、共同体レベルに「寛容さ」を強要するものである。

　多文化共生を実現する過程で強要される「寛容さ」は、そもそも個人や共同体、地方自治体レベルだけでは解決できない大きな問題を内包している。すなわち、「多文化主義」は非常に大きな哲学的、政治的、社会的、文化的問題群を背後に抱えている。「多文化主義は近代性というプロジェクトの危機を示す有力的な指標である。」といった表現をする研究者もいる[6]。つまり、「多文化共生主義」をめぐる議論で顕在化する問題は、近代というものを推し進めてきた中で、ある種の行き詰まり、閉塞感、システム的な不備であるという問題提起である。

　この問題はいわゆるグローバリゼーションの議論にもつながるものであり、近代といったものが背景においていた国民国家・国民文化の問題がある。それぞれの国民国家は、特殊性、個別性を持つがゆえに単位となり、単一で固有の国民文化を備えるのが望ましいとされてきた。近年のグローバル化の進展によって近代国家の枠組みが侵されつつあり、国民文化も揺らぎつつあ

る状況を示す、具体的な問題として国民文化と多文化主義の葛藤の問題が突きつけられてきている[7]。

　近代以降、国家、さらにその下位に位置づけられる地方自治体、共同体は、均質で安定した公共空間を作り出し、公共性を涵養することが社会秩序を維持するための重要な課題としてきた。グローバリゼーションは、こうした公共性、公共空間の近代的枠組み自体を多数の異質な人々の流入によって揺るがしている。こうした動揺にさらされた状況の中で「いかに多文化的な空間をつくるか」といった社会全体レベルの新しい枠組みのビジョンはいまだ明確になっているとは言い難い。現場の地方自治体のレベルで「多文化共生は何か」といったものを明確に出すこと自体困難なのである。

3.2 「多文化共生」における政治性と言語教育

　このように「多文化共生」の内容自体は曖昧であっても、それがいわば日本社会におけるマスターナラティブになっている。しかも、「多文化共生」は脱政治的なイメージを醸成するとともに、「ともに生きる」「差異を認め合う」とは、どのような意味なのか、はたして、それが可能なのか、を踏み込んで考えるのではなく、ある種の「思考停止」をもたらしている可能性がある。ここでは「多文化共生」スローガンが内包する政治性について、検討を加えてみよう。

　まず「多文化共生」自体が「支配的なエスニック集団」、もしくは「支配的文化の中心性」という前提を隠し持つという政治性である。日本社会の場合は、圧倒的な日本人とマイノリティという関係が前提にある。具体的に言えば、多文化共生と言った場合に「日本人とさまざまな文化・民族の共生」ということになる。実際にどのような問題で現れるかといえば、「マイノリティ間の断絶」といった問題において表面化する。

　たとえば、日本人と在日コリアンとの関係、あるいは日本人と在日ベトナム人との関係といったものは検討されても、その相互の関係が検討されない限り、「多文化共生」とは言い難いにもかかわらず、そういった方向には関心は向けられない傾向がある。

　この背景には、多文化共生が日本人と特定のエスニックマイノリティ、特

に在日韓国・朝鮮人の間の二者間関係であったという歴史的経緯がある。「在日」という言葉は戦後から最近に至るまで主に在日韓国・朝鮮人を意味してきた。日本社会（日本人）が在日韓国・朝鮮人の存在をいかに受け入れるかが、長らく日本社会において在日外国人問題の焦点であったが、今日の多文化共生社会の問題は、在日コリアン以外の多様な外国人の流入を契機とした、新しい状況をもたらした。

　しかしながら、この変化があったとしても、日本語の優位性や支配性については、まったく揺るがないかのように見える。日本社会における異なるエスニックマイノリティが、日本語を共通言語にせざるを得ないのはやむを得ないとしても、日本語の習得状況がエスニックマイノリティの評価と関連している傾向がある。日本語の習得の程度は、あるエスニックマイノリティにとって、日本社会への定住の度合いを示すと言うより、「同化」の程度を示すものとも言えよう。

　ここに隠された重要な問題は、「支配文化の中心性」（日本文化の中心性、日本語の支配性）である。マイノリティ間の関係のありようは、その背後にある支配文化（日本社会）のマイノリティとの関係のありように大きく規定される。しかし、マイノリティ間の葛藤が表面化した場合、その問題のみに目を奪われ、マイノリティの自己主張を自己中心的、閉鎖的と批判し、多文化共生を阻害する存在としてかえって排除する可能性がある。

　すでに多文化主義をめぐっては、「支配的なエスニック集団（マジョリティ）、支配的文化の中心性」という前提、さらにマイノリティの「封じ込め」と「取り込み」というのがあいまって、ある種のダブルスタンダードの問題が指摘されている。マイノリティに対する多文化主義を謳い、その文化の理解を進めようということが結局、マジョリティのイメージに「封じ込め」、社会に「取り込」んでしまう一方で、結局その上にそびえ立つマジョリティの文化が持っている権威や問題を不問にしてしまう。ここで「封じ込め」と「取り込み」にしても、これを行うのはいわゆる支配的なエスニック集団、支配的な文化である点が重要である。マジョリティがこれを封じ込み、取り込むのであって、マイノリティ相互の関係ではこうしたことはその結果としてもたらされる[8]。

ローカライズされた多文化主義、つまり「多文化共生」は、日本文化の中心性を前提にエスニックマイノリティを「封じ込め」、そして支配文化の体制の中に「取り込む」側面があることは看過してはならないであろう。

　その際に大きな役割を果たすのが、日本語の優位性を絶対的な前提とした「日本語教育」である危険性がある。

　現在のところ、在日外国人に対する日本語教育においては、「日本社会で暮らしていく上で日本語が必要」「いずれ定住、定着が進めば日本語が第一言語になる」という暗黙の了解が存在する。このことは、日本語を教育する教員・ボランティアの側に、サポートされる児童の第一言語や文化に関する知識が十分にないか、体系的に習得していない傾向に現れている。日本人を対象に、長年国語を教育したからといって、外国人に対し、彼／彼女たちにとっては外国語としての「日本語」を指導するためには、他言語や多文化との相対的な観点が必要であろう。日本語、日本文化を一方的に教育するということは、支配言語、支配文化の中心性をそのまま適用し、「封じ込め」「取り込む」ことにつながる問題がある。

　「多文化共生」をめぐる政治性においては、言語（日本語教育）は、支配的文化の中心性を成立させる重要な要素であると同時に、他のさまざまな社会的・文化的次元における中心性の媒介という役割を果たすことになる。そして結果的に、「母語」とそれに関連した文化的要素は周縁化され、日本語、日本文化に「封じ込め」「取り込」まれ、断片化されたステレオタイプ的な「異文化」のみが残されることになる。これは、明らかに「同化」のプロセスであって、最近の多文化共生スローガンで強調される「多様な差異が共存する『包摂』」が目的地にはならない。

4　おわりに－誰が「母語」「日本語」を必要とするのか

　本論考の目的は、在日外国人児童の日本社会における学習を支援し、その生活の安定をサポートすることに、尽力している日本語教育教師やボランティアの営為を批判し、否定することではない点は、ここで強調しておきたい。また筆者は、「多文化共生」というスローガン自体を全面的に否定する

ものでもない。多文化共生のスローガンは、「ヘイトスピーチ」など、グローバル化に対応した別のベクトルである、排他的なナショナリズムの復興に対し、有効な対抗軸としての可能性を秘めており、その点では全面的に否定されるべきではないと考える。

　本論で問題としたいのは、「多文化共生」が内包される脱政治化の意味作用であり、これが言語教育の面においてもたらす問題である。

　これまでも「正しい日本語」を教育することの政治性の問題は、さまざまな分野において議論されてきた。日本社会の近代化の過程での「標準語」をめぐる議論、アイヌや沖縄の人々に対する「国語教育」の問題、植民地支配期の朝鮮半島、台湾、南洋諸島における「日本語教育」の問題など、である。ただし、それらの議論は、近代国民国家形成過程における国民文化の問題、あるいは植民地支配-被支配の関係性における言語政策など、そもそも、その政治性が明白であり、また、近代国民国家の中心と周縁という明確な図式の上にあり、これについての問題点指摘や批判は比較的容易である。近代国民国家形成、植民地化の過程では、「正しい」日本語を教育することは啓蒙であり、肯定すべきことであったが、近代国民国家の問題が顕在化し、また植民地支配が批判される時期には、抑圧であり、否定すべきこととなった。

　しかし、現在の在日外国人（児童）に対する「日本語教育」の問題は、近代国民国家を超えたグローバル化の動きによって引き起こされたため、啓蒙／抑圧、肯定／否定、同化／排除という二者択一の観点から議論できず、はるかに複雑な状況をもたらしている。たとえば、日本語学習支援を十分に受け、日系日本人のように日本語を駆使するベトナム人やヨーロピアンの風貌をもった日系ブラジル人を、社会の一員として日本人は受け入れることは可能であろうか？　あくまでも「外国人」として位置づけられることはないであろうか？　日本語の習得が「同化」にも「包摂」にもならず、さりとて母社会の一員でもない「境界領域的」な存在にとどまってしまう。

　このような錯綜した状況について、文化の領域から検討する場合に、スチュワート・ホールが議論した「カルチュラル・アイデンティティ」の論考を参考にし、次の根本的質問をあらためて問いかけることは意味があろう[9]。

　第一に、「多文化共生」についてもっと議論する必要性とはいったい何か

という問いかけである。誰が「多文化共生」を必要とするのか。そもそも「多文化共生」は不十分なあるいは不適切な概念であるのだが、「もっと十分な」あるいは「もっと適切な」概念にするのではなく、「抹消の状態」に置く脱構築的なアプローチである。これは「多文化共生」がもとのままの、脱構築されない形でではもはや役に立たないもの——「それを使って考えるといいもの」ではないと見なすことである。しかも「それらの考え方が弁証法的にはほかのものにとって変わられたわけではなく、それに変わるような、ほかの、まったく異なった概念もないので、それらの概念を使って考察」するしかない[10]。

　第二に、「多文化共生」という概念自体が現実の状況に還元できない場合、その「非還元性」がどこで生まれ、どのような問題群と関わっているか、という問いかけである。つまり、過度の単純化を恐れずに言えば「誰が多文化共生」を必要としているのかを問い続けることになる。

　その上で、日本語か母語という下位の問いに適用すると、「誰が日本語を必要としているのか」「誰が母語を必要としているのか」、その政治性を含めて、問い続けることが必要であると筆者は考える。外国人児童に日本語指導すること自体に、今や「どのような日本社会をイメージしているのか」さらには、「世界において日本語を学習することの意味」が問われることになるであろう。これはまさに文化の問題としての「言語教育」というテーマなのである。

注

1) 本報告で「在日コリアン」と呼称するのは、従来の「在日韓国・朝鮮人」とほぼ重なる範囲である。しかし、従来の韓国籍、朝鮮籍といった国籍が基準となるだけではなく、最近日本に来たニューカマー、帰化者、あるいは国際結婚による子供といった、より多様な韓国・朝鮮系の人々が定住するようになってきている。これらを包括する広いカテゴリー（あえて地域名と結びつけるならば、「在日朝鮮半島系住民」）として「在日コリアン」という概念を、ここでは使用する。
2) 神戸市市民参画室推進局調べ各月末日現在。人数は住民基本台帳表に基づく。
3) この要望は、国立大学での「英語コース（英語だけの講義）」がトレンドになり、義務教育のグローバル化が強調される今日、あながち無理な要望とは言いがたい。
4) 平成18年に総務省自治行政局国際室長が各都道府県・指定市外国人住民施策担当局部長に出した「地域における多文化共生推進プラン」には、「国籍や民族などの異なる人々が、互いの文化的差異を認め合い、対等な関係を築こうとしながら、地域社会の構成員として共に生きていくような、多文化共生の地域づくりを推し進める必要性」と述べている。http://www.soumu.go.jp/kokusai/pdf/sonota_b6.pdf
5) この極端な言説はヘイトスピーチである。
6) アンドレア・センプリーニ（三浦信孝・長谷川秀樹訳）『多文化主義とはなにか』[センプリーニ2003; 9]
7) センプリーニによれば、多文化主義とは「現代社会全体に突き付けられた文明論的な挑戦」である。センプリーニによれば、モダニティ（近代性）というプロジェクトは、ある種非常に普遍性・標準化といったものをともなってきたのであり、多文化共生主義は、そこに違いといったもの（差異の概念）をいかに接合するかということになる。[センプリーニibid.10]
8) Jordan Glenn and Weedon, Chiris (1995). Cultural Politics: Class, Gender, Race and the Postmodern World. London: Routledge.
9) ホール：[2001：1-9]
10) ホール[ibid:8]

参考文献

駒井洋(編).(1995).『定住化する外国人』(講座外国人定住問題第2巻) 明石書店.
センブリーニ (三浦信孝・長谷川秀樹(訳)).(2003).『多文化主義とは何か』白水社文庫クセジュ.
金侖貞 (2007).『多文化共生教育とアイデンティティ』明石書店.
チャールズ・テイラー, スーザン・ウルフ, スティーブン・C. ロックフェラー, マイケル・ウォルツァー, ユルゲン・ハーバマス, K.アンソニー・アッピア・エイミー・ガットマン(佐々木毅・辻康夫・向山恭一(訳).(1996).『マルチカルチャリズム』岩波書店.
横山紀子 (2008).『非母語話者日本語教師再教育における聴解指導に関する実証的研究』ひつじ書房.
Bhabba, H. (1990).Interview with Homi Bhabba. The Third Space. In J.Rutherford (ed.), *Identity: Community, Culture, Difference* (pp.207-221). London: Lawrence and Wishshart.
Hall, S. (1996). Introduction; Who Needs 'Identity'?. In H. Stuart & Gay du Paul (eds.), *Questions of Cultural Identity*. London: Sage Publications. (宇波彰(訳).(2001).「誰がアイデンティティを必要とするのか?」,ホールスチュワート・ゲイドゥポール(編),『カルチュラルアイデンティティの諸問題』pp.7-35. 大村書店.)
Jordan, G. & Weedon, C. (1995). *Cultural Politics: Class, Gender, Race and the Postmodern World*. London: Routledge.

第2部

複言語・複文化時代の日本語教育の射程

複言語・複文化時代の日本語教育における日本語教師養成

小林ミナ

KEYWORDS：教師の役割，教師観，言語観，コミュニケーション観

要旨

　本稿では、複言語・複文化における日本語教育を、教師養成の視点から考察する。『ヨーロッパ言語共通参照枠』による複言語・複文化の概念は、言語教育にパラダイム転換をもたらした。パラダイムの転換期にあって、言語教師の役割、求められる資質はどのように変容するのか。本稿では、筆者が大学院主専攻で行った教師養成実践での事例を手がかりに、日本語教師の役割、求められる資質について具体的に考察する。

　本稿の主張は次の通りである。

　複言語主義に立てば、日本語教育の目標は「日本語が上手になること」だけではなくなる。よって「教える内容をすべて事前に把握し、教室を管理する人」という従来の教師観は成立しなくなり、日本語教師も「軸足を日本語に置きつつ、学習者の言語生活全体を見渡し、言語支援を行う」存在に変容する。

　軸足としての日本語との関わり方も変容する。その根拠は「学習者たちは、周囲の日本語をリソースとしながら、自由に「私の日本語」をつかみ取っている」「「日本語の授業」というしつらえが、言語の役割を過大評価することを後押ししている可能性がある」という2点である。よって日本語教師には、既存の枠組みにとらわれることなく、「コミュニケーション全体の中で、日本語や言語がどのような機能を果たしているのか」「その表現は学習者が伝えたいことを適切に伝えられているか」という視点から、主体的に言語を捉え直す力が求められるようになる。

　授業準備も変容する。先行シラバスによる授業とは異なり、授業に現れる言語表現を予測して、事前にすべての下調べをしておくことは不可能だから

である。このような実践にあっては「自分のことばに敏感になり、日々、一生懸命に生きていくこと」といった「一人の言語の使い手」としての自分自身の言語生活の充実、メタ的考察そのものが、すなわち授業準備となる。

1　はじめに

　本稿では、複言語・複文化時代の日本語教育を、教師養成の視点から考察する。

　欧州評議会 (Council of Europe) によって2001年に出された『ヨーロッパ言語共通参照枠』(Common Europian Framework of Reference for Languages: Learning, teaching, assessment、以下CEFR)、および、その背景にある plurilingualism (複言語主義)、pluriculturalism (複文化主義) の概念は、言語教育、外国語教育の目標が「当該言語の習熟」であった多言語主義 (multilingualism) との対比において、言語教育の現場に大きなパラダイム転換をもたらした。

　これについて、CEFRには次のようにある。言語学習の目標が「母語話者」ではなくなると明言されている点に、ここでは注目したい。

> (1)　この観点 (「複言語主義」を指す。筆者注) を採るならば、言語教育の目的は根本的に変更されることになる。もはや従前のように、単に一つか二つの言語 (三つでももちろんかまわないが) を学習し、それらを相互に無関係のままにして、究極目標としては「理想的母語話者」を考えるといったようなことはなくなる。新しい目的は、すべての言語能力がその中で何らかの役割を果たすことができるような言語空間を作り出すということである。もちろん、このことが意味するのは、教育機関での言語学習は多様性を持ち、生徒は複言語的能力を身につける機会を与えられなければならないということである。
>
> 　　　　　　　　　　　　　　　(吉島・大橋 (訳・編), 2004, pp.4-5)

このようなパラダイムの転換期にあって、言語教師の役割はどのように変容するのか。言語教師には、どのような資質が求められるようになるのか。どうすれば、そのような人材が養成できるのか。本稿では、このような点を議論したい。なお、ここでいう「教師養成」には、いわゆる養成講座のみならず、日本語教育を主専攻、副専攻とする学部や大学院の教育カリキュラム、現職者を対象とする研修やセミナー、ボランティア講座なども広く含めて考えることとする。

　本稿の構成は、次の通りである。次の2節では、議論の前提となる複言語主義、複文化主義を、日本語教育での議論、および、言語教師の役割との関わりから概観する。3節と4節では、教師養成の事例として、筆者が行っている実践を取りあげる。5節では、それまでの議論を踏まえて、本稿の結論を述べる。

2　複言語主義における教師の役割

　この2節では、複言語主義、複文化主義について、日本語教育での議論、および、言語教師の役割を中心に概観する。

2.1　複言語主義と日本語教育

　複言語主義が、言語教育の現場に大きなパラダイムの転換をもたらしたのは、多言語主義との対比においてである。両者について、CEFRでは、それぞれ次のように説明されている。

> (2)　(多言語主義とは、筆者注) 複数の言語の知識であり、あるいは特定の社会の中で異種の言語が共存していることである。多言語主義は単に特定の学校や教育制度の中で学習可能な言語を多様化すること、または生徒たちに一つ以上の外国語を学ぶように奨励したり、あるいは国際社会における英語のコミュニケーション上の支配的位置を引き下げることで達成され得る。一方、複言語主義がそれ以上に強調しているのは、次のような事実で

ある。つまり個々人の言語体験は、その文化的背景の中で広がる。家庭内の言語から社会全般での言語、それから (学校や大学で学ぶ場合でも、直接的習得にしろ) 他の民族の言語へと広がって行くのである。しかしその際、その言語や文化を完全に切り離し、心の中の別々の部屋にしまっておくわけではない。むしろそこでは新しいコミュニケーション能力が作り上げられるのであるが、その成立には全ての言語知識と経験が寄与するし、そこでは言語同士が相互の関係を築き、また相互に作用し合っているのである。

(吉島・大橋 (訳・編), 2004, p.4)

多言語主義が「ある社会における言語の有り様」であるのに対して、複言語主義は「ある個人における言語の有り様」であることが示されている。そして、「その言語や文化を完全に切り離し、心の中の別々の部屋にしまっておくわけではない」「言語同士が相互の関係を築き、また相互に作用し合っている」という記述から、(日本語教育で言えば)「日本語の知識や能力を伸ばすことだけが目標ではない」という姿勢が導かれる。

さらにCEFRでは、次のように述べられている。

(3) (CEFRは) ヨーロッパのさまざまな教育制度の差が原因となって現代語の分野で働いている専門家相互の対話が妨げられている現状の打開を意図している。教育行政関係者、授業コース設計者、教師、教師養成者、試験機関、等々が、自らの日常の業務に反省をめぐらし、それぞれがなす努力の意味・位置を確認し、その成果を共有できるように、さらに、彼らが学習者に対して責任を負っている以上、学習者の現実の必要性に適した仕事ができるよう、そのための手段を提示するものである。

(吉島・大橋 (訳・編), 2004, p.1)

このような複言語主義という概念が生まれたヨーロッパは、陸続きの土地

に政治、教育、経済、言語等がさまざまに異なる国家が並存する土地である。複言語主義という概念がヨーロッパで生まれたのは、社会的にも地勢的にも、いわば必然と言える。

　翻って、日本語教育に目を向けると、複言語主義、複文化主義の議論は、『ヨーロッパにおける日本語教育とCommon European Framework of Reference for Languages』(ヨーロッパ日本語教師会・国際交流基金, 2005)、『グローバル化社会の日本語教育と日本文化―日本語教育スタンダードと多文化共生リテラシー』(萬・村上(編), 2009)、『リテラシーズ叢書 1　複言語・複文化主義とは何か―ヨーロッパの理念・状況から日本における受容・文脈化へ』(細川・西山(編), 2010) 等の出版が嚆矢となる。

　2016年6月には、日本語教師のための概説書である『日本語教師のためのCEFR』(奥村・櫻井・鈴木(編)) が出版された。国際交流基金では、CEFRを参考にしたJFスタンダードが開発され、関連する教材の出版、研究発表なども数多くなされている[1]。

　今後も、さまざまな議論が積み上げられていくことが期待できるが、ヨーロッパ言語の教育に比べると、日本語教育での議論は、まだ緒に就いたばかりである。日本語教師が備えるべき資質、教師養成に関わる議論も、ほとんどみられない。

　また、日本の社会的、地勢的状況が、ヨーロッパとは異なるがゆえに、ヨーロッパで生まれた複言語、複文化という概念が、日本、日本語にどこまで適応可能かという問題提起 (トムソン, 2012; 本田, 2016) もある。この問題提起に応えるには、複言語、複文化という概念に基づく教育実践を、表層的な教室技術としてとらえるのではなく、理論的な考察と現場での実践を往還させることにより、実証的に検証していく必要があるだろう。

2.2　複言語主義と言語教師

　複言語主義における言語教師を考えるために、CEFRの中で「教師」がどのように記述されているかを見てみたい。やや長くなるが、以下では該当箇所をすべて引用しながら進める。

　まず、「第六章 言語学習と言語教育」には、「6.3 CEFRの利用者が言語学

習促進のためにできること」という節が設けられており、そこには、次のようにある。

(4) 6.3.4 教師
一般に教師は、公的なガイドラインを尊重し、教科書や教材（教師自身が吟味、評価、選択、供与できる場合もあれば、そうではない場合もある）を用い、テストを作成、監督し、生徒、学生を資格試験に向けて準備させるよう求められる。教室での活動は、あらましは前もって準備できるが、生徒、学生の反応によって柔軟に調整する必要があり、教師は瞬時の決定をしなければならない。教師は、生徒・学生の進み具合をモニターして、一人一人の学習能力を伸ばすだけでなく、学習上の問題を認識、分析、克服する方法を発見するよう求められている。教師は、実にさまざまな学習の経過を理解する必要があるが、その理解は理論的に考慮した結果としての系統立った説明というよりは、むしろ経験からくる無意識の産物であることが多いだろう。それは、研究者と教員養成者が学習のための協力関係を築こうとするときに大いに役に立つ。
(吉島・大橋（訳・編), 2004, p.154)

「6.4 外国語の学習と教育の方法に関する選択肢」には、次のようにある。

(5) 6.4.2.2 教師の役割
教師は、自分たちの行動が自身の態度や能力の反映であり、また、言語を学習、習得する環境で非常に重要な部分を占めていることを自覚しなければならない。学生が将来その言語を使用する際や、学生が将来教師となったときの手本を見せているのである。次の事項の重要性を考える必要がある。

a) 教授技能
b) 教室運営技能
c) 実践研究（アクション・リサーチ）を行い、経験を反省する能力
d) 教え方のスタイル
e) テスト・評価・総括評価の扱い方を理解し、実践する能力
f) 社会文化的背景に関する知識とその教授能力
g) 異文化に対する態度や適応技能
h) 学生の文学鑑賞を理解し、育成する能力
i) さまざまな性格や能力を持つ学習者からなるクラスの中で一人一人に対処する能力

どうすれば、これらの素質や能力を伸ばすことができるだろうか？
個別作業やペアワーク、グループ作業の間、教師がすべきことは次のうちどれだろうか？

a) 単に監督して秩序を保つ。
b) 作業をモニターするために巡回する。
c) 個別の相談に備える。
d) モニターし、相談役も務めながら、監督と助言者の役割を演じ、学生が自分たちの学習について行う指摘を吸い上げ、対応する。

(吉島・大橋（訳・編）, 2004, p.157)

　具体的な事例をともなっていないこともあるが、誤解を恐れずにいえば、これらの記述に取りたてて目新しさは感じられない。多言語主義に基づく教育実践、そこでの教師の役割と、さほどかけ離れた記述には見えないからである。読み手が自分自身の文脈に引きつけることで、いかようにも解釈が可能だということもあろう。
　しかし、だからといって、多言語主義から複文化主義へのパラダイム転換

にあって、こと教師のみが従来のままでよいと考えるのは、いかにも楽観的すぎる。

そこで、次節以降では、教師養成の事例として、筆者が大学院で行っている実践を取りあげ、授業や準備段階で起きた出来事を、具体的に見ていきたい。

3 実践の概要

次の4節で具体的な事例を報告するにあたり、この3節では、実践の枠組み、背景について述べる。

3.1 実践を立ちあげた動機

筆者がここで述べる実践を立ちあげた動機は、「CEFRの理念を日本語教育の文脈で具現化したい」「CEFRを日本語でも広めたい」といった、CEFRに始まるトップダウンによるものではない。もともとの問題意識は、前任校である北海道大学留学生センター（名称は当時）で2004、2005年度に行った授業実践に遡る（小林, 2009）。初級の会話授業を担当する中で、構造シラバスや機能シラバスに基づくコースデザイン、コミュニカティブ・アプローチにおける一連の教室活動に限界を感じ、現場経験からのボトムアップとして立ちあげたものである。

その後、CEFRの枠組み、理念を知ることにより、複言語、複文化の枠組みの中で自らの実践を問い直すことを試みた。2016年1月に、ベルギー日本語教師会のセミナーで、この実践について話をする機会を得たが、その際「CEFRと通底するものがある」という私的コメントを櫻井直子氏（ベルギー、ルーヴァン・カトリック大学）から受けたことも本稿執筆を後押しした。

3.2 「日本語教育実践研究」の枠組み

ここで取りあげる実践は、早稲田大学大学院日本語教育研究科（以下、「研究科」）に設置されている「日本語教育実践研究」（以下、「実践研究」）で行われたものである。

実践研究は、次のような目的をもって開設された科目群である。

(6) 日本語教育研究センター設置の日本語講座等での参与観察・教壇実習を通じて、シラバス立案、教材作成、教授方法、評価方法などを実習することによって実践と密着した研究を行うことを目的とします。

　研究科では、毎学期、全教員がそれぞれの実践研究を開講することになっている。実習生である大学院生が、学内外のどのような現場で、どのような活動（たとえば「教壇実習」「参与観察」「関与観察」「教材作成」など）を行うかは、個々の担当教員に任されている。修士課程では、最低3科目の実践研究を履修することが修了の要件となっており、2015年度には、9名の教員により九つの実践研究が開講された。

3.3　事例報告で取りあげる二つの授業

　筆者が開講する実践研究は、大学内の日本語教育研究センター（以下、「センター」）で外国人留学生[2]のために開講されている日本語授業を実践の場とし、教壇実習を主たる活動としている。シラバスの「授業概要」と「到達目標」を図1に示す。

■授業概要
日本語教育研究センターで開講される「「わたしのにほんご」プロジェクト1-2」(水曜2限) を舞台に、授業実践を行う。「「わたしのにほんご」プロジェクト1-2」は、教室を「教室の外のコミュニケーションをメタ的にとらえ直す場」と位置づける。学習者が「日本語で話したい／書きたいこと」「日本語で話したかった／書きたかったが、うまくいかなかった経験」などを持ち寄ることにより、自分らしいコミュニケーションを日本語で実現できるように、「文型」や「表現 (機能)」からではなく、「状況」から出発する教育実践を目指す。実践研究 (5) では、どうすればそのような日本語授業が実現できるか、そこで教師に求められる役割は何かといった点について、具体的な事例を踏まえながら考察を深める。その際、とくに「学習者の発言や質問の背景を考える」「学習者の発言や質問に、どう反応すればよいか」に焦点をあてる。

■到達目標
次の3点を目標とする。
(1)「文型」や「表現（機能）」からではなく、「状況」から出発する教育実践を理解し、実現する。
(2) 1人ひとりの学習者にとって「＋1」になる活動を組み立て、実践する。
(3) 学期開始時に、各自で「私の目標」を立てる。

図1　「実践研究」のシラバス

　現場となる日本語授業は「「わたしのにほんご」プロジェクト1-2」（以下、「わたにほ」）という名称である。科目名称末尾の「1-2」は、センターで開講されている八つのレベルのうち、もっとも下（ゼロ初級、1レベル）とその一つ上（2レベル）の、二つの日本語レベルの外国人留学生を対象としていることを示す。90分の授業が週に1回、1学期（15週）行われる。
　「わたにほ」のシラバスを、図2に示す（学生用シラバスには、同一内容の日本語版と英語版があるが、ここでは日本語版のみを示す）。

「わたしのにほんご」プロジェクト1-2

「教科書の日本語は、みんなが使っている日本語とちがう」「教科書には、私が使いたい状況がない」と思ったことはありませんか。「わたしのにほんご」プロジェクトは、「日本語で話したいこと／書きたいこと」「日本語がうまく使えなかった経験」を持ち寄り、「わたしのにほんご」をたくさん増やしていく授業です。

■「文法」や「語彙」からではなく、「わたしの状況」からスタートします。

■　その状況で、どう話すか。どう打つかを考えます。

■　スケジュール
　第1回　オリエンテーション
　第2回　自己紹介
　第3回　わたしの状況を見つけよう
　第4回-第8回　私の日本語①-⑤
　第9回　発表①
　第10回-第14回　私の日本語⑥-⑩
　第15回　発表②

■　教材
　教科書は使いません。

■評価
　1.授業参加度 50%
　2.発表① 25%
　3.発表② 25%

図2　「わたにほ」のシラバス

　第4回～第8回 (私の日本語①-⑤) は「話す」、第10回～第14回 (私の日本語⑥-⑩) は「書く (打つ)」を扱う。どちらも「自分が日本語を使いたい状況」「日本語を使いたかったが使えなかった状況」を持ち寄り、そこで「どのように話すか」「どのように書く (打つ) か」を学ぶ。発表① (第9回)、および、発表② (第15回) は、そこまでに学習した成果を振り返る機会とする。

　大きな流れは上記の通りだが、具体的な活動や進め方、発表①②の形態や成績評価の方法などは、実習生にすべてまかされている。実習生は、毎回の授業ごとに、1名の主担当者 (ファシリテーター) を決め、授業や教材準備など担当授業のすべての責任を持つ。主担当者ではない実習生、および、筆者は、主担当者の指示に基づき、適宜、教室活動に参加したり、サポートしたりする。

　このように、本稿で報告する事例は、「わたにほ」(センター科目) を選択履修した外国人留学生に対して、「実践研究」(大学院科目) を履修した大学院生が教壇実習を行うという、二重の構造をなしている。

本稿で取りあげるのは、2010〜2014年度に行われた5年間(10学期)分の授業で、次のⅰ)- ⅳ)を第一次資料とする。

「わたにほ」における
　ⅰ)留学生のノート、および、発表①、②の資料
　ⅱ)参与観察者である筆者のフィールドノート
「実践研究」における
　ⅲ)授業準備や振り返りで筆者が作成したメモ
　ⅳ)筆者と実習生が授業時間外にやりとりしているメーリングリストの投稿

　なお、この期間の履修者の合計は、「わたにほ」の留学生が195名、「実践研究」の実習生が67名であった(いずれも延べ数)。

3.4　「わたにほ」を立ちあげた動機
　3.1に述べたように、「わたにほ」を立ちあげた動機は、構造シラバスや機能シラバスに基づくコースデザイン、コミュニカティブ・アプローチにおける一連の教室活動に限界を感じたためである。詳細は小林(2009a)に述べたが、限界を感じた教室活動の中で、もっとも象徴的で印象的だったのは、ロールプレイを行った際のできごとである。

> 頭が痛く熱があるようなので、日本語の授業を早退したいと思っています。先生にそれを伝えて、早退の許可をもらってください。

> クラシック・コンサートのチケットが2枚あります。友だちを誘ってください。コンサートは来週土曜日の午後6時からです。

図3　ロールカードの例

ロールプレイというのは、たとえば図3のような状況設定をロールカードや口頭で学習者に提示し、そこでどのような日本語表現を用いて、どのように課題を達成するかを練習する活動である。
　Morrow (1982) は、コミュニケーション能力を身につけるためには「現実のコミュニケーションの過程を可能な限り模倣」(p.61) する練習が重要であると指摘している。Scott (1982) は、「話す」ことの指導の具体例として、次のような流れを示している。

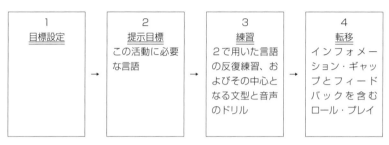

図4　コミュニケーションのための指導法(Scott1982, p.75)

　ロールプレイという教室活動が、コミュニカティブ・アプローチにおいて、きわめて重要な位置に置かれていたことがうかがえる。
　ロールプレイでは、「頭が痛い」「コンサートのチケットが手元に2枚ある」といった現在の状況が提示され、「早退する」「誰かを誘う」といった未来の行動が指示される。一方、「なぜ頭が痛いのか」「なぜコンサートのチケットが手元に2枚あるのか」といった、その状況に至った過去の経緯はブラックボックスの中にあり、学習者の想像にまかされている。
　しかし、現実世界を参照して考えてみると、この流れはかなり奇妙なものではないだろうか。なぜなら、現実世界において私たちは、「なぜ頭が痛いのか」「なぜコンサートのチケットが手元に2枚あるのか」といった、その状況に至った過去の経緯は自分がいちばんよく知っている。「頭が痛い原因が思い当たらない」というケースも含めて、自分がよく知っている。
　そして、そのような経緯を踏まえた上で、そのあと、自分がどのようにふるまうか、たとえば「早退する」「休み時間に薬を買いに行き、それを飲ん

で授業に出席する」「無理をして授業に出席するが、自分は指名しないでほしいと教師に頼む」といった未来の行動を、自らの判断、志向によって選びとる。同じ経緯、状況にあっても、そのあとどのようにふるまうかは、人によって異なる。言語教育が目指すべきは、その際に「自分らしくふるまえるようになる」ことであり、「こうふるまえ」と指示する権利は、教師にも教科書にもないはずである。

現実世界とロールプレイの対比は、図5のように示すことができる。両者は、非常に興味深い対照関係にある。

	過去の経緯	現在の状況	未来の行動
現実世界	自分がいちばんよく知っている	例：コンサートのチケットが手元に2枚ある	自分の判断で次の行動を決める
ロールプレイ	ブラックボックスの中にある		指示されている

図5　現実世界とロールプレイの対比

現職の日本語教師を対象とするセミナーなどで、たとえば「朝起きたとき『今日、あの人に会ったら、この間もらった旅行のお土産のお礼を言おう』と思うことはあっても、『今日、あの人に会ったら、イ形容詞を使って話そう』と思うことはない」などと話すことがある。すると、会場は共感と笑いに包まれる。そもそも私たちのコミュニケーションは、特定の言語項目を使おうという動機から出発するものではないという点には、迷うことのない共通理解があるからだろう。

それにもかかわらず、なぜ特定の言語項目の使用を前提とし、特定の行動を指定するロールプレイという教室活動が好まれ、実施されているのか。それによって、私たち日本語教師は、どのような能力を育成しようとしているのか。

このような問題意識が、「わたにほ」を立ちあげるきっかけとなった。

4 六つの事例

3節で述べたことを踏まえて、この4節では、「わたにほ」と「実践研究」の二つの授業の事例を具体的に見ていく。それにより「複言語・複文化時代の日本語教育」を教師養成の視点から考察する手がかりとしたい。

なお、本稿で事例報告を行う趣旨は、特定の個人や個別の実践を評価したり、変容をたどったりすることではない。よって、以下ではcomposite character（コンポジット・キャラクター）の手法を用いる。また、読みやすさのため、留学生の発話もすべて日本語で記しているが、実際のやりとりは、英語であったり、英語と日本語の混在であったり、より平易な日本語であったりなど、多様であった。

4.1 事例1「友だちを食事に誘いたい」

留学生Aから「日本語を使いたい状況」としてあがったのは「グループLINE®で友だちを食事に誘う」というものであった。Aは、大学の同じ寮に住む仲のよい日本人学生と留学生10数名でグループLINEを作り、常日頃からやりとりをしている。Aが知りたかったのは、そのような親しい大学生間のグループLINEで、メンバーを食事に誘うときの日本語表現であった。

この状況に対して実習生たちから出たのは、「食事に行きませんか」「ご飯に行かない？」「土曜日ひま？」といった表現であった。「『食事』よりも『ご飯』のほうがいい」といった意見も出た。しかし、実習生から提示されたこれらの表現に対して、Aはどれもしっくりこない様子であった。その理由についてAは「日本語の授業で、そういう文型は習ったことがあるが、グループLINEで使われているのを見たことがなかったから」と、後日述べている。

その学期の発表②は、「自分が知っている日本語の中で、クラスメートに教えたいものを選び発表する」というものであった。Aが発表したのは、「飯行く人！」という表現であった。Aは、「飯」「行く」「人」のそれぞれの意味を示したのちに、「飯行く人！」は、「親しい友だちをLINEで食事に誘う機能を持った表現である」と説明した。

Aの説明によれば、それまでも、グループLINEに「飯行く人！」という表

現が書き込まれ、それに対して他のメンバーが「はい！」「オレ＾＾」などと反応するのを目にしたことはあった。しかし、それぞれの文字面の意味は理解できたものの、それが食事の誘いに関するやりとりだとは考えもしなかったという。結果として、自分の知らないところで、他のメンバーたちが一緒に食事に行っていたことを知り、非常にショックを受けたとのことであった。

「誰かを誘う表現」というと、現在の日本語教育では、「行きませんか」「行かない？」といった「勧誘のモダリティ表現」、あるいは、「土曜日ひま？」といった勧誘の談話にあらわれる「前置き表現」が、まずは想起されることが多い。実習生たちからこのような表現が出たのも、現在の日本語教育の内容をきちんと学んだ成果と言ってもよいであろう。

しかし、Aにとっては、「食事に行きませんか」「ご飯に行かない？」「土曜日ひま？」よりも、「飯行く人！」のほうが、親しい友だちをグループLINEで誘う際に使いたい「私らしい日本語」だったのである。

この事例から私たちが学ばなければいけないことは何か。それは、「モダリティ表現」「談話構造」といった枠組みとは別のところで、学習者たちは、周囲の日本語をリソースとしながら、自由に「私の日本語」をつかみ取り、それぞれを位置づけているという事実である。

4.2　事例2「私たちは翻訳マシンではない」

ある日、留学生Bから「衣料店で、袋に入って陳列されているTシャツを袋から出して見てみたい。英語なら"Can I open this?"と言うが、日本語ではどのように言うのか」という質問が出た。

実はこの学期は、実習生の間で「私たちは翻訳マシンなのか」という問題提起がずっと繰り返されていた。というのは、留学生から「こういう状況で、英語（あるいはX語）なら"………"と言うが、日本語ではどのように言うのか」という質問が出るたびに、実習生がその日本語訳を教えるという場面が何度かあったからである。当初、実習生たちは、そのことについて、とくに疑問を抱いていなかったようだが、何度かこれが繰り返されるうちに、「学習者が知りたい表現を日本語に翻訳して伝えることが教師の役割なのだろうか」「であれば、日本語教師とGoogle翻訳は何が違うのだろう」「この方向

に進んでいくと、日本語教師の行き着く先は精巧な翻訳マシンになってしまうのではないだろうか」といった意見が出されるようになった。それが上述の「私たちは翻訳マシンなのか」という発言につながった。

　このような経緯があったため、その日の主担当者であった実習生Aは、Bに対して「袋を開けてもいいですか」といった日本語訳を教える代わりに、「なぜ袋から出して見てみたいのか」と理由を尋ねてみた。これに対するBの答えは「自分にあう大きさかどうかを確かめるために、袋から出して試着したい」というものであった。Bのこの答えが発端となり、「そもそもTシャツの類は、試着できない店が多い」「そうであるなら、袋から出していいかよりも、試着できるかどうかを尋ねるほうが先だ」「Tシャツの大きさなら、わざわざ試着しなくても、身体にあててみるだけでわかるのではないか」「私の国では、とくに断らずに袋を開けてよい」といった議論が、他の留学生や実習生を巻き込んで始まった。

　そして、「日本の衣料店でも、断らずに袋を開けてよい店とそうでない店がある」といった情報が共有され、「Tシャツであっても、できれば試着室に入って試着したい」「Tシャツなら、自分はわざわざ試着はしない」といった、それぞれが志向する「私のふるまい」が確認された。次に、そのような「私のふるまい」を実現させるための「私の日本語」が模索された。

4.3　事例3　「これは何でできていますか」

　事例2と同様の事例に「衣料店で服の素材を知りたいときは、店員にどう言えばいいのか」という質問がある。この質問は、実は学期を越えて、留学生からたびたび持ち出されるものである。

　このような質問が出るたびに、毎学期の実習生たちは「これは何でできていますか」「これはウールですか」「素材は何ですか」といった表現を提示することが多かった。「綿、ウール、ナイロン……」といった、衣服の素材を表す名詞の単語リストが配付されたこともある。

　しかし、ある学期に実習生Bが一歩踏み込んで、なぜ服の素材を知りたいのかを尋ねてみた。すると留学生から返ってきた理由は、「アレルギーがあるので、化学繊維なら買わない」であったり、「ドライクリーニングの必要

がなく、自宅で洗える素材がよい」であったり、「アイロンをかけなくてよい素材なら買いたい」であったりと、さまざまであった。

化学繊維のアレルギーを心配するのであれば、「天然繊維か化学繊維か」が重要であり、それより詳しい素材の情報までは不要かもしれない。自宅で洗えるかどうかを知りたいのであれば、具体的な素材名を尋ねるよりも、「家で洗えますか」「洗濯機で洗っても大丈夫ですか」といった質問のほうが有効である。同じ素材であっても、加工方法や装飾品の有無などによって、ドライクリーニングに出すかどうかは違うからである。

このように、留学生から出る質問が「衣料店で置いてある服の素材を知りたいときは、どう言えばいいのか」であったとしても、それを尋ねたい理由によって、適切な表現は大きく異なる。そして、ここでいう「適切な表現」が、「統語的に正確な構造」や「店員に対して無礼でない待遇表現」ではなく、「自分がほしい情報が間違いなく得られる表現」という点であることにも留意する必要がある。

さらに、このような議論を積み重ねていくと「洋服の素材を知りたいときは、店員に尋ねるのではなく、自分でタグを見て判断する」という意見も出てくる。その場合には、「話す」ではなく、図6のような、衣料タグのマーク類が読みとれるようになったほうがよい。

図6：衣類につけられているタグの例

4.4　事例4　「土曜はバイトだ。日曜はどう？」

他にも、事例3のように実習生がもう一歩踏み込むことで、授業が思わぬ展開を見せたことがある。

留学生CはLINEのやりとりについて「とくに困ったことはない。ミスコミュニケーションは起きていない」と言っていた。その例として見せてくれたのが、図7のようなスマートフォンのLINE画面である。

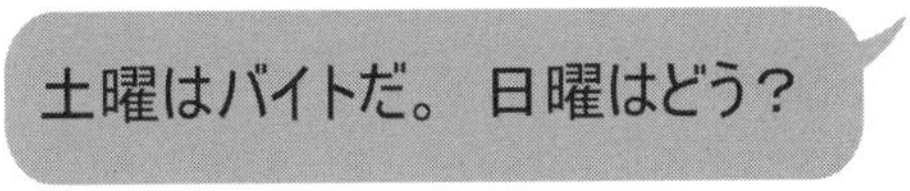

> 土曜はバイトだ。 日曜はどう？

図7：留学生CのLINE画面(フィールドノートに基づき筆者が作成した)

　Cは、留学生と日本人学生10人ほどのグループLINEに入っている。このうちの何名かの学生が、オフラインで土曜日夜に飲み会を企画し、その誘いをグループLINEに流した。しかし、Cはその日にはアルバイトがあり、飲み会に出席できない。図7は、そのような状況で、欠席を知らせるためにCが書いたトークである。

　このトークを目にした実習生のコメントは、「土曜はバイトだ」に集中した。「『バイト』か『バイトなんだ』のほうがよいのではないか」といった、文末の丁寧さに関するコメントである。しかし「日曜はどう？」についてはとくに問題にはされなかった。「飲み会が土曜日に行われることは決定済みなのだから、ここで日曜日を提案するのは、自分勝手に思われる」「でも、それがCの言いたいことなら、それを尊重するべきではないか」といったように、Cの性格や志向と絡めて考えられただけであった。

　ところが、実習生DがCに、「なぜ『日曜はどう？』と書き込んだのか。たとえば「土曜はバイトだ。ごめん」としなかったのはなぜか」と尋ねたところ、Cが語ったのは、次のような内容であった。

(7) 飲み会に誘ってもらったことが、とても嬉しかったし、都合があえば行きたかった。土曜にバイトがあるのは本当で、出席できないことがとても残念だった。しかし、「土曜はバイトだ。ごめん」だけでは、「本当に行きたいと思っている」「また誘ってほしい」という気持ちはうまく伝わらないと思った。「日曜はどう？」と書くことで、「日曜なら行けた」「また誘ってほしい」という気持ちを表現した。

　Cが「日曜はどう？」という表現で伝えたかったのは、日曜開催や日程変

更の提案ではなく、「今回は行けなくて残念だが、また誘ってほしい」という気持ちだったのである。これを日本語にするなら、「日曜なら行けたのに」「土曜じゃなかったら大丈夫だったのに」といった表現になるだろうか。

この事例から私たちが学ぶことは何か。ここでは二つを指摘したい。一つは、たとえ学習者が「私にはミスコミュニケーションは起きていない」と答えたとしても、よい意味でそれを鵜呑みにせず、具体的な言語素材に基づいてそれを確認していくことの重要性である。もう一つは、言語的な正しさ、適切さではなく、「その表現は、その状況において、学習者が伝えたいことを適切に伝えているか」という視点から、言語表現の適否を判断することの重要性である。

4.5　事例5「実習生が混乱しているのを見せるのはよくない」

留学生Dが「眼鏡のフレームがゆがんでしまってかけづらいが、必要な単語を知らないので、眼鏡店で直してもらうことができない」と言った。Dが言う「必要な単語」とは、この場合「つる」と「鼻当て」であった。Dは自らの眼鏡をはずし、「つる」と「鼻当て」にあたる部分を指さしながら、実習生Eにそれを伝えた。

ところが、それを伝えられたEは、Dが指さした部分を日本語で何というのかがわからなかった。Eも「つる」と「鼻当て」という単語を知らなかったのである（ちなみにEは、日本語母語話者である）。そのため、すぐに対応することができず、教室にはしばらく沈黙が流れた。

筆者は、教室の後ろで参与観察を行っていたが、Eが「つる」と「鼻当て」という単語を知らないとは思わなかったため、なぜ沈黙が流れているのだろうと不思議に思っていた。しばらくして、実習生FがEに向かってささやくような小声で、「それは『つる』と『鼻当て』だよ」と助け船を出した。そこで、Eは「つる」と「鼻当て」の2語を皆に教えることができ、筆者も沈黙の原因が、Eが「つる」と「鼻当て」を知らないことにあったことを知った。

その日の授業の振り返りで、Eから「『つる』と『鼻当て』という単語を知らなかった。私は眼鏡をかけないので、眼鏡に関する語彙が少ない」という反省が出た。他の実習生からは「私も自分の興味がない分野や馴染みがな

い分野については、語彙が少ない」といった反省が口々に出た。筆者が「なぜ、Fが助け船を出してくれる前に、自分から他の実習生に質問しなかったのか」と尋ねたところ、Eの返事は「授業の中で自分の語彙力が足りないことを見せるのは、日本語教師として好ましくないと思ったから」というものであった。助け船を出したFも、「学習者の前で、Eが単語を知らないことを指摘するのはよくないと思ったので、皆に聞こえないように小声で教えた」と述べた。ところが、実はFはふだんから眼鏡をかけているのだが、「フレームを調整してほしくて眼鏡店に行ったときに、「つる」や「鼻当て」といった単語を使うことは、まずない。「これ、ちょっと見てもらえますか」と言えば、店員は不具合を察して直してくれる」と続けた。日ごろからそうした体験をしているにも関わらず、Fが単語を小声で教えたことは、とても興味深い。

　この事例が示唆することは何か。ここでは、二つのことを指摘したい。一つは、「教師に知らない単語があるのは、よくないことである」、言いかえれば「教師は何でも知っているべきである」という教師観の存在である。Eの発言、Fの発言のどちらからも、この教師観がうかがえる。教師は何でも知っていなければいけないのだろうか。

　もう一つは、「必要な単語を知らないので、眼鏡店でフレームを直してもらうことができない」と考えていたD、および、眼鏡店で「つる」や「鼻当て」といった単語を使うことはないことを知っていたにもかかわらずこの2語をEに教えたF、この二人の背景にある言語観、コミュニケーション観である。

　言語はコミュニケーションの遂行にあたって、大きな位置を占める。しかし、あくまでそれは相対的なものであり、言語を知っていれば、それですべてが解決するわけではない。もちろん、私たちはそれを経験的に知っており、日常生活においては、言語、非言語、人工物（アーティファクト）など、あらゆる手段を使って、コミュニケーションを試みる。それにもかかわらず、なぜ留学生と実習生はここまで言語に頼ってしまったのか。「日本語の授業」「言語の授業」というしつらえが、言語の役割を過大評価することを後押ししている可能性はないだろうか。

4.6　事例6「どんな準備をすればよいかわからない」

　実習生Gが「授業が不安で仕方がない」と弱音を吐いた。何が不安かを尋ねると、「『わたにほ』の授業は、何をどう準備したらよいかわからない」と答えた。これがいちばんの不安なのだという。Gは、学部を卒業してからストレートに修士課程に進学してきたが、学部では日本語教育を主専攻としており、日本語教育に関する知識も、教壇実習の経験もそれなりに持っていた。一方、同様の不安は日本語学校での教師経験者からも聞くことがあった。教授経験を問わず、実習生は異口同音に「何をどう準備したらよいかわからないことが不安だ」と言う。むしろ、ある程度の教授経験を持っている経験者のほうが、「これまでの授業準備が通用しない」という意味で、不安はより大きかったかもしれない。

　現行の日本語教育では、先行シラバス (apriori syllabus) が採用されることが多い。とくに初級では、多くの場合、構造シラバス、文法シラバスが用いられる。よって、授業の準備といえば、教壇実習であっても、実際の授業であっても、文法書などを読んで文法項目の構造や意味を理解し、学習者が理解しやすい導入場面や例文を整え、ドリル練習、会話練習、応用練習などの教室活動などを考え、並べて、教案を作ることを意味することが多い。

　先行シラバスであれば、学習者から出てくる質問も、ある程度予測ができるので、文法書や教師用参考書などを参照し、模範解答や対応方法を準備しておくことができる。予測しなかった質問が出て、それに答えられなかったら、「来週までの宿題」として持ち帰ればよい。

　しかし、「わたにほ」では、どのような文法項目が俎上に乗るかは、授業が始まってみないとわからない。どのような質問が出るかも予想できない。そもそも、「なぜそんなことを尋ねるのか」という、意図すら計りかねる質問すらある。先行シラバスによる授業の準備や展開と比べると、はるかに予想、予測がつきにくく、予測もしなかった質問を「来週までの宿題」にすると、ほとんどすべてが持ち帰りとなってしまう。それが実習生たちの不安、負担になっていたのである。

　この事例が示唆するのは「いったい授業準備とは、どこからどこまでを指すのか」ということである。先行シラバスを前提に、「翌日の授業で扱う文

法項目について調べて、例文を探して、教案を書く」といった一連の流れを授業準備というなら、その範囲はわかりやすい。「教えはじめの頃は、授業の3倍の時間が準備にかかる」といった言い方も可能である。しかし、「わたにほ」のような授業では、授業準備の範囲がきわめてわかりにくい。「これを知っていれば大丈夫」「これは調べておいたほうがよい」といった、準備するべき項目のリスト化ができないからである。

5 考察

3節と4節では、教師養成の授業で見られた六つの事例を紹介し、それが示唆するところを考えた。この5節では、それを踏まえて、教師養成について考えたい。

まず、複言語主義によって、日本語教師の役割はどのように変容するのだろうか。

複言語主義に立てば、言語学習の究極の目標は「理想的な母語話者」ではなくなる。日本語教育の文脈で言いかえるなら、日本語教育の目標は「日本語が上手になること」だけではない。目の前の学習者について、日本語の進捗だけを見ていたのでは、不十分ということである。では、日本語の進捗ではなく何を見るのか。やや抽象的で雑駁(ざっぱく)な表現になるが、それは学習者の母語も含めた他言語の有り様であり、それらの総体であり、人生における言語、言語学習の意味づけなどではないだろうか。

このように考えると、「教える内容をすべてあらかじめ準備、把握し、授業をすべて管理する人」という教師観が、いかにそぐわないかが見えてくる。「何でも知っている教師」(事例5)というのは、現実的にあり得ないからである。これはもちろん、「日本語について、何も知らなくてよい」「勉強しなくてよい」ということではない。

日本語教師であるなら、その軸足は日本語にある。日本語に置きつつ、日本語の視点から学習者の言語生活全体を見渡し、適切な日本語、言語支援を行うのが仕事になる。簡単にできることではないが、まず第一歩としては、学習者が話したこと、書いたこと、質問、ときには沈黙さえも、常に「なぜ」

を考えながら、その背景に思いを馳せ、ありのままをうけとめることの重要性である (事例 2、3)。

　ここまで述べたことを、日本語教師の役割としてまとめると「教える内容をすべてあらかじめ準備、把握し、授業をすべて管理する」存在から、「軸足を日本語に置きつつ学習者の言語生活全体 (日本語だけではない) を見渡し、適切な言語支援を行う」存在に変容するのではないだろうか。

　では、軸足としての日本語との関わり方は、これまで通りでよいのか。本稿の主張は「否」である。その根拠を、以下に二つ述べる。

　一つは、「学習者たちは、周囲の日本語をリソースとしながら、自由に「私の日本語」をつかみ取っているという事実」(事例 1) である。「学習者は、研究者や教師が教えた通り、あるいは、考えているようには学んでいない」ということは、言語習得研究の分野においても、すでに数多く指摘されている。母語も含めた他言語の有り様まで含めれば、その実態が、私たちの想定をはるかに越えた、複雑、かつ、個別的なものであることは想像に難くない。そのような存在である学習者に、いつ、どのタイミングで、どのような支援を行うのか。教師自身も、既存の枠組みからもっと自由にならなければいけない。

　もう一つは、「『日本語の授業』というしつらえが、言語の役割を過大評価することを後押ししている可能性」(事例 5) である。現行の日本語教科書には、「この状況で、これを口に出すことはないだろう」と思われる例文やモデル会話がしばしば見受けられる。日本語教師もまた、何でも日本語で言わせよう、言語化させようとする傾向があるように思われる。

　筆者は写真撮影禁止の美術館で、バッグからデジタルカメラを取り出す行為をわざと繰り返したことがあった。しかし、学芸員や警備員から「写真を撮らないでください」という発話で止められたことは 1 回もない。「座っている椅子から腰を浮かせ、こちらに向かって歩き出そうとする」「こちらをじっと見つめたあと、首を横に振る」「後ろから肩を叩き、振り向いたらカメラを指さす」といったように、まったく言語を使わないコミュニケーションもあった。このような事実を真摯に受けとめ、「コミュニケーション全体の中で、日本語や言語がどのような機能をはたしているのか」という視点か

ら、日本語や言語をとらえ直す姿勢も必要になるだろう。

　そして、この姿勢は「その状況において、学習者が伝えたいことを適切に伝えているか」という視点から、言語表現の適否を判断することの重要性」(事例4)につながる。

　私たち日本語教師は、言語構造の正確さに目を向けがちである。一方で、「言いたいことが伝わるなら、正確さはそれほど必要ない」といった意見を耳にすることもある。一見、正反対の立場をあらわしているようだが、後者も「言いたいことが伝わるなら」という条件付きでの意見である。では、言いたいことが伝わるためには、何が必要なのか。何が欠けていると、言いたいことが伝わらないのか。日本語の授業でここに踏み込むのであれば、「学習者が言いたいこと」に、個別に丁寧に寄り添っていく必要がある(事例2、3)。その際には、具体的な言語素材に基づいて、具体的な議論を重ねることが重要である(事例4)。

　事例6として、授業準備について不安を口にする実習生たちの様子をあげた。授業で何が起きるか予想がつかないので、「何をどう準備したらよいかわからない」という不安である。これに対して、担当教員である筆者からは「自分のことばに敏感になって、日々、一生懸命に生きていくこと」といった助言しかできていない。なぜなら、このような不安を取りのぞく特効薬、即効薬が見つからないからである。結果、実習生たちには、より一層、不安の表情が増すか、「それを学びに大学院に来たのに！」という怒りともあきらめともつかぬ反応が見られることになる。(申し訳ないことである。)

　しかし、もしその不安が「事前に作った教案通りに進まないかもしれない」「学習者の質問にうまく答えられないかもしれない」といった前提から来るものなら、不安を取りのぞくことはできる。その前提を捨てればよいのである。それは、すなわち「教える内容をすべてあらかじめ準備、把握し、授業をすべて管理する人」という教師観を手放すことである。「一人の言語の使い手である。しかし、みんなよりちょっと日本語や言語のことを知っている」存在として、学習者の前に立てばよい。「一人の言語の使い手」としての自分自身の言語生活の充実、そのメタ的考察そのものが、すなわち授業準備となるからである。

6 おわりに

　本稿では、複言語・複文化時代の日本語教育を、筆者の事例に基づき、教師養成の視点から考察した。教師の役割の変容、求められる資質、そのための人材養成について、おぼろげな方向性は見えてきたものの、具体的な教師養成カリキュラムのデザインには、まだまだ至っていない。これはおそらく、多言語主義から複言語主義へのパラダイム転換が、それだけ大きなものであるからだと考える。

　日本語教育においては、これまでに何度も「学習者の多様化」が指摘され、対応が急がれてきた。「多様化への対応」が、常に日本語教育の課題であったと言ってよい (小林, 2009b)。教員養成においても、「学校というシステムでは受け止めきれない学習者」「これまでのノウハウが通用しない新しい学習者」が立ちあらわれるたびに、そのような学習者に対応できる日本語教師の養成が求められてきた。

　しかし、複言語・複文化時代に求められる日本語教師の養成は、その延長線上にあるものではないだろう。これまでに積み上げてきた私たちの実践が、いったん、すべて白紙に戻される可能性も視野に入れ、腹を括って取り組む必要がある。教員養成関係者は、その覚悟を試されているように思う。

注

1) 国際交流基金「JF日本語教育スタンダード」のホームページ（http://jfstandard.jp/publicdata/ja/render.do）に一覧がある。
2) 便宜上「外国人留学生」という語を用いているが、日本語授業の履修者、すなわち「何らかの日本語支援を必要とする学生」には、外国籍の学生とは限らない。2013年度秋学期の履修者1,819名のうち、日本国籍の学生は160名である。この人数は中国（593名）、韓国（316名）、台湾（200名）についで4位であり、5位の米国籍（121名）よりも多い（小林, 2016）。

参考文献

奥村三菜子・櫻井直子・鈴木裕子(編).(2016).『日本語教師のためのCEFR』くろしお出版.
小林ミナ (2009a).「教室活動とリアリティー」小林ミナ・衣川隆生 (編), 水谷修 (監).『日本語教育の過去・現在・未来―第3巻 教室』pp.94-118. 凡人社.
小林ミナ (2009b).「留学生の大量増加と日本語教育」『日本語学 (5月臨時増刊号「多言語社会・ニッポン」)』28(6), pp.215-223. 明治書院.
小林ミナ (2011).「日本語は誰のものか ―「私の日本語」を支える言語能力」『早稲田日本語教育学』9, pp.15-20. 早稲田日本語教育研究科.
小林ミナ (2016).「新しい日本語教育学の全体像を描く―新旧の『日本語教育事典』を比較して」徐敏民・近藤安月子(編),『日本語教育の研究』pp.132-155. (日本学研究叢書 第9巻). 北京: 外語教学与研究出版社.
佐藤慎司・高見智子・神吉宇一・熊谷由理(編). (2016).『未来を創ることばの教育をめざして 内容重視の批判的言語教育 (Critical Content-Based Instruction) の理論と実践』ココ出版.
トムソン木下千尋 (2012).「書評「複言語,複文化主義」と「日本」は結べるのか」細川英雄・西山教行(編),『複言語・複文化主義とは何か―ヨーロッパの理念・状況から日本における受容・文脈化へ』』『リテラシーズ』10, pp.40-44. くろしお出版.
細川英雄・西山教行 (編).(2010).『リテラシーズ叢書1 複言語・複文化主義とは何か―ヨーロッパの理念・状況から日本における受容・文脈化へ』くろしお出版.
本田弘之 (2016).「はじめに」『複言語・複文化時代の日本語教育』pp.3-7. 凡人社.
柳瀬陽介 (2007).「複言語主義 (plurilingualism) 批評の試み」『中国地区英語教育学会研究紀要』37, pp.61-70. 中国地区英語教育学会.
吉島茂・大橋理枝 (訳・編). (2004).『外国語教育Ⅱ ―外国語の学習、教授、評価のためのヨーロッパ共通参照枠―』朝日出版社.

萬美保・村上史展(編).(2009).『グローバル化社会の日本語教育と日本文化―日本語教育スタンダードと多文化共生リテラシー―』ひつじ書房.

ヨーロッパ日本語教師会・国際交流基金 (2005).『ヨーロッパにおける日本語教育とCommon European Framework of Reference for Languages』国際交流基金.

Morrow, K.(1982). Principles of communicative methodology. In K. Johnson, & K. Morrow, (Eds.), (1981). *Communication in the Classroom: Application and Methods for a Communicative Approach*. UK: Longman. (小笠原八重(訳).(1984).「序論」『コミュニカティブ・アプローチと英語教育』pp.57-68. 桐原書店.

Scott, R. (1981) Speaking. In K. Johnson, & K. Morrow,(Eds.), (1981). *Communication in the Classroom: Application and Methods for a Communicative Approach*. UK: Longman. (小笠原八重(1984).「話すことの指導」『コミュニカティブ・アプローチと英語教育』pp.72-84. 桐原書店.)

7 日系ブラジル人コミュニティにおけるスーパーダイバーシティ
―ニューカマー・オールドカマーの日本文化・日本語保持―

坂本光代

KEYWORDS：日系ブラジル人，言語保持，民族・言語的バイタリティ，質的研究，ナラティブ，超多様性

要旨

　母語と第二言語は相互的に支え合っているとされている (Cummins, 2001)。とすれば母語以外の言語も積極的に学ぶ事 (加算的バイリンガリズム) は有意義とされる。本研究では数は少ないものの日系ブラジル人の声をアンケートならびにインタビュー調査により収集し、加算的バイリンガリズムという概念に基づいて日本語習得・保持に成功した事例を取り上げた。その結果、「日系ブラジル人」と言ってもその中にはニューカマーやオールドカマー、一世や二世、三世等、さまざまな人々が含まれ、その人たちを「日系人」としてひとくくりに語るのは、それぞれが抱える課題や現状を十分に反映できない事実が浮かび上がった。Blommaert (2013) によると、多様性の中の多様性を「スーパーダイバーシティ (superdiversity)」、その中で、多様なグループをまとめる力を「エントロピー (entropy)」、多様なグループが共存している状態を「コンビビアリティ (conviviality)」と呼んでいる。超多様性に注目し、ブラジルにおける日系人社会の現状について細かく調査・考察する必要性を訴える。

1　はじめに

　「日系ブラジル人」といっても、その中にはニューカマーやオールドカマー、一世や二世、三世等、さまざまな人々が含まれる。その人たちを「日系人」としてひとくくりに語るのは、それぞれが抱える課題や現状を無視してしまうことにならないだろうか。

　Blommaert (2013) によると、多様性の中の多様性を「スーパーダイバー

シティ (superdiversity)」と呼ぶ。その中で、多様なグループをまとめる力を「エントロピー (entropy)」、多様なグループが共存している状態を「コンビビアリティ (conviviality)」と呼んでいる。本研究は、日系ブラジル人ならびに在伯日本人家庭の日本語習得・日本文化保持を研究することによって、日系人社会のスーパーダイバーシティ、そしてエントロピーとコンビビアリティの現状について調査・考察した。

2 バイリンガル研究理論と仮説

2.1 さまざまな「バイリンガル」

バイリンガルと一概にいっても、さまざまな「バイリンガル」がいる。すでに習得済みの母語の他に第二言語を習得する現象を加算的バイリンガル (additive bilingualism)、逆に第二言語を習得する代わりに母語を失うことを減算的バイリンガル (subtractive bilingualism) という。母語ならびに第二言語どちらもが中途半端なバイリンガルはセミリンガル (semilingual) となる。

また、二言語とも完璧なバイリンガルをバランスのとれたバイリンガル (balanced bilingual) と呼ぶが、実際はバイリンガル＝モノリンガル×2、ではない。Grosjean (2008) によると、言語とは場面別に習得されるため、二言語がともにまったく同じ発達を遂げるわけではない。たとえば、親との会話は日本語でも、教師との会話は英語のほうが堪能、という人は珍しくない。よって、二言語能力がどちらも高い人はたくさんいるであろうが、まったく同じ人はまずいないと考えてよいであろう。

2.2 母語 (L1) と第二言語 (L2) の関連性

また、言語能力、といってもこれもさまざまである。たとえば発話や読み書き等、さまざまな側面がある。Cummins (2001) によると、発話など伝達言語能力 (Basic interpersonal communicative skills; BICS) は習得に 2 年前後、認知・学力言語能力 (Cognitive academic language proficiency; CALP) は 5 年～7 年もしくはもっと、とされている。よって発話は流暢でも、読み書き能力はまだ完全ではない学習者もいるということを教師は念頭に置くべ

きである。

　第二言語習得にあたって、母語は邪魔な存在かのように語られることが多いが、実際Cumminsは母語保持の大切さを訴える。彼が提唱する二言語相互依存説 (linguistic interdependence hypothesis) によると、まったく異なる二言語でも、実は認知的に共有しているものが存在し、結果二言語は共有面 (common underlying proficiency) でつながっているため、片方の言語を強化すればもう片方の言語も必然的に強化される、という。

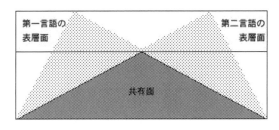

図1：相互言語依存仮説 (氷山仮説) (Cummins, 2001, p.174)

　この説によると、母語保持は第二言語習得に大きく貢献する存在なのである。ただし、この相互強化が起こるのは、学習者の学力や認知力のある程度の発達があってこそ、とされており、Cumminsはこれをthreshold hypothesis (しきい仮説) としている。すなわち言語習得の初期段階からすぐに相互強化作用が起こる訳ではないのだ。とすれば、継続した母語保持ならびに第二言語習得が肝要となる。

2.3 「資本」としての言語能力

　Bourdieu (1991) は金銭的・物品的なもの以外に、言語能力や文化知識等も人が所有する「資本 (capital)」として考えられると提唱した。その考え方をさらに「投資」という概念に結びつけたのがNorton Pierce (1995) である。

　Norton Pierce (1995) によると、人々は「投資 (investment)」の一環として言語を習得・駆使するが、日本語はブラジル社会において、英語やスペイン語、ポルトガル語ほど熱心に学ばれない現状がある。日本語は人が所有す

る「資本 (capital)」としては、ブラジル社会において必ずしも高く評価されるものではないからである。実際日系ブラジル人が学び、使用してきた日本語 (コロニア語) は日本人だけでなく日系ブラジル人自身が卑下してきた。「日本語母語話者の日本語」が「正しい日本語」「好ましい日本語」と位置づけられてきた過去があり、また日系人がそのヘゲモニーを受け入れてきた。しかしその「日本語母語話者の日本語」でさえも、日系コミュニティ外 (すなわちブラジル人社会) では、需要が限られている。よって学歴や社会的地位の向上を目指す者は日本語・日本文化のような「価値がない」言語・文化を捨ててしまうケースもある (Shibata, 2009)。そうすることによってブラジル社会内でのコンビビアリティを確立しようとしているのだ。しかし、日系ブラジル人社会においては、独自のコンビビアリティが存在する。日系コミュニティははっきりとした階層があり、近年日本より渡伯した「ニューカマー」が「正しい日本語」を所持するとされ、日系二世、三世がその後に続く。よって、日系ブラジル人におけるコンビビアリティならびにエントロピーは複雑・変動的・多面的であるといえよう。

　Sakamoto (2006) の研究によると、カナダの日系社会において日本語能力・日本文化知識はさほど高く評価されないため、日系人は日本語を捨てるケースが多い。よって、一世は日本語を駆使し、日本語で子育てをすることによって二世は日英バイリンガルに育つが、それ以降の世代では日本語が喪失されてしまう現状がある。

　言語保持は社会的要因によるところが大きい。Giles and Byre (1982) によると民族・言語的バイタリティ (ethnolinguistic vitality) は五つの要素に左右されるという。

　　i)　　自己の民族グループへの帰属意識
　　ii)　 他民族との比較
　　iii)　民族・言語的バイタリティに対する見識
　　iv)　自分が属する集団の境界線の見識
　　v)　 他集団に対する意識

これによるとブラジルにおいて日本文化を習得・実践し、日本語を保持できている者はi) 日本人・日系人グループへの帰属意識が強く、ii) 日系人を他民族と比べた場合、日系人が劣っているとは考えず、iii) 日本文化や日本語の保持に対して積極的で、iv) 自分が属する日本人・日系人社会の境界線がはっきりと引かれ、v) ブラジル人社会への帰属意識はそれ程強くない人物、と言えよう。また、上記を左右するのが

1) その民族の経済的・歴史的・社会的・政治的・言語的地位
2) その民族の大きさと分布
3) メディアや教育、宗教等の社会的制度

とされている (Giles & Byrne, 1982)。

ブラジルにおける民族・言語保持を左右する社会的要因、また人々の意識を明らかにするためにアンケートおよびインタビューを介して実態調査した。

3 研究方法

本研究はまず、2度にわたってサンパウロにおける日本語・日本文化保持について調査した。2007年にサンパウロにてアンケート調査を、2012年12月にブラジル・サンパウロの日系ブラジル人 (オールドカマー) ならびにニューカマー4名に対し、計11時間に及ぶインタビューを行った。インタビューは録音、文字起こしし、分析した (詳細はSakamoto & Morales, 2014, 2016参照)。

3.1 アンケート調査

日葡語バイリンガルに育った人たちに日本語習得・保持についてのアンケート調査を行った。アンケート項目は18あり、33名の回答者があった。その内、29名が日本語教員として活躍していた。アンケートは日本語・ポルトガル語の二言語で用意し、参加者には希望する言語で回答してもらった

（資料1）。「どのように日本語を習得しましたか」という問いには「家庭で」ならびに「日本語学校で」という回答が最も多かった。

Nasci no meio da família que falavam em japonês.
[日本語を話す家庭で育ちました。]

Professores do Japão (SHOGAKKO-CHUGAKKO) que deram assisttência aos alunos brasileiros, a dedicação deles aos alunos estrangeiros
[熱心な日本語の先生（小学校ー中学校）が、特にブラジル人の指導に一生懸命あたってくれた。]

Acho que a grande influencia foi das excelentes professoras do curso de japonês onde tive meu primeiro contato com a língua fora de casa.
[最も影響が大きかったのが日本語コースにいた素晴らしい先生による家庭外での日本語接触だった]

子供の身近にいる大人といえば親に教師である。それらの人々の影響は子供にとっては大きい。環境としては、「自然に」と強調する意見が多く見られた。

Que seja algo natural, procurando um ponto comum que gostem (música, filme, manga).
[すべては自然に、共通の興味を通じてされるべき（音楽、映画、漫画）]

回答から見えてくるのは授業としての日本語教育はもちろん大切だが、いかに課外活動などによって教室外でも日本語習得を持続させる事が肝要である。

3.2 インタビュー1

アンケートに参加してくれた者の中から2名に3時間に渡るインタビューを個別に行った。

表1：参加者プロフィール

氏名(仮名)	日系	年齢	職業	学歴
まさみ	三世	40代	日本語教員	学士(日本語) 修士(言語学)
まりこ	二世	40代	日本語教員	学士(日本語)

この二人にインタビューを依頼したのは、二人ともブラジル生まれの同年代の日系人であり、同じ仕事に就いているという共通項が多かったから、そして二人とも高い日本語能力の持ち主だからである。

インタビューはすべて日本語で行われ、録音・文字起こしを行った。またインタビュー中にフィールドノートも作成した。これらをもとにインタビュー直後に分析メモを作成した。分析メモおよびテープ起こしされた原稿をその後参加者に渡し、チェックを依頼した。分析にあたっては、Giles and Byrne (1982) の民族・言語バイタリティを左右する3項目やNorton Pierce (1995) の「投資」という概念を念頭にコーディングを行った。

分析の結果、共通点の多い二人であるが、実際インタビューしてみると、二人が異なる課題に対峙してきた経緯が浮かび上がってきた。

3.2.1 参加者1：まさみ

家庭ではポルトガル語を使用していた日系三世のまさみであるが、学校教育にて日本語習得を継続することができた。ただしその間、自分たちと日系二世の子供たちとの間に大きな隔たりを感じたという。

> まさみ：二世の人とはまたギャップがありまして、二世はもうホントに単語、その単語を使って短文つくりなさいと言われたら、もうスラスラ書くわけですけれども、正しい文を、で

すよね。で、私たちは書けなくて、助詞の間違いとかが多くて、で、先生に叱られていたんですね。で、どうして叱られているかというと、「あなたたちは、学校出たら日本語使わないから伸びないんですよ」とか言われていたんですね。

　日系三世である自分の日本語能力の低さを、日本人教師は子どもが学外で日本語を使用しないから、と子どものあたかも努力不足と言わんばかりに責めた。そのような日本人との接触を介し、まさみは自分の培った日本語力を誇りに思うどころか失望してしまう。

　　まさみ：やはりここにいて気がつくんですけれども、昔はですね、何か日本語が完璧な人でなければ日本語は教えられないと思い込んでいる人が多かったみたいですね。ですから、私が教え始めたときは、それも一つコンプレックスだったんですけれども、そういう講習会とか研修に出るたびに「あの人、日本語が書けるんでしょうか。こんな漢字知らないでしょ」ということをね、言う人がすごく多かったんですね。で、実際に自分が習った先生にも言われたんですけれども「あんたたちはいくら勉強しても私たちみたいに日本語が上手にならない」ということを言っているんですよね。

　三世にとって母語（ポルトガル語）は確立しているので、日本語を学ばずともまったく不都合はない。ブラジル人社会において日本語能力はさほど高く評価されないとすれば、まさみにとって日本語ではなく、むしろ英語やスペイン語を学んだ方が「投資」(Norton Pierce, 1995) としては有益だったかもしれない。それは彼女はもちろん彼女の親戚までもが認識していることであった。実際彼女が大学の日本語学科に進学した折も周囲は「日本語学習」というまさみの選択を解せなかったという。
　その後まさみは、日本人教師の侮蔑的な発言を覆すべく、彼女は日本語学

習にいそしんだ。JICAの研修で日本に行くきっかけを作り、日本の国立大学で言語修士号を取得するまでになる。「(日本滞在は) 大切だったと思います。3年間いなかったら、あんまりね、そこまでは上達はできなかったんじゃないかな。」とまさみは振り返る。現在は日本語教育指導員となり、日本語教員を育成・サポートする仕事に就いている。

3.2.2　参加者２：まりこ

　日系二世であるまりこもまさみと同じ仕事に就いている。彼女が育ったのは日系人コミュニティが確立された地域であり、周りの人々も日本語が流暢であった。そうすると前述のまさみと比べ、家庭内外における日本語使用量は比較的多く、日本語保持には恵まれた環境であったといえよう。アンケートの回答でもあったように、その他NHKの衛星放送やインターネット等を介して日本語を保持し、日本文化に触れてきた、とのことであった。そんな彼女でも大学卒業後日本語を教えるのに限界を感じた。

> マンネリ化して、もうちょっと新しい、行き詰まってるところ何とかしたいなって...で、行き詰まってて、基金の短期研修っていうのがあるっていうのを聞いて、ああ、じゃあちょっと短期で行ってみようかという気分になったんですよね...　で、いろんなの見ていくと、ブラジルの日本語教育が、世界から見れば当たり前じゃないっていうのが気がつくんですよね。...子どものためのコースデザインとかカリキュラムとかも、教科書も (ブラジルは) まだまだだなという気がしました。

壁を打破すべくまりこが選んだのは国際交流基金の短期教員養成に参加することであった。

4　家庭・学校・支援機関の重要性

　アンケートおよびインタビューから見えてきたのは、家庭における言

語使用や学校教育、そして国際協力機構 (JICA) や国際交流基金 (Japan Foundation) のような支援機関がもたらす可能性である。

まず家庭であるが、家庭内外で日本語を使用しなかったため、三世のまさみは二世のまりこと比べ日本語習得にかなりの苦労があった。父親の勧めで日本語学校には通ったが、そこでも日本人母語話者である日本語教員から屈辱的な扱いを受ける。結果、日本語は日本語母語話者でないと教えてはいけないのではないか、というコンプレックスまで持つようになる。しかしその後大学で体系的に日本語を学び、JICA研修を経て日本で学ぶ機会に恵まれる。裏を返せばJICAや大学の授業なしではまさみはコンプレックスを抱いたまま、中途半端な自分の日本語力に悲観しつづけることになってしまっただろう。まりこも国際交流基金の支援なしでは、日本語教師として実力を発揮できることはなかった。

ただ、インタビューから見えてきたのは、二世と三世では同じ日系人でも日本語習得にあたってニーズがまるで違うことだ。その点を無視して「日系人」として一世、二世、三世をひとくくりにしてしまうのはあまりにも横暴である。

4.1　インタビュー2

最近渡伯した日本人、そしてブラジル生まれ・育ちの日系ブラジル人家庭における日本語教育方針・実態についてもインタビューを行った (表2)。

表2：参加者プロフィール

氏名(仮名)	ニューカマー／オールドカマー	年齢	インタビュー時の在伯期間	家族構成
みちこ	ニューカマー(一世)	30代	10年	日系三世夫長女 (8歳)次女 (4歳)
けいこ	オールドカマー(二世)	40代	ブラジル生まれ	日系三世夫長女 (8歳)次女 (4歳)

まさみとまりこのインタビュー同様、それぞれ個別に面会した。みちことは2時間、けいことは1時間インタビューを行うことができた。インタビューはすべて日本語で行われ（資料2参照）、録音・文字起こしした。フィールドノートおよび分析メモも作成し、分析メモと文字起こしした原稿はそれぞれ参加者のチェックを受けた。分析としてはGiles and Byrne (1982)およびNorton Pierce (1995)の他にCummins (2001)の提唱する二言語相互依存説も考慮し、コーディングした。その結果、以下の項目がテーマとして浮上した。

- i) 日本語・日本文化源の相違
- ii) 第二言語依存の実例
- iii) アイデンティティと言語の関連
- iv) 資本としての言語
- v) 言語と権力

具体的には、みちことけいこは日本語教育を実践するにあたって、みちこは日本に住む親や日本語の衛星放送等日本から発信されるリソースを導入していたのに対し、けいこは現地の日系幼稚園や日本語の家庭教師等現地でリソースを調達していた。
　また、みちこは自分の子供たちの言語発達を介して、けいこは自身の日本語習得過程を介して二言語相互依存が実践されているのを感じ取っていた。アイデンティティと言語においては、おもしろいことにみちこ・けいこ両家の子供たちが言語に基づいたアイデンティティというものをすでに構築していた。「日本語話者の日本人・日系人」そして「ポルトガル語話者のブラジル人」というアイデンティティだ。

> みちこ：子供はちゃんと人に合わせるから。この子はポルトガル語の子だね、っていっつも聞くの。今日も、あ、今日お客さん来るんでしょ？　何語話すの？　とか言って、日本語だよ、って、とか言って。だから私の友達が来る時もじゃあ今日は日本語の日ね、みたいな。でもビリチバの子はポル

トガル語を話すから、それに合わせてポルトガル語になる。ただ、私が入ると、私は子どもたちに絶対誰がいても日本語を話すから。

ただ、みちこの子供たちが日本語習得に対して積極的だったのに比べ、けいこの次女は消極的であった。前述のまさみのように三世になって母語であるポルトガル語が自分そして周りが確立している場合、日本語も習得・保持するのはよほどのモチベーションがなければ難しい。

　4名のインタビューで共通して浮上したテーマの一つはブラジルにおける英語の圧倒的な資本としての強さそして日本語の弱さ、である。みちこに必修の外国語科目について聞いてみたところ、小学校で日本語の授業はなくなるとのことであった。

　　研究者：日本語以外に英語とかスペイン語とか…必修？
　　みちこ：英語ですね。英語と日本語、必修。6年生からは英語とスペイン語、みたいですね、そのJ校は、の場合は（日本語は）なくなります。6年生からはないですね　はい、5年生まで。

学校教育そしてブラジル社会がいかにスペイン語や英語を重要視しているかが分かる。けいこも英語の大切さを唱えた。

　　けいこ：やっぱり英語は、英語ほど大事な言語はないでしょうね、ま、いまポルトガル語も結構アメリカ人がすごく習ってるって言われますね、ヨーロッパとかでもね、もう、ドイツ語より習われている言語って言われ、もうフランス語とスペイン語と同じくらいになっているって言われてますけどね、ブラジル経済のために。

Giles and Byrne (1982) によるとその民族の経済的・歴史的・社会的・政治的・言語的地位によって民族・言語バイタリティは左右される。そしてその地位

はメディアや教育、宗教等の社会的制度によるところが大きい。日本語を推奨していくにはこれらを充実させることがいかに重要かは明白であろう。

5　おわりに

　同じ「日系ブラジル人」でも、一世、二世、三世はそれぞれさまざまな、異なった課題があることがあらためてわかった。また、アンケートやインタビュー結果によると世代間の積極的な交流は見られなかった。特に日本人と日系人では違う文化・言語リソースに頼る傾向があったため、お互い隔絶されている。その反面いくつかの共通項も見いだせた。それは、「日本語母語話者の日本語神話」、すなわち母語話者の日本語に誰もが大きな価値を付与しているところである。同時にそれ以上にブラジルにおいて価値があるとされている外国語は英語であり、継承語として日本語を学ぶよりも英語に比重を置く傾向が見られた。

　Giles and Byrne (1982) は民族・言語バイタリティはメディアや教育、宗教等の社会的制度が大きく寄与する、としている。これらによってその文化・言語の社会的地位が上がるからである。本研究では特にJICAや国際交流基金といった支援機構が日本語学習においてブラジル社会に大きく寄与している事があらためてわかった。

　本研究は小規模の研究であったため、日系ブラジル人の民族的・言語的バイタリティをさらに深く調査することでより鮮明に見えてくるであろう日系ブラジル人のスーパーダイバーシティの解明、さらにはコンビビアリティとエントロピーの実態把握が必要である。

　Cummins (2001) によると、母語と第二言語は相互的に支え合っているとされている。もしそうだとすれば母語以外の言語も積極的に学ぶことが望ましい。本研究では数は少ないものの日系ブラジル人の声を収集し、加算的バイリンガリズムという概念に基づいて日本語習得・保持に成功した事例を取り上げた。こうすることが、日本語の社会的地位の向上、さらには学習モチベーションにつながり、人々が日本語に「投資」してくれるようになればと願っている。

参考文献

Blommaert, J. (2013). *Ethnography, superdiversity and linguistic landscapes: Chronicles of complexity*. Bristol, UK: Multilingual Matters.

Bourdieu, P. (1991). *Language and symbolic power*. Oxford, UK: Polity.

Cummins, J. (2001). *Negotiating Identities: Education for empowerment in a diverse society* (2nd ed.). Ontario, CA: CABE.

Giles, H., & Byrne, J. L. (1982). An intergroup approach to second language acquisition. *Journal of Multilingual and Multicultural Development, 3*, 17-40.

Grosjean, F. (2008). *Studying bilinguals*. Oxford, UK: Oxford University Press.

Norton Pierce, B. (1995). Social identity, investment, and language learning. *TESOL Quarterly, 29*, 9-31.

Sakamoto, M. (2006). Balancing L1 maintenance and L2 learning: Experiential narratives of Japanese immigrant families in Canada. K. Kondo-Brown (ed.). *Heritage language development: Focus on east Asian immigrants* (pp.33-56). Amsterdam: John Benjamin Blackwell.

Sakamoto, M., & Matsubara Morales, L. (2014).「ブラジルでバイリンガルを育てる：日本人＆日系人のケーススタディ」Sophia Linguistica, 62, 45-67.

Sakamoto, M., & Matsubara Morales, L. (2016). Ethnolinguistic vitality among Japanese-Brazilians: Challenges and possibilities. *International Journal of Bilingual Education and Bilingualism, 19*(1), pp.51-73. DOI: 10.1080/13670050.2014.964171.

Shibata, H. (2009). Da Casa de Pau a Pique a Filhos Doutores: Trajetórias Escolares de Geração de Descendentes Japoneses (dos anos 1950 a 1990) Unpublished doctoral thesis, University of São Paulo.

資料1

お名前(任意):＿＿＿＿＿＿＿＿＿＿＿＿＿＿＿＿
所属先(任意):＿＿＿＿＿＿＿＿＿＿＿＿＿＿＿

国際交流基金日本語セミナー　日本語教員用アンケート

この度は、ワークショップにご参加いただきありがとうございました。もし差し支えなければ、アンケートにご協力ください。結果は、集計して学術論文として学会や学術誌に発表し、できるだけ多くの方々にブラジルにおける日本語教員の見解を広めたいと考えています。なお、プライバシー保護のため、実名などは、発表論文には掲載致しません。ご質問などございましたら、お手数ですがご連絡ください。ご協力ありがとうございます。

上智大学　坂本光代

1) 日本人ですか。ブラジル人ですか。下記の( )に当てはまるものに○をしてください。
   ( ) ブラジルに一時的滞在している日本人
   ( ) ブラジルに最近永住した日本人
   ( ) 日系でないブラジル人　　　( ) 日系人＿＿＿＿世
   ( ) その他

2) 日本語教員になられたきっかけは何ですか？
   ＿＿＿＿＿＿＿＿＿＿＿＿＿＿＿＿＿＿＿＿＿＿＿＿＿＿＿＿＿＿＿
   ＿＿＿＿＿＿＿＿＿＿＿＿＿＿＿＿＿＿＿＿＿＿＿＿＿＿＿＿＿＿＿
   ＿＿＿＿＿＿＿＿＿＿＿＿＿＿＿＿＿＿＿＿＿＿＿＿＿＿＿＿＿＿＿

3）日本語教員になってどれぐらい経ちますか？

_____

4）現在何年生・何レベルを担当されていらっしゃいますか？　生徒は何名いますか？

_____

5）ご自分は日本語をどのように習得されましたか？

_____
_____

6）ご自分が日本語を習得する際(、一番気をつけていたことは何ですか？

_____
_____

7）日本語を教える際、一番気をつけていることは何ですか？

_____
_____

8）日本語を教える際、導入している物・教え方で一番効果的なものはなんですか？

_____
_____

9）ご自分が日本語を習得する上で、一番大変だったことは何でしょう？

_____
_____

10) 後輩の日本語教員に何かアドバイスするとすればどんなことでしょうか？
　_____
　_____
　_____

11) 家庭で日本語を保持しようと努めている父兄にアドバイスするとすればどんなことを助言しますか？
　_____
　_____
　_____

12) ご自分が日本語を勉強してきた上で、何か後悔していることはありますか？
　_____
　_____
　_____

13) 日本語には通算何年ほど携わっていらっしゃいますか？
　_____

14) 日本に滞在されたことはありますか？　あると答えた方、何の目的で、どれぐらいいらしてましたか？
　_____

15) ご自分の日本に対するイメージはどんなですか？　具体的に書いてください。
　_____
　_____

16) 日本語教員として指導してきた中(なか)で、一番感化された・影響を受けた人物・物・イベントはなんですか？　具体的に説明してください。

_____
_____
_____

17) 今後、日本語教員として取り組んでいきたいことは何ですか？

_____
_____
_____

18) よろしければ今回のワークショップに関する感想をお書きください。

_____
_____
_____

アンケートご協力、ありがとうございました。

資料2

ブラジルでバイリンガルを育てる：日本人と日系人の見解
インタビュー項目例

1. 出身地、家族構成
2. 家庭環境対学校環境 (親の日本語能力、家庭習慣、学校での学習内容など)
3. 何故日本語を保持した／しているのか (きっかけ、理由)
4. どうやって保持したか／しているのか
5. 普段の日本語との接触 (場所、頻度、内容)
6. 訪日／帰国回数／頻度／期間
7. ご自分／お子さんの日本語習得のために役立った／立っていること／もの
8. 日本語力向上の上で妨げになった／なっていたもの
9. 海外における日本語学習の課題／問題点
10. 日本語力向上のためにあれば／いればよいと思うもの／人材
11. 日本語力向上のために、こうしておけばよかったと今となって思うこと
12. 印象に残っている日本語教員
13. 印象に残っている日本語教材
14. 印象に残っている日本語関連イベント
15. 日本語保持に取り組む上で、どんなリソースを利用されていますか？
16. 母語保持に関する意見：他者にはどうアドバイスしますか？
17. 日本国、人、文化、言葉に対する印象
18. 今後ブラジルにおける日本人／日本語の役割

など

8 複言語・複文化時代の母語・継承語教育
―アイデンティティをエンパワーする「スペイン語と南米文化の教室」の試み―

宮崎幸江

KEYWORDS：母語，継承語，喪失，アイデンティティ，エンパワメント

要旨

　日本で育つ複言語・複文化環境にある子どもたちの多くは、成長とともに日本語が強くなり、家庭言語（母語）は継承語へと変化していく。本章では、神奈川県在住の小学生から大学生までのスペイン語母語（継承語）話者と日本人大学生がともに学ぶ「スペイン語と南米文化の教室」の試みを紹介する。この教室に1年間参加した小学校高学年男児の母親へのインタビューから、家庭におけるスペイン語使用が増加し、母語・母文化に対する態度にも変化が見られたことが明らかになった。また、中学校女子生徒の場合は、家庭では体験できない多様な言語活動に参加できるため、母語維持に対する動機づけや、アイデンティティの形成にも好影響を与える可能性が認められた。さらに、日本人とともに学ぶことで、日常生活では言語マイノリティの子どもたちが教室ではマジョリティへと立場が転換し、子どもたちにとっても日本人にとっても貴重な機会となることがわかった。

1　はじめに

　日本における外国人登録者数は、21世紀にはいり200万人を超えた。その中には親に随行する形で日本に居住する年少者も含まれ、彼らは家庭と社会の言語文化が異なる、複言語・複文化環境で生活している。日本の公立学校に在籍する外国籍児童生徒数は、1991年に調査が開始されて以来過去4半世紀の間増加の一途をたどり、2014年には小・中・高等学校で約7万3千人となっている。

　定住外国人の成人にとって、日本語は「生活言語」であると同時に、生

183

涯学び続ける「学習言語」でもある。一方、年少者にとっては、日本語は「生活言語」「学習言語」であるだけではなく、母語を脅かす「脅威語 (坂本, 2014, p.155)」でもある。なぜなら、複言語・複文化環境で育つ子どもの「母語」は、幼いころは家庭で使用されるが成長とともに弱くなり、親から引き継がれたという意味での「継承語」へと変化していくことが多い。年少者に対する学習言語としての日本語教育の重要性は徐々に認識され制度的にも整いつつあるが、現在の日本の公教育の中で母語教育は具体的な施策には至っていない。母語を失うことは、親子のコミュニケーションや家族の絆だけでなく、認知的発達や子ども自身のアイデンティティにも大きな影響を与えるにもかかわらず、社会的なインフラ整備の遅れが指摘されている (坂本, 2014; Sakamoto, 2006)。

この章では、神奈川県のペルー人コミュニティの子どもたちを対象とする「スペイン語と南米文化の教室」の実践をもとに、教室への参加が、子どもたちの母語使用や母語・母文化に対する感情や態度にどのような変化をもたらしたのか考察する。そして、複言語・複文化時代の母語・継承語教育の意味について議論する。

2 複言語・複文化環境の子どもの教育環境

グローバル化する現代社会において人の移動が進み、複言語・複文化環境で生活する子どもたちの背景もますます多様になってきた。たとえば、日本人の子どもを例にとって考えると、親の仕事のために一定期間海外で生活した経験を持ついわゆる帰国子女がいる。彼らは、滞在先によって現地の教育機関で教育を受けた人もいれば、世界50ヵ国に96校 (公立88校、私立8校、平成25年度) ある日本人学校で教育を受けた人もいる。一方、外国につながる子どもには、国際結婚家庭の子ども、留学生やビジネスマンの子ども、さらに1990年の出入国管理法改正にともなって就労のために渡日した日系人や、難民、中国帰国者などのニューカマーの子ども、そして旧植民地にルーツをもつオールドカマーの子孫などが考えられ、今や日本の教育現場には言語文化的な多様性が存在すると言える。彼らは、成育歴や年齢、渡日の経緯、

滞日期間、家庭言語の方針によって、複言語・複文化環境の様相が異なることは言うまでもない。しかし、彼らの言語発達や家庭生活、アイデンティティ形成について、日本社会は十分に理解しているとは言えない。

2.1 外国人児童生徒に対する教育政策と教育的課題

　日本国内における外国籍児童生徒への教育政策は、ニューカマーの児童生徒の増加を受け、近年は日本語の初期指導と適応指導中心の政策から学力を支える学習言語の獲得の指導へと、定住者の第二世代の教育課題に対応する政策へと転換しつつある。2014年には、小中学校における日本語指導を「特別の教育課程」として正課カリキュラムの一部とし、日本語指導を必要とする児童生徒に対し個別のカリキュラムを設けることが決まった (文部科学省, 2014a)。初年度である2014年度は地方自治体によって実施状況は異なるが、外国籍児童生徒に対する日本語支援の公教育の中での位置づけが確定したことで、今後の動向が注目される。日本語教育が正課カリキュラムとなったこと自体は大きな進展であるが、カリキュラムの内容、日本語能力の評価や教授法、教員養成などが、今後ますます重要な課題となってくると考えられる。

　日本の学校システムの中で、複言語・複文化を持つ子どもたちは、これまで不適応、不就学、学力低迷などの教育的課題をかかえてきた。また、日本滞在の長期化は、義務教育課程を終えたあとも日本で生活する子どもが増えることを意味する。そこで問題となるのが、中学卒業後の進路である。日本では、公立高校受験において中学時代の成績が内申点となるが、日本語の力が十分ではない生徒が中学の勉強を理解し、よい内申点を取ることが難しいことは言うまでもない。

　神奈川県のS市を例にとると、2014年度に日本語指導が必要な児童生徒数は、小学校1年生から中学3年生までで173人、外国籍児童生徒総数の63％であった (宮崎, 2015)。このうち、日本語指導が必要な外国籍児童生徒 (小1〜中3) の約80％が日本生まれ (二世) か、就学前に渡日している。指導が必要な子どもの人数は学年が上がるにつれ減少するものの、小学校高学年以上になっても、日本生まれで日本語指導が必要な児童生徒が一定数いることから、学習言語としての日本語力を身につけるのに時間がかかることがわかる。

ところで、中学を卒業した生徒たちはどのような進路に進むのだろうか。S市の外国籍児童生徒全員の中学卒業後の進路について調査を行ったところ、2014年度の中学3年の卒業生の進路は、30人の内、全日制高校進学18人（要日本語指導5人、不要13人）、定時制高校10人（要日本語指導7人、不要3人）、その他2人であった。30人のうち日本語指導を受けている生徒が12人（40％）で、当然日本生まれや幼少期に渡日した生徒たちも含まれる可能性が高い。日本生まれの生徒が15歳になっても日本語支援が必要な背景には、複言語環境で育つ子どもの言語発達の複雑さがある。

　カミンズ（2001）によれば、言語使用には日常生活の場面で使用されるコミュニケーション能力（BICS）と教科の学習に必要な言語能力（CALP）があるが、BICSが2年程度で習得できるのに対して、CALPは5～7年、現地生まれで母語が弱い場合にはさらに長い年数が必要であると言われている。移民言語は、二世で強い言語が現地語に置換されていくといわれる現在、S市の外国籍児童生徒の母語はどの程度保持されているのだろうか。高校受験まで日本語支援を受けている生徒の中には、母語も日本語も同年齢の母語話者のレベルに達していないダブルリミテッドの生徒が含まれている可能性は高い。

2.2　母語教育と外国人学校

　日本語教育とは異なり、在日外国人の子どもたちの母語の教育に関してはいまだ政府としての具体的な施策は示されていないため、自治体ごとの取り組みには差が大きい。たとえば、在日韓国・朝鮮人などのオールドカマーが多く住む兵庫県や大阪府では人権教育に対する意識が進んでおり、正課の授業の中で、歴史、文化と一緒に母語の教育が行われている。ニューカマーの児童生徒に対しても母語教育を基本的人権の一部ととらえ、オールドカマーと同様の対応がとられている。関西でニューカマーの権利が認められている背景には、同和教育への取り組みの歴史の違いなどがあり、地域的な特徴と言えるかもしれない。

　一方、関東で外国籍児童生徒の教育に関して最も先進的な取り組みが行われているのは神奈川県である。神奈川県では、1990年に「在日外国人（主と

して韓国・朝鮮人）にかかわる教育の基本方針」、2003年には「かながわ人権施策推進指針[1]」が示され人権教育が進められてきた。しかし母語教育の保障についてははっきりとは述べられていないため、母語教育は学校単位の取り組みにとどまっている。たとえば、2004年に開設された神奈川県立鶴見総合高校では、「国際文化系列」の科目の中に「国際理解入門」と並んで「ポルトガル語」「中国語」「韓国朝鮮語」「日本語」が選択科目として設置されており、ネイティブの講師が担当している（坪谷・小林, 2013, p.29）。全校生徒の14％が外国につながる生徒からなるこの学校は、鶴見総合高校の前身となる寛政高校時代の1994年から、日本語が母語ではない生徒のために学校独自の選抜基準を設け、入学後も日本語の取り出し授業、国際理解教育、母語教育など外国につながりのある生徒のためのカリキュラムを整えていった (p.63)。

　複言語・複文化の保護者には、日本の学校ではなく母語で教育を行う外国人学校を選ぶという選択肢もないわけではない。日本にはオールドカマーの子弟のために設立された民族学校が、2014年時点で全国に約100校ある。また、ニューカマーの学校ではブラジル人学校が最も多く、2008年のリーマンショックの前には、全国に90校を超え約1万人の児童生徒がブラジル人学校で学んでいた（拝野, 2011, p.141）。

　ブラジル教育省は、日本にあるブラジル人学校への認可制を1999年より導入し、日本の文部科学省も、在日ブラジル人学校認可校卒業者には高等学校卒業程度認定試験（旧大学入学資格検定）を免除している。拝野は、在日ブラジル人学校の存在が日本の教育制度にも変化を促したことを評価しつつ、「ブラジル人学校は日本の学校に適応できなかった子どもたちの受け皿としての機能を実質的に有してもいるため、日本の学校のなかなか進まない多文化教育を補う場にもなっている」（同, p.142）と日本の教育行政の遅れを批判的に分析している。

　外国人学校では、母語で教育を受けるため、日本に住んでいても母語が日本語にかわってしまうということはない。しかし、複言語という観点からすると、ブラジル学校も日本の学校も基本的にはモノリンガル教育の学校であるため、バイリンガルを育てる視点を欠いている。つまり、母語と日本語の

できるバイリンガルが、将来的に選択肢を広げるにもかかわらず、保護者は母語をとるか日本語をとるかという困難な選択を迫られる。定住化が進み、「デカセギ」として来日した人々の間でも価値観やライフスタイルが多様化しているため、現在のブラジル人学校の教育もすべてのブラジル人のニーズに沿うものではないと、ハタノ（2008, p.67）は言う。

　一方で、在日韓国・朝鮮人の言語文化教育を目的としていた民族学校では、複言語的な発想から新しい取り組みがなされている。たとえば、大阪のコリア学園では、韓国語・英語・日本語の3カ国語の教育をすることで、多様化するグローバル社会における教育戦略の模索が始まっている（杉村、2014, p.178）という分析もある。

　子どもの教育の選択は、その家族の将来計画と切り離して考えることはできないが、柳田（2011, p.248）によれば、同じ南米にルーツをもつ人々でも出身国によって保護者の教育戦略は異なるという。南米の国で日系人が多いのは、ブラジルとペルーだが、近年ブラジル人もペルー人も日本に定住する傾向がみられるという。しかし、両者を比較すると、ペルー人の方がより早い時期に定住に切り替えたと分析する。生活戦略として長く日本にいることを選択すれば、当然子どもの教育は日本でということになる。ブラジル人学校に比べるとペルー人学校が少ないことや、ペルー人が同じ地域に固まらず分散して住んでいること、エスニックメディアなどに母語保持を啓発する動きが見られることから、日本の教育を受けつつスペイン語維持をめざす教育戦略が浮かびあがってくる。

2.3　複言語・複文化環境で暮らす子どもたちのことばの力

　日本で暮らしている外国籍の人々の家庭では、どのような言語生活が営まれているのだろうか。家庭言語と学校言語が異なるバイリンガル環境で育つ子どもたちは、小学校に入ると急激に日本語力が伸び、それと同時に母語の力が弱くなっていくが、来日年齢が低いほど母語から日本語へのシフトは起こりやすく、成長とともに聞きとることはできるが、話すことはできない受容型バイリンガルとなっていくことが多い。

　Sakamoto（2006, p.55）は、母語の教育が家庭に委ねられている場合、保

護者の努力だけでは限界があるという。一般的に日本生まれや、幼いときに渡日した第二世代は、強い言語が母語から日本語に置換される。母語を失うことは、親とのコミュニケーションに影響を与えるだけでなく、認知的発達にマイナスの影響がでることもある (坂本・宮崎, 2014, p.45)。さらに、母語を失うことにより家庭や民族コミュニティの中で居場所を失い、アイデンティティ形成において困難に直面する若者も少なくない。

母語の喪失と認知的側面とアイデンティティ形成への影響は、多くの研究者により指摘されている (中島, 2001, p.184)。日本生まれの子どもよりも、学齢期の前半を祖国で過ごしリテラシーの基礎と認知的発達の土台が母語でできてから渡日した子どもの方が、最終的に高い学力を得られる可能性が高いともいわれている。一方で、母語も日本語も年齢相当の母語話者のレベルに達しないダブルリミテッドと言われる状況にある子どもも少なくない。

マイノリティとして暮らす複言語・複文化の子どもの言語発達は、年齢や性格などの個人的な要因と学校などの社会的要因だけでなく、親と言語・文化を共有する民族言語集団にも影響を受ける。北米に住む英仏バイリンガルの高校生を、知能や保護者の学歴、職業により分類し、二言語の能力とさまざまな要因 (二言語への接触、帰属意識、民族言語集団の活力、英仏二言語の能力、使用言語等) の関係を分析したLandry and Allard (1992, p.225) は、母語を失わずに第二言語を習得するには、母語教育に加え、民族言語集団の活力 (Ethnolinguistic vitality: EV)[2]の影響が大きいと主張している。

日本で成長する複言語・複文化を持つ子どもたちについても、家庭における母語使用と母語・母文化への態度が、民族グループによって異なることがわかった[3]。宮崎 (2014a, pp.117-135) は、ベトナム、ラオス、カンボジアのグループと比較して、ペルー、ボリビア等のスペイン語グループの方が、家庭で母語を使用し (対父母約70％)、母語保持への意欲も高い (調査対象の9割が将来スペイン語を維持することを希望) と述べている。母語・母文化に対して強い愛着を持っているラテン系の子どもたちではあっても、家庭で使用される言語は語彙や文法に偏りがあることや、リテラシー教育を家庭で行うことはほぼ不可能に近い (坂本・宮崎, 2014) ことを考慮すると、他のグループに比べれば緩やかではあるとはいえ、かれらが母語を維持できる可能

性はけっして高くない。

　母語の力が弱くなると、親との関係や母語を使う人間関係だけでなく、本人のアイデンティティにも影響があると考えられる。次節では、ことばとアイデンティティの関係について考える。

2.4　ことばとアイデンティティ

　明治以降、日本は北米と南米を中心に移民を送り出してきた。そして今、1990年の入管法改正により南米に移民した日本人の子孫が就業のために来日し、定住する人々も出てきた。ブラジルでは、多くの日系人にとって、日本語はもはや外国語となっているにもかかわらず、彼らは「日本人」と呼ばれるという。モラレス (2014, pp.102-103) によれば、ブラジルの日系人にとって戦後日本語は「母語」から「継承語」へと変化し、日系の価値観も多様化しているという。日本語を学ぶことは、ブラジルと日本の間を往還するするブラジル人にとって、日系としての「アイデンティティ」よりも、生きるための「戦略」であると述べる。ことばとアイデンティティが強く結びついていた一世、二世の時代を経て、三世、四世ではことばとアイデンティティの関係は緩やかになり、形を変えていくといえる。

　今ではポルトガル語の辞書にもでている「ニッケイ」という語彙には、次の世代の主張が表れているという。山ノ内 (2011) によれば「ニッケイ」ということばは、若者たちのポジティブなアイデンティティ表象の一例 (p.192)」であると分析する。在日ブラジル人だけでなく、日本と祖国の間を行ったり来たりする現代の南米の日系人にとって、「ニッケイ」が彼らのハイブリディティを表すと考えられる。

　複言語・複文化を持つ人々の生を「移動する子ども」という概念でとらえた川上 (2014) は、彼らのアイデンティティ構築に大切なのは、「幼少期より複数言語環境で成長した子どもの記憶 (p.140)」で、記憶をもとに「他者との関係性やそれに対応する自己の主体的な姿勢の中で進み、成人しても引き継がれていき、結局、自分自身と向き合う」ことによってアイデンティティを構築するという。複言語・複文化環境にある人々は、たとえ子どもであっても、周りの人々と複言語を使って自己を表現し、アイデンティティの交渉

をしながら成長する。

　日本で育つ複言語・複文化を持つ子どものアイデンティティ交渉を分析したカルタビアーノ (2014) は「家庭という小さい空間の多言語社会が子どもたちの学校、コミュニティなど外に広がれば、子どもたちは家庭の言語を話す機会が増え、自分が最も適した自己のアイデンティティを形成できるようになる (p.85)」と、子どもがアイデンティティを交渉できる環境を持つことが大切であると結論付けている。

　次節では、母語・母文化を学ぶ「場」の存在が、子どもたちの母語使用や母語・母文化への態度にどのような影響を与えたかを、「スペイン語と南米文化の教室」の関係者へのインタビューから検証する。

3　スペイン語と南米文化の教室の概要[4]と研究方法

　「スペイン語と南米文化の教室」(通称：アミゴス・エスパネセス) は、上智大学短期大学部サービスラーニングセンターで2014年に始まり、初年度は平日の夜1回1時間程度、20回のクラスを開催した。教室の目標は、①南米にルーツをもつ子どもが、家庭以外の場所でスペイン語を学ぶことで母語・母文化の素晴らしさを認識し、誇りをもてるような「場」を作ること、また、②日本語母語話者の学生が日ごろ日本語支援などで接している外国籍児童生徒の異なる一面を発見し、南米コミュニティに対する理解や関心を深め、スペイン語を通して異文化を学ぶ機会を持つことである。

　参加者は、神奈川県S市在住で日本の小中学校へ通うペルー人のスペイン語話者の子ども6名と、ブラジル人のポルトガル語話者の子ども1名 (小学生6名と中学生1名) と、スペイン語を第二外国語として履修している日本語母語話者大学生計7名 (スペイン滞在経験のある帰国子女の学生1名含)、神奈川県と静岡県で育った日系ペルー人の大学生2名 (渡日年齢5歳と日本生まれ) で構成され、小中学生7名、大学生9名からなる。参加者の年齢、渡日年齢は表1の通りである。この地域では定住化傾向が強く、地元で生まれた子どもが成人し社会人になりつつあり、子どもたちの母語は徐々に継承語へと変化しつつある。

表1：スペイン語と南米文化の教室参加者の言語環境（2014年時点、日本人学生を除く）

	年齢	学年	性別	渡日年齢	滞在年数	母語（継承語）親の国	国での就学経験など
H	14	中3	F	7	7	スペイン語 ペルー	あり（小1）
T	9	小4	F	2	7	スペイン語 ペルー	なし
A	11	小5	M	1	10	スペイン語 ペルー	なし
H2	10	小5	F	0	10	スペイン語 ペルー	なし
S	11	小6	F	0	11	スペイン語 ペルー	なし
M	9	小4	F	0	9	スペイン語 ペルー	なし
G	12	小6	M	0	12	ポルトガル語 ブラジル	なし （2014年後半帰国）
N	28	大2	F	5	23	スペイン語 ペルー	なし
R	19	大2	F	0	19	スペイン語 ペルー	なし

　継承スペイン語のクラスでは、継承語の子どもたちと日本語母語話者の大学生が一緒に参加できるように、教室言語を日本語とスペイン語とし、スペイン語の語彙力やリテラシーに大きな開きがある参加者がともに学べるようなクラスを構成した。ゲームや歌、プロジェクトワークやドラマメソッドを併用し、文法の正確さよりもコミュニケーションを重視したクラスを展開した。筆者は教室の運営、教師の選択、全体のカリキュラム作りに関わり、ほぼ毎回のクラスを観察した。

　教師は、日本人1名とスペイン語母語話者の日系ペルー人の女性Gさんとjさん[5]2名で、日本語教育の専門家が日本人教師を務め、アクティビティの案やレッスンプランの作り方をサポートした。さらに、アシスタントとして、日系ペルー人大学院生（小学校4年生で渡日）が、数回を除きほぼ毎回教室に参加した。教室内に成人母語話者3名を配置することにより、子どもたちが本物のスペイン語のシャワーの中に身をおけるような空間づくりが可能になった。

今回使用するデータは、A君の母親Gさんと参加者Hさんに、筆者が日本語で行った半構造型インタビューである。インタビューは、2015年7月に実施し、Gさん28分、Hさん13分の計41分を録音後、文字化した。質問の内容は、家庭内でのスペイン語使用について、家族による言語の使い分けや、スペイン語力に関することと、スペイン語に対する本人または保護者から見た態度について尋ねた。Hさんに関しては、妹Tちゃんについても姉としての意見を述べてもらった。

4　スペイン語教室の影響

「スペイン語と南米文化の教室」は、2015年新たなメンバーを加えて継続した。2014年から通っている子どもは、高校に進学したHさんと小5に進級した妹Tちゃん、そして小6のA君である。この3人にとって、アミゴス・エスパネセスはこの1年どのような影響があったのであろうか。

4.1　スペイン語への態度・意欲
A君の場合

　Gさんは、アミゴス・エスパネセスに母語話者教師として、11歳、小学5年生（2014年時点）の息子（A君）と一緒に参加している。インタビューの結果、最近（2015年7月インタビュー時点）、家庭内でのA君のスペイン語使用量とスペイン語に対する態度に変化が見られるようになったことがわかった。

　A君は、母と姉の3人家族で、当時20歳の姉と母との会話は基本的にスペイン語であった。姉はペルーで生まれ2歳半で来日した。6年後に、A君の出産のためにGさんがペルーへ帰国した際、ペルーで1年半小学校に通ったことがある。しかし、この姉も成長とともに日本語を家庭でも使うようになっていったという。高校生の頃、母親がスペイン語を忘れてほしくないという気持ちを娘に伝えて以来、本人もできるだけスペイン語を使うようになり、今では母娘の会話ではほとんどスペイン語が使用されているそうだ。しかし、家族の中で年少の子どもの常で、A君のスペイン語の力は姉に比べると弱い

ため、彼を含む会話は日本語になりがちだという。

　ところで、GさんによればA君はスペイン語に対して他の子どもに比べると肯定的だと言う。たとえば、A君はスペイン語を話すところを学校で人に見られてもそれ程気にしないが、親しい南米出身の子どもは学校でスペイン語を話すところを他の生徒たちに見られたくないようだと言う。

　　談話1：スペイン語を話すところを人に見られるのを嫌う友だち
　　G：たぶん友だちにもスペイン語の子はいるんですけど、使ってない。嫌がる。友だちの方がいやがる。喋りたくない。
　　M：A君は嫌じゃないけど、友だちがいやがる。
　　G：いやがる。
　　M：どの学校
　　G：同じJ小学校
　　M：なんでだと思いますか。嫌な思いしてる？
　　G：嫌な思いしてる。やっぱりみられるのはいやですね。子どもは、でもAは（気にしてない）

　A君の通う小学校は市内でも南米の人々が多く住む地域で、校舎内もところどころスペイン語と日本語のバイリンガルで標記されている。教職員にとって外国籍児童生徒の存在は自明のことで、むしろ日本の学校にしては特殊な印象を受ける。そのような環境で育ったA君は、スペイン語を話すことや自分のルーツを隠すつもりはないのかもしれない。しかし、ほかの子どもたちは学校ではスペイン語を話したり、話しているところを見られることを嫌がることが、談話1からわかる。

　国際的な雰囲気のある学校ではあるが、たとえそうであっても、バイリンガルの子どもがバイリンガルであることをあまり知られたくない雰囲気があるのか、その友だちには何らかの形で日本人の生徒と違う自分を表現したくない（しないほうがいい）と考える理由があるのかもしれない。Aの友だちは、家庭と学校を完全に使い分けて生活することが自然と身についているか、もしくは、スペイン語を話す自分を表現することに対して葛藤しているかであ

ろうが、スペイン語に対する態度がA君とは異なるということがわかる。

HさんとTちゃん姉妹の場合

　スペイン語教室参加者の中で、ペルーでの就学経験があるのはHさん（中3：14歳、2014年時点）のみである。Hさんは、小学校の1年生と2年生の途中までペルーで過ごした。インタビューを行った2015年7月時点では、日本に来て8年になっていたが、家庭言語はすべてスペイン語、5歳下の妹との会話もスペイン語だという。この家庭では、家族の共通言語であるスペイン語を維持する保護者の方針に子どもたちがしたがっていることがわかる。

　　談話2：日本語を家庭で使わない訳
　　H：日本語で話してもお母さん、意味わからないから、「わからない」って怒られる。

　母親は、家庭言語を厳しくコントロールしているだけでなく、自分で母語を教えているらしい。ペルーで小学校の最初の学年を終わらせているHちゃんは、就学前の識字教育への準備期間も含めるとスペイン語のリテラシーの土台がある程度できてから来日したといえる。一方、2歳のときに来日した妹のTちゃんの場合、スペイン語の基礎がない状態で日本にきたことになる。この場合、スペイン語を習得する前に日本語を覚え、早期に母語離れが進むことも珍しくない。ところが、Hちゃんの家庭では、妹にはお母さんが小さい頃、ペルーのスペイン語の教材を使って教えるなど（談話3）、保護者の努力があったことがわかる。

　　談話3：妹のスペイン語力
　　M：じゃあ、Tちゃんはどうですか。Tちゃんはスペイン語どれくらいできるの。自分からすると。
　　G：結構できる。妹2歳のときに日本に来たじゃん。スペイン語ちょうど話し始める頃きて、それからお母さんとずっとスペイン語はなしてたから、話すときはず〜っとスペイン語

M：ふーん、でも読める。
H：読める
M：なんで、学校いってないじゃんね。誰が教えたの。
H：おかあさん、ペルーの本があって。スペイン語のあいうえおとか全部書いてあって、短い文とかあって、それやって…

　Hさんは、スペイン語を維持したいというモチベーションが強い。将来自分が家族をもったときにも、祖母になる母親たちのためにも子どもにスペイン語を教えたいと希望していることが印象的だった(談話4)。

談話4：将来親になったら
M：じゃあ、もう一つ、将来大人になって日本で結婚して、子どもができたら、スペイン語教える？
H：教えるよ(即答で、大きな声で)
M：教えるんだ。どうして
H：だって、おかあさんとかおじいちゃんとか、日本語はなせないから、うちのこどもと話せないじゃん。
M：じゃあ、日本語教える
H：そう
M：じゃあ、日本人と結婚した場合はどうするの
H：日本人と結婚した場合、両方教える。妹みたいに

　大人になってからも、スペイン語を使い続けたいというHさんの母語・母文化に対する気持ちは大変肯定的で、動機も明確だ。調査の時点で中学3年生だったが、Hちゃんに関しては、思春期に多くのバイリンガルの子どもたちが経験するアイデンティティの揺れというのは感じられない。その違いがどこから来るかは不明であるが、親子関係が良好で親の力が強いことが会話の端々から感じられる。家庭でスペイン語を使って会話をすることにより、保護者が子どもを教育することが可能になり、親の権威を保つことができているように観察される。

母語や母文化に対して、気持ちの上ではHさんと同じような人々はいるが、スペイン語が弱くなっていくケースのほうが多い。ことばとアイデンティティの関係は絶対ではないという説もあるが、互いに大きな影響を及ぼしているといえる。

　二つの家庭に共通しているのは、年長の子どもが女の子で、ペルーでの就学経験があることと、母親との絆が強いことがあげられる。その結果、成長しても母親との関係を大切にし、母親が100％理解できるスペイン語を家族のことばとして維持したいという動機づけになっているようだ。二つの言語・文化からなるハイブリッドなアイデンティティをもち、自尊感情の高い姉の存在は、結果として、年少の兄弟姉妹にも好影響を与えているのではないだろうか。

4.2　スペイン語力と使用量への影響

　2014年5月から始まったスペイン語教室は、子どもたちのスペイン語の力や家庭におけるスペイン語使用にどのような影響を与えたのだろうか。2015年7月に行ったインタビューでGさんはA君のスペイン語使用について次のように語った。

A君の場合

　姉に比べ、家庭におけるスペイン語の発話量は少ないA君であるが、父親との会話ではスペイン語をよく使うようになったという。A君には市内に離れて暮らす父親がおり、定期的に食事などをしている。以前は、日本語で会話をしていたが、今ではスペイン語だけで会話をしているそうだ。

> 談話5：父親にスペイン語の上達を褒められた
> G：え〜と、土曜日か日曜日食べに行くの、その中で「私といる方が、スペイン語が多くなったね」って、彼が
> M：それはいつごろですか
> G：ええと、つい最近よ。先月？（2015年6月）食べに行ったりするから、ことばも

M：あ、褒められた。スペイン語上手になったねって
　　G：そう、そう
　　M：語彙も多くなったって
　　G：そうそうそう
　　M：お父さんのスペイン語にちゃんとかえせるようになったの
　　G：そうです。

　日本語が得意ではない父親にとって、息子とスペイン語で話ができることは何よりもうれしいことであろうし、母語でさまざまなことを教えてくれる父親の存在はこれから思春期を迎えるA君にとって、かけがえのないものとなっていくだろう。保護者が不得意な言語で子どもに接することは、親から学べることが少なくなるばかりか、親を尊敬する気持ちを持つことができなくなったり、親を見下したりすることにもなりかねない。そうなると、子どものアイデンティティはホスト社会と母文化の間で揺れやすく、自尊感情や自己肯定感に悪影響が出る可能性がある。スペイン語教室だけの影響とは断定できないが、少なくともこの1年間に母語離れが進むどころか、逆の影響が見られたことは評価に値する。

　さて、スペイン語を使用する機会が増えたことにより、A君のスペイン語に対する態度が変化したと考えられるエピソードがある。以前は、自分がスペイン語を話しているところを見られる（知られる）ことをそれほど避けようとはしていないことは前述のとおりである。ただ、A君は自分から進んで学校でスペイン語を披露するということはなかったらしい。ところが、ある日、学校で日本人の友だちにペルー人ならスペイン語ができるのかといわれ、自分がスペイン語を話したという出来事を、家に帰って母親に嬉しそうに語ったという（談話6）。

談話6：スペイン語を勉強する動機、ペルー人なんだから
　　G：それでいつか友だちから聞かれたんだって「本当にペルー人ですか」って。「じゃあ、スペイン語できるんですか」って。それで、Aはスペイン語自信がない。それで思ったんだって。「私、もっ

ともっとスペイン語勉強しなきゃあいけない」って。だから悔しかったの。ペルー人とは見えない。日本語上手から。彼にとって悔しいのは、ペルー人なのにスペイン語できるかどうか自信がなかった。
　M：じゃあ、スペイン語できてもしょうがないとは思わないんだね。
　G：そう、(だから) じゃあ、(スペイン語教室に) 行きましょうよ。スペイン語勉強しに行きましょうよ。(と言ったの)

　このエピソードから、A君が、日本人とは、ペルー人とは何であるか語るときに、言語がその証明になるということを意識していたことがわかる。彼は、自分はペルー人というにはスペイン語の力が弱いと感じ、それは彼にとって「悔しい」ことだった。言い換えれば、A君にとってペルー人に見られることはマイナスではなく、そのアイデンティティを表現するためには、もっと上手にスペイン語ができなければならないと考えていたことになる。
　多くの場合、マイノリティの子どもは「ガイジン」扱いされて傷つくという。A君の場合、国籍はどうであれ、「日本人 (と同じ)」であるのは自明のことで、「ペルー人」でもあるということを学校生活の中で表現でいる環境にあるようだ。それが事実なら、もし、学校で継承語を学べる環境が整えば南米にルーツをもつ子どもたちが母語を維持し、バイリンガルになることも不可能ではないのかもしれない。

HさんとTさんの場合

　ペルーで生まれて1歳のときに日本にやってきたA君と違い、Hさんは7歳のときに渡日し、4年前に3ヵ月間一時帰国している。当時、Hさんは小学校6年生であったが、久しぶりにペルーに帰り親族や友人に会え、とても楽しかったそうだ。また、日本に戻る際には、祖母が日本を訪問し3ヵ月間滞在した。ペルーへの帰国は前年に亡くなった祖父のミサが主な目的の訪問であったが、HさんもTちゃんもその間、現地で学校にも通学したという。
　バイリンガルの母語保持の観点から見ると、まだ言語形成期にある時期に4年ぶりに約半年 (祖母の日本訪問含む) 母語話者に囲まれた言語環境に身を

置けたことは重大だ。特に、幼児期に渡日しスペイン語は家庭でしか使った経験のない妹のTちゃんにとって、ペルーで親戚づきあいを経験したり、学校でスペイン語のリテラシーの基礎を学べたことは、アイデンティティ形成の上でも大きな意味を持つと想像できる。日本育ちの子どもたちの多くが一度も国に帰ってないのに比べると、彼女らはペルーの存在や人々とのつながりがリアルで、現在もその人間関係が継続している。

帰国をきっかけに、停滞していたスペイン語の力が戻ったと考えられるが、現在のスペイン語の力についてどう思うかHさんに尋ねた。

談話７：スペイン語力は衰えていない

M：じゃあ、自分のスペイン語はそのときと比べてどうですか。うまくなった。へたになった？ 4年前と比べて
H：同じ
M：同じ、そのころ読めた本って今読める。
H：読める
M：今、1日の内スペイン語を読む時間ってある。
H：ある
M：メールって意味。フェイスブックって意味。
H：そうそう
M：じゃあ、一日にスペイン語を読むのと日本語を読むのとどっちがおおい。
H：スペイン語

本人曰く、4年前にペルーに一時帰国して学校に通った時期に比べて、今も自分のスペイン語の力は落ちていないという。話すだけでなく、読みに関しても、そのころ読めていた本を読むことは可能だそうだ。また、毎日の生活の中で、日本にいてもスペイン語の方が日本語よりも長い時間読んでいるという。今年高校生になったHちゃんは、スマートフォンを中学時代から使用しており、ペルーの友だちともフェイスブックなどのソーシャルネットワーク（SNS）で常につながっている。ペルーの友だちの情報を得るのは当

然スペイン語であるから、長い文章やニュースなどを読む機会は少ないものの、会話体のSNSでは常に毎日かなりの時間をスペイン語で生活しているようだ。おそらく、Hちゃんはスペイン語を今後忘れてしまうことはないだろう。では、妹のTちゃんはどうだろうか。Hちゃんは妹のスペイン語力を次のように語った。

談話8：Tちゃんのスペイン語力と自分のスペイン語力

M：じゃあ、Tちゃんだけどアミゴス来てから、なんかスペイン語少しうまくなった。

H：かわんない

M：だんだん年上になるけど、赤ちゃんみたいなスペイン語。

H：いや〜ぜんぜん、子ども

M：こども。自分もこどもなんでしょ。

H：子どもよりちょっと上

M：ちょっと上。Dさん(アシスタントの日系人大学院生)は大人。

H：そう

M：(中断) G (スペイン語講師成人母語話者) さんとDさんのスペイン語はどっちが(上手)

H：えっ、同じくらい。

M：同じくらいに聞こえるの。お母さんたちと話してるのも

M：え、同じくらいで、自分のはそれに比べたら

H：やばい(笑い)、なんか大人の使う言葉と子どもの使う言葉って、たまにちがうじゃん、なんかそれ、そこで、そこが

M：こどものまんま

H：そうそう

(中略)

H：うちね。喋れるし書けるけど、家で使う言葉しか話せないけど、会社とかそういう・・

M：フォーマルなことばね

H：そうそう、そういうのはできない

M：じゃあ、アミゴスだけではそういうのは勉強できないから、自分で勉強しないとね……。じゃあ、Tちゃんはもっと下で止まってるの。
H：伸びてる

　妹のTちゃんのスペイン語力は自分よりはもっと子どもっぽく、この1年それほど変化はないが、長期的に見ると、妹のスペイン語力も伸びてはいるという。また、自分自身のスペイン語は、家庭で使用しているだけなので、大人の言葉づかいや語彙がないと客観的に認識しているようだ。インフォーマルな場面(例：家庭や同世代の友だち同士)の会話やネット上の書き込み程度なら不自由はないが、仕事上に必要な会話はできないという。
　家庭では、場面が限定されることからフォーマリティの違いや、抽象的なことばなどを学ぶ機会が少ない。SNSは会話に近いが、同世代の話題に限られるため、表現のバリエーションも少ないと推察される。年齢や立場が異なる多様な場面にふさわしい言語使用という意味では、スペイン語教室は家庭言語では足りない部分を補えるはずだ。教室という空間で成人母語話者の大人同士が会話をしたり、教師として全員に向かって話すとき、家庭で使用されることばとの違いを学ぶ貴重な機会になりえるのではないか。
　Hさんのスペイン語は発音は母語話者のように聞こえるかもしれないが、本人の分析するように年齢より子どもっぽいはずだ。彼女には自分と妹、アシスタントの20代の大学院生と母親や先生のGさんたちとの言葉の力の差を客観的に意識できることがわかる。では、Hさんは教室に来ることをどのように考えているのだろうか。

談話9：スペイン語教室(通称：アミゴス・エスパネセス)について
M：じゃあ、アミゴスについて聞かせてください。アミゴスに来るの好き。
H：うん
M：なんで
H：ペルーで学校行ってなかったことやってるから

M：今
H：やったか覚えてないことやってるから
M：じゃあ、復習になるかなって。自分はスペイン語できた方がいいかなって思ってるの。なぜ。
H：うん、ペルーに帰ったら通訳をやるから、細かいこと通じないし
M：じゃあ、自分でスペイン語の力を落としたくないの。
H：そう。

　年齢もスペイン語の力も異なる子どもが参加するクラスなので、Hさんの言うような意味で、ペルーにいたら学ぶ機会があったことを提供できているかどうかは疑問ではあるが、このあたりは今後の課題になるだろう。とはいえ、スペイン語の会話力という意味では、この教室では、複数の母語話者や異なる年齢の人たちの中で言葉を使う経験ができるので、家庭だけでは足りない部分を担っているとも言える。

4.3　ハイブリッドなアイデンティティを育てる

　スペイン語教室の目的の一つは母語・母文化への肯定的な態度や自己肯定感を涵養する、いわばアイデンティティのエンパワメントである。この点について、前節のA君とHさんは、すでに日本とペルー両方に軸足を置いたハイブリッドなアイデンティティを構築しつつあり、教室に参加することの意味と価値を、ある程度理解していると思う。

　では、保護者であるGさんはどのように感じているのだろうか。スペイン語教室の意義について、Gさんに尋ねたところ、子どもにとっても自分にとってもとても大切な特別な場所であると答えた。彼女曰く、彼らの生活圏に同じような場所はどこにもないのだそうだ。

談話 10：同じようなルーツをもっている子どもと会える

G：どこにも会えない友だち、みんなまったっく違うところから来てるんですよね、……　L君*も、HとTも

M：同じようなルーツをもっているということはどうですか。

G：いいこと、

M：どうして？

G：性格、あう。……　子どもは柔らかい（＝柔軟だから）から、遊びながら（年齢が違っても）普段は会わない子どもたちと会えるのはいい。

（*L君は 2015 年から参加）

　同じようなルーツをもつ子どもたちと会えるのは意味があると述べたが、確かに同じ市内に住んでいても、違う学校、学年にいれば知り合う機会もないかもしれない。しかし、似たようなルーツというだけで、性格があうかどうかは疑問だが、少なくともわかり合える部分があるのだろう。また、勉強だけではなくて、スペイン語を用いたアクティビティを行うことでスペイン語を学んでいるということだろう。

　視点を変えて、Gさんへのインタビューからスペイン語教室を、「アイデンティティ交渉の場」として分析してみる。Gさんたちは、日本の社会の中でマイノリティとして暮らしている。しかし、教室では、Gさんたちがある意味主役である。なぜなら、日本人の学生はスペイン語とスペイン語の文化に憧れをもって学ばせてもらっているからだ。母語話者である子どもたちと教師のやりとりをうらやましそうに見る学生たちと、ちょっと得意げな子どもたちの姿があり、ここでは日常生活におけるマイノリティとマジョリティという権力構造が逆転する。

　このような空間は確かに他にないのではないだろうか。もちろん、彼らには南米にルーツをもつ人々のコミュニティが地域にあり、さまざまなネットワークでつながってはいるが、そこにはマジョリティである日本人の存在はない。子どもたちにとって自分たちがマジョリティ側になり自由に自己表現できる場であるこの教室のような空間はどこにもないはずだ。

2014年度の学生はほとんど卒業してしまったため、2015年度は新しい日本人の学生を迎えてスタートした。参加者の子どもたちは、日本人の学生との関係を新たに作らなければならないためか、昨年から参加している子どもは少し不満そうだった。3カ月を経過し、昨年とは異なる新たな「場」はできつつある。

　ところで、「アミゴス・エスパネセス」という教室の名前は、参加者である子どもたちと学生が一緒に考えたものだ。アミゴスは「友だち」、エスパネセスは、「エスパニョール（スペイン語）」と「ハポネス（日本語）」をつないだ造語である。日本語とスペイン語（日本語とスペイン語を話す、または日本文化とスペイン語の文化）を持つ友だちという意味になる。バイリンガル・バイカルチュラルな子どもたちや、日系人の大学生にとって、自分たちのアイデンティティをことばで表すとこのようなことばになるということだろう。

　モノリンガルの日本人とも親とも違うアイデンティティの交渉は、「移動する子ども」が日々経験していることだ。ありのままの自分を表現でき、それが認められるアミゴス・エスパネセスという「場」は、彼らのハイブリッドなアイデンティティをエンパワーしていることになる。Gさんは「特別」「どこにもない」という表現で伝えたかったのは、こういうことだったのではないだろうか。

4.4　スペイン語教室の効果

　スペイン語教室での活動がスペイン語を母語・継承語とする子どもたちに与えた影響について、①スペイン語に対する態度、②日常生活でのスペイン語使用量、③自尊感情、④アイデンティティから考察する。

　まず、アミゴス・エスパネセスは子どもたちのスペイン語使用の「場」を、教室、大学の学園祭のステージ、クリスマスのスペイン語劇などにより、家庭の外にまで拡大した。スペイン語の使用量を増やし、バイリンガルであるというアイデンティティを表現する機会を増大させたという意味で①から④に関しておおむねプラスの影響があったと考える。

　自尊感情やアイデンティティを測定することは難しい。アイデンティティ

を涵養するためにプラスの要素とは、アイデンティティ交渉（カルタビアーノ, 2014）の経験を持つことではないだろうか。アイデンティティは他者との関係性の中で形成されていく。日本で育つ子どもたちは、日々の生活の中では、日本生まれの「日本語ができる自分」を表現する場は用意されているが、欠けているのは「スペイン語や親の文化にもつながっているバイリンガルの自分」を表現する機会である。継承スペイン語語教室は、自分だけではなく他にも同じような環境の中で成長する友だちと自由に交流できる場でもある。

　インタビューから得られた談話から、子どもたちの生活や意識を読み解いていくと、教室に参加することでかれらはバイリンガルとしてのアイデンティティを、スペイン語を用いて表現する機会は増えたはずだ。さらに、経験の積み重ねにより、達成感や自信を積み重ねていったと考えることはできる。バイリンガル・バイカルチャーである自分自身を表現する場と機会があり、社会的に正当な評価を受けることにより、自己肯定感が高まりアイデンティティに好影響を与えるのではないだろうか。

　ところで、この教室によってエンパワーされたのは、子どもだけではなかった。この地域にはスペイン語話者と同規模のポルトガル語話者も居住しており、大学の日本語教室にも親子で参加する家族も少なくない。スペイン語教室のことを知ったブラジル人の保護者が自分たちもポルトガル語の教室を開きたいと1年後動き出したのだ。

　2015年秋にはスペイン語教室に加え、ポルトガル語の教室も始まった。こちらは、現在地域日本語教室の時間の一部を使って1時間程度ポルトガル語の教室を行っている。子どもは小中学生8名程度が参加する。日本生まれから、来日して間もない子どもも含まれるため、継承語になりつつある子どもと母語の子どもが混在する。

　ある子どもは日本語で勉強しているときは、集中力が続かず自信もなさそうに見える。しかし、ポルトガル語で勉強しているときは、落ち着いて隣の自分より年下の日本生まれの子どもがポルトガル語の指示がわからないときなどに、日本語で通訳して教えるなど日ごろとは異なる表情や態度を見せていた。また、日ごろ日本語を習っている保護者も、ポルトガル語を教える姿

は堂々として、以前から知っている人が別人のような顔を見せている。母語・継承語教育は、エンパワメントの輪を子どもから保護者へ、また他の民族グループへと広げていく可能性を持つ。ホスト国の人間である私たちの役目は、彼らの自発的な活動に寄り添い手助けしていくことであり、それこそが複言語・複文化時代の多文化共生の目指す方向ではないだろうか。

5　まとめ

　家庭言語を維持することは思いのほか難しい。かつて移民の言語は3代で消えると言われたが、現代社会では2代で失うことも珍しいことではなく、マジョリティ言語によってマイノリティの言語や文化が消されていく。複言語・複文化時代は、多様性を尊重する理想とは逆行する現実がある。

　本書は、複言語・複文化時代の日本語教育のあり方について、さまざまな角度から論じてきた。この章では特に年少者の日本語教育の裏側にある母語・継承語教育の意味について考えてきた。学習者の持つ複言語・複文化を理解すると同時に、年少者の複言語・複文化を維持伸長するために日本語教育に何ができるかについても議論する必要があるのではないだろうか。日本語は日本社会ではマジョリティの言語である。日本語教育はマイノリティの言語文化を否定する力があるということを認識する必要がある。

　公教育においても、日本語教育と同様に年少者の母語・母文化についても同等の価値を認め、自尊感情を高めるような教育をめざしていくべきだろう。

＊本稿は、2016年サンパウロ大学論文集Estudos Japoneses第36号に掲載予定の論文に加筆修正のうえ、本書に寄稿したものである。

注

1) 2013年に改定された (神奈川県, 2013)。
2) 民族言語集団の活力 (EV) は、その集団の人口、政治・経済の力などで測られる。
3) 神奈川県のS市に住む66人の子どもの家庭における言語使用(8カ国語)を調査した。S市は、1980年代に日本がインドシナ三国からの難民受け入れを始めた時期から、徐々にベトナム・ラオス・カンボジア出身の住民が住むようになった。1990年以降は、南米からのデカセギ者が増加し、2015年現在では住民の約1.6％が外国籍住民である。この地域では、日本語指導が必要な外国籍児童生徒 (小1～中3) の約80％が日本生まれか就学前に渡日しているが、母語の集団によって、家庭における母語使用や母語への意識に違いがあり、ペルーを中心とするラテン系家庭における母語使用率は、自己申告による限りインドシナ系他の子どもたちに比べ圧倒的に高いことがわかった。
4) 上智大学短期大学部は、1980年代後半よりS市近隣の外国籍市民に対して日本語や教科学習の支援を行ってきた。子どもたちの母語離れの対策として、2014年度より地域のスペイン語話者の子どもたちのためのスペイン語の教室を開催している。
5) Jさんは大学時代教育学専攻。Gさんは、日本在住17年で、独学で学んだ日本語力は中級程度で読み書きもできる。また市内で日本人向けのスペイン語講座やペルー料理を教える講座を担当するなど、市内の国際交流グループの人々にも知られる存在である。

参考文献

神奈川県 (2013).「かながわ人権施策推進指針 (改訂版) ―人権が全ての人に保障される地域社会の実現をめざして―」http://pref.kanagawa.jp

カルタビアーノ宮本百合子 (2014).「子どものアイデンティティ交渉」宮崎幸江(編),『日本に住む多文化の子どもと教育―ことばと文化のはざまで生きる』pp.49-87. 上智大学出版.

川上郁雄 (2014).「ことばとアイデンティティ―複数言語環境で成長する子どもたちの生を考える―」宮崎幸江 (編),『日本に住む多文化の子どもと教育―ことばと文化のはざまで生きる』pp.117-144. 上智大学出版.

坪谷美欧子・小林宏美 (編著).(2013).『人権と多文化共生の高校―外国につながる生徒たちと鶴見総合高校の実践」明石書店.

宮崎幸江(編).(2014).『日本に住む多文化の子どもと教育―ことばと文化のはざまで生きる』上智大学出版.

坂本光代 (2014).「文化間移動と子どもの言語発達」宮崎幸江(編),『日本に住む多文化のこどもと教育―ことばと文化のはざまで生きる』pp.1-15. 上智大学出版.

坂本光代・宮崎幸江 (2014).「日本に住む多文化家庭のバイリンガリズム」宮崎幸江(編),『日本に住む多文化の子どもと教育―ことばと文化のはざまで生きる』pp.17-46. 上智大学出版.

杉村美紀 (2014).「多様化する外国籍の子どもと多文化教育の変容」宮崎幸江 (編),『日本に住む多文化の子どもと教育―ことばと文化のはざまで生きる』pp.167-184. 上智大学出版.

中島和子 (2001).『バイリンガル教育の方法―12歳までに親と教師にできること (増補改訂版)』アルク.

ハタノ・リリアン・テルミ (2008).「外国人学校・民族学校：社会正義を考える―日本におけるブラジル学校の事例を通して―」『立命館大学言語文化研究』19(4). pp.61-71.

宮崎幸江 (2014a).「多文化の子どもの言語使用と言語意識」『上智大学短期大学部紀要』34. pp.117-135.

宮崎幸江 (2014b).「神奈川県在住のラテン系の子どもの言語環境と言語意識―社会心理的要因からの考察」牛田千鶴(編),『南米につながる子どもたちの複数文化を「力」に変えていくために』pp.45-68. 行路社.

宮崎幸江 (2015).「神奈川県秦野市の取り組み―特別の教育課程導入とアセスメント」多文化共生社会における日本語教育研究会第11回研究会口頭発表, 2015年2月

14日,大東文化大学.
モラレス松原礼子(2014).「ブラジルの日系人と在日ブラジル人―言語・メンタリティ」宮崎幸江(編),『日本に住む多文化の子どもと教育―ことばと文化のはざまで生きる』pp.89-116. 上智大学出版.
文部科学省 (2014a)「学校教育法施行規則の一部を改正する省令等の施行について (通知)」http://www.mext.go.jp/a_menu/shotou/clarinet/003/1341903.htm
文部科学省国際教育課 (2014b).「対話型アセスメントDLA」http://www.mext.go.jp/a_menu/shotou/clarinet/003/1345413.htm
拝野寿美子 (2011).「在日ブラジル人の子どもたちの教育とブラジル人学校」三田千代子 (編著),『グローバル化の中で生きるとは―日系ブラジル人のトランスナショナルな暮らし』上智大学出版.
柳田利夫 (2011).「在日ペルー人の生活戦略―在日ブラジル人との比較を通じて」三田千代子 (編著).『グローバル化の中で生きるとは―日系ブラジル人のトランスナショナルな暮らし』pp.233-263. 上智大学出版.
山ノ内裕子 (2011).「日経ブラジル人の移動とアイデンティティ形成―学校教育とのかかわりから」三田千代子 (編著),『グローバル化の中で生きるとは―日系ブラジル人のトランスナショナルな暮らし』pp.184-193. 上智大学出版.
Cummins, J. (2001). Negotiating Identities: Education for Empowerment in a Diverse Society (2nd ed.). Ontario, CA: CABE.
LANDRY, R. & Real A. (1992). Ethnolinguistic Vitality and the Bilingual Development of Minority and Majority Group Students. In Fase, Willem, Koen Jaspaert, and Sjaak Kroon (eds.), *Maintenace and Loss of Minority Languages* (pp.223-251). Amsterdam: John Benjamins Pub. Co.
SAKAMOTO, M. (2006). Balancing L1 maintenance and L2 learning. Experiential Narratives of Japanese immigrant families in Canada. In K. Kondo-Brown (ed.), *Herritage language development: Focus on East Asian immigrants*(pp.13-56). Amsterdam: John Benjamin Pub. Co.

9 学習者のアイデンティティと社会・コミュニティ参加をめざすことばの教育

佐藤慎司

KEYWORDS：社会，コミュニティ，参加，貢献，アイデンティティ

要旨

　本章では、学習者のアイデンティティと社会・コミュニティ参加をめざすことばの教育（佐藤・熊谷, 2011）の関係について考察する。まず、学習者のアイデンティティが、本人の意志だけではなく、いかに複雑な要因によって決定されているかを「日本語継承語話者」と日本で生まれ育った「外国人」の学習者の事例をもとに見ていく。その後、現実のコミュニケーションの際、重要な要素となる、自己再帰性（self-reflexivity）、立ち位置（positionality）を言語教育に取り込むことの重要性を指摘する。そして、実際に言語を用いてかかわるという視点、とくに言語教育におけるコミュニティ参加の大切さについて強調し、その視点を取り込んだ「社会・コミュニティ参加をめざすことばの教育（佐藤・熊谷, 2011）」を紹介する。最後に「社会・コミュニティ参加をめざすことばの教育」を実現していくにはどうしたらよいか、筆者の行った実践例なども報告し、今後の課題とともに考察していきたい。

1　はじめに

　言語教育の目的は一体何なのであろうか。もちろん、それは教員だけで決められることではなく、学習者のニーズなどによっても、それぞれのプログラムや教育機関によってもその目的は異なるであろう。しかし、一つ言えることは、教育の目的の一つが将来のコミュニティを担う人たちを育てていくことであるとするならば、言語を用いながら、そのコミュニティの知識・規範を学び、必要であれば規範にも影響を与え変革していけるような、そして、批判的な視野を持ちコミュニティのメンバーとしての責任を果たしていける

ような柔軟性と創造性を持つ人々を育成していくことがその大切な目的の一つであると考える。

　また、言語学習、つまり、言語・文化を学ぶという行為は、単に言語・文化に関する知識を習得するだけではなく、言語を使って、人に、コミュニティに、未来に、かかわっていくという側面をもっている。したがって、言語教育は、学習者の生きる未来を創造する手助けをしている、あるいは、学習者とわれわれの生きる未来を一緒に創造しているとも言える。そして、言語学習においては、学習者は過去の言語・文化的知識、言語使用などを振り返り、現在どのように言語を用いていくかを考え、言語を使用していくことが不可欠であるため、自分自身が変わっていく（アイデンティティの変容）という要素を常に含んでいる (Lave & Wenger, 1991)。

　このように、言語教育の目的、また、学びをとらえた場合、大切なのは自分の所属している（あるいは、所属したい）コミュニティで使われているさまざまな規範（日本語も含む）を習いながら、批判的に取捨選択していくことだけでなく、コミュニティのメンバーとしての責任を担うことである。そのためには、学習している言語で何がしたいのか、または何ができるのかを学習者に考えてもらい、その中から自分が学んでいくだけではなく、コミュニティ（のメンバー）に何が与えられるのかを考え、実際に与えていく、貢献していくことが大切である。

　本章ではまず、現在アメリカに在住する、日本で生まれ育った外国人の日本語学習者と「日本語継承語話者」を例に挙げ、言語学習者のアイデンティティがいかに複雑な要因によって決定されているのかについて検証を行う（第二言語学習とアイデンティティ理論に関してはBlock (2014) などを参照）。その後、この複雑な要因と学習者のアイデンティティ構築という問題に言語教育はどのようにかかわっていったらよいのか、その答えの可能性の一つとして、佐藤・熊谷 (2011) の提唱する社会・コミュニティ参加をめざすことばの教育を紹介したい。最後に、社会・コミュニティ参加をめざすことばの教育の理念を取り入れたカリキュラムの一例を報告する。

2　言語学習者のアイデンティティ：「日本語継承語話者」

　本節では言語・文化学習と学習者のアイデンティティ決定の政治性が密接に絡んでいることを示すために、日本で生まれ育った外国人の学習者と「日本語継承語話者」の事例を三つ見ていきたい。ここで用いるデータは、筆者が2011年から2014年にかけてアメリカ東海岸のある大学の日本語コース、および、日本の夏の日本語集中講座で収集したものである。本研究は初級から上級日本語コースに登録した学生の中から、とくに、日本人の親か祖父母のいる学生 (以下「日本語継承語話者」と呼ぶ)、または日本で生まれ育った外国人の学生の中で、研究者の担当する授業を履修した学生を対象に行った。実際に集められたデータは、インタビュー (研究者が学習者の担任ではなくなってから行った)、スピーチの原稿、そして、研究者の講師としての授業中の参与観察である。インタビューは、基本的に日本語で30分から1時間程度、学習者のバックグラウンド、日本語を履修するに至ったきっかけ、学習者の人種のバックグラウンドに関しての過去のさまざまな経験を中心に話してもらった。インタビューは録音され、その後、書き起こしを行い、不明な点がある場合は、Eメールでそのフォローアップを行った。本章では、語りの中にアイデンティティの複雑さが如実に表れているチェン、エリック、マリアの3人のデータを用いる。

　次節では、彼らのアイデンティティ決定における政治性を理解するのに重要な社会文化歴史的文脈として、日米関係、アメリカにおける日本語教育、日系アメリカ人史、日本研究における日本人論を概観する。

2.1　日米関係とアメリカにおける日本語教育、日系アメリカ人史

　アメリカで1882年に中国人排斥法 (the Chinese Exclusion Act) が出されると、中国からの移民に代わって、よりよい生活を求めた日本からの移民がアメリカに移住しはじめた。それは、とくに明治政府が1985年に移民を公的に支援しはじめたころから増え、1924年移民法 (通称：排日移民法 the Immigration Act) が施行されるまで続いた。日本からの移民は、とくにハワイとアメリカ西海岸に多く移住した。しかし、1941年の真珠湾攻撃後、ルー

ズベルト大統領が「大統領令9066号」に署名を行い「軍が必要がある場合(国防上)に強制的に『外国人』を隔離する」ことを承認したため、約110,000人の西海岸在住の日系アメリカ人、もしくは日本人は、強制収容所に移住させられた。それは1945年の終戦まで続くことになった(Robinson, 2001; Morishige & Nakayama, 2008)。第2次世界大戦後、アメリカ占領軍は日本再建を主導し、アメリカのシステムを模倣するような形で日本の政治、社会、経済改革を行った。しかし、日米関係は日本の経済力が増すにしたがって次第に変化していった。

アメリカにおける日本語教育はこのような歴史と並行している。継承語としての日本語教育は、日本からの移民が移住しはじめた1890年代から始まっている(森本, 1997)。しかし、外国語としての日本語教育が始まったのは1900年代には入ってからである(三浦, 1990)。その後、1940年になっても65人程度の学生(日系人は除く)しか日本語の読み書きができなかったため、第二次世界大戦中にはアメリカ戦時情報局が外国語学校を設立した。その目的は翻訳、通訳として働ける専門家の育成である(McNaughton, 2006)。1980年代の経済成長の頃には日本語学習者数は最高数に達し、2012年の国際交流基金の調査では、179,000人を超える学習者がアメリカで日本語を学習している。現在、日本語を学習する理由の上位三つは日本への興味、コミュニケーション、漫画やアニメに対する知識を得ることである(国際交流基金, 2012)。

現在、アメリカで日系人は見本となるマイノリティとして描かれることが多い。見本となるマイノリティのステレオタイプによれば、日系アメリカ人を含むアジア系アメリカ人は、一生懸命勉強し、教育の価値を信じているため、学校で成功している(Lee, 1997; Tuan, 1998)と考えられている。しかし、アジア系アメリカ人は見本となるマイノリティとしてとらえられているにもかかわらず、同時に何世代たっても永遠の外国人としてみなされることが多い(Tuan, 1998)。

2.2　日本研究における日本人論

日本人論とは、日本人について論じる研究のことであるが、とくにその特

殊性について論じられることが多い。1960年代には、日本の経済的成功を説明しようと試みる研究が増えてきたが、海外では日本文化と日本人の独自性に焦点をあててその成功の説明をしようとするものが増えてきた。このような研究によると、個人心理のレベルでは、日本人は自我の形成が弱く、独立した「個」が確立していない、人間関係のレベルでは、日本人は集団志向的、社会全体のレベルでは、コンセンサス・調和・統合といった原理が貫通しているとまとめている (中根, 1967; 土居, 1971; Vogel, 1979)。また、このような顕著な日本文化の特徴は言語使用の仕方にも表れているとされる。たとえば、日本人は非言語で共感モードのコミュニケーションを好むといったようなものである (Maynard, 1997)。もちろん、日本人論の文献の中にはただ一つの日本社会のモデルがあるわけではないが、そのさまざまな日本人に関する描写と行動の説明には、社会が分析単位であるという前提があるように思われる。

　しかし、多くの学者たちは日本人論の神話に疑問を投げかけてきた (Dale, 1986; Mouer & Sugimoto, 1986; Yoshino, 1992; 小熊, 1995)。上記の通り、日本人論の文献は、日本と外国の違いを前提にしており、そもそも日本、日本語とは何なのか、日本人とはだれなのかという問いには答えていない。その結果、日本人、日本語、日本文化とその歴史があるということを前提に話が進んでおり、そのような統一された概念がはじめから存在すると思わせてしまっている (酒井, 1996)。

　以上、日米関係、アメリカにおける日本語教育、日系アメリカ人の歴史、日本研究における日本人論を概観したが、これらの動向がこれから見ていくアメリカで人生の大半を過ごしている日本語学習者のアイデンティティ決定に大きく影響していることは言うまでもない。次節では、アイデンティティ決定の政治性の複雑さを見るために、日本で生まれ育った外国人の学習者、チェンと日系の学習者エリックとマリアの事例を見ていきたい。

2.3　アイデンティティ構築の事例1
2.3.1　チェン
　チェンは経済学専攻の大学2年生で、日本で生まれ6歳まで日本で過ごし

た。日本にいたときは彼の日本語能力は日本人の子供と同じであったが、アメリカに引っ越してきてほとんど忘れてしまったそうだ。大学に入学し日本語1年生のコースを取ったが、徐々に日本語を思い出してきたようで、秋学期には日本語2年生、夏に日本の集中講座で日本語3年生、そして、大学2年生の秋学期には日本語5年生のクラスを履修している。夏の日本語のコースでは県庁訪問の際、夏の集中講座の代表としてスピーチを行った。スピーチの一部では彼は自分のアイデンティティについて語っている。

> ここで自分の日本語勉強のモチベーションをシーア（原文ママ）したいと思います。実は、私は中国人の両親から日本の横浜に生まれ、6歳のときに家族と一緒にアメリカに移住しています。それ以来、幼い頃の仲間や楽しい思いでから離れて母国語のように喋っていた日本語もだんだん忘れてしまいました。ですから、私にとって日本語を勉強することは単なる知的な興味ではなく、日本語を通して自己のアイデンティティを探そうと思って、遠ざかった楽しい幼い頃を取り戻すため、今日わくわくしてここに立っています。また、大学卒業後は、私の心の故郷である日本で働きたいと思います。

また、チェンの履修した夏の日本語集中講座では週3回のジャーナルが義務づけられていたが、そこでは、見かけと日本人の言語使用について書く学生が多かった。たとえば、日本人に見えない学習者はレストランでいつも英語のメニューを渡されるが、日本人に見えるアジア人には日本語のメニューが渡されるといったような類のことである。そこで担当講師（筆者）は、ある日、授業中に外見（主に人種）と言語の関係についてディスカッションを行った。学期終了後、チェンにその授業のディスカッションでどんなことを話したのか問いかけてみると、しばらくたっているのでよく覚えていないが、世界は変化しているので身体的特徴とアイデンティティはマッチしないことが多くなっているというようなことを話したと教えてくれた。そして、彼はその後のフォローアップのEメールで次のように述べている。

僕の見かけと自分自身が見られたいと思うものの間には隔たりがある。自分は100パーセント中国人ではあるけれど、最初の6年は日本に住んでいたので、自分の中の一部分は日本人だと思っている。人生の中ではアメリカで過ごした時間が一番長いから、残りの部分はアメリカ人だ。見かけとアイデンティティはもはや同じではない。僕は経験からそれをよく知っている。(原文は英語、日本語訳は著者による)

チェンは「中国人」であり、「日本人の血」はまったく流れていない。そして、彼は人々が「言語＝人種＝文化＝国籍」(たとえば、日本人とは日本語を話し、日本の国籍を持っており、日本文化について知っている人)という等式を信じていることもよくわかっていた。彼の語りはよく「僕は中国人だけど…」で始まった。ここでは、チェンは、多くの人々が信じている等式に当てはまらないことに違和感をおぼえながら、同時に、世界は変わっており、身体的特徴や人種と必ずしも適合するわけではないということも認めている。

2.3.2 エリック

エリックはインタビュー当時、政治学専攻の大学2年生であった。ニューヨーク州で生まれ育ち、父親はヨーロッパ系アメリカ人、母親は東京出身の日本人である。家でも日本語を使用していたため、大学に入ってきたときには日本語2年生を取り、夏には日本の集中講座で3年生、その後、大学2年生のときには日本語4年生のクラスを取っていた。インタビューで、エリックは、日本語継承語話者がいつ自分に日本人の血が入っていることを言うかという問いに対して、その人の見かけによると答えた。たとえば、彼の友だちは、エリックをアジア人の雰囲気があるが、100パーセントアジア人ではないと見ることが多いという。そして、たいてい2、3回会った後、うちで食べた食べ物の話や夏休みに日本に行ったというような話をしていると「好奇心から聞くんだけど、エリックは日本人なの？　中国人なの？」と聞かれることが多いと言う。また、エリックは、アメリカでアジア系アメリカ人がよく受ける質問に「Where are you really from?」という質問があるが、この

問いには、アジア系アメリカ人は見かけが外国人に見えて、アメリカの国籍を持っていないというような深い意味が隠されていると言っていた。なぜなら他のヨーロッパ系、あるいはアフリカ系アメリカ人は「Where are you really from?」と聞かれることはあまりないからだ。そして、エリックは、日本でもコンビニで「あなた、日本人じゃありませんね。どこから来たんですか」と聞かれることがあったという。アメリカでは、店の人からこのような質問を受けることはあまりないが、年配の人からはよくされる質問だと言う。

2.3.3 マリア

マリアは、比較文学専攻の大学3年生である。アメリカ東海岸のメリーランド州で生まれ育った。8年生のときに家族はイタリアか日本のどちらに住むかを選ばなければならなかったので、祖母が日本人ということもあって日本を選んだ。マリアは日本に行く前に家で日本について話す機会はほとんどなかったそうだ。彼女は、若いときは自分に日本人の血が入っていることはそんなに重要なことじゃなかったと言う。彼女はまったく日本人に見えないため、日本語のクラスで彼女のおばあさんが日本人だと聞いて私もびっくりした記憶がある。インタビューで、どうしてもっと早くそのことを言わなかったのかと聞くと、とくに言う必要がなかったからだと答えた。マリアは、どうして日本語を習っているのかと聞かれたとき、たいてい日本に住んでいたことがあるからだと答えると言っていた。そして、ときどき、日本に住んでいたのは祖母が日本人だからだと付け加えることがあるとも言う。マリアは他の人がびっくりする顔を見るのが好きだと笑顔で述べていた。なぜなら、それは彼女が「普通」の人ではなく、何か特別な、他の人とは少し異なっているものを持っているということを意味するからだ。そして、彼女はこのような「おもしろい」ことを最初に言いたくないと言う。まずは自分のコアとなる部分を知ってもらいたい、最初から全部相手に伝えたら、それは相手に情報を与えすぎて、消化不良になってしまうのではないかとも言う。彼女にとって祖母が日本人であるということは「バードウォッチングとか、こんな音楽が好き」とかということと同じであると言う。

この上の3人の例でも見たように、学習者のアイデンティティは、本人の意志によってのみ決定されるものではなく、だれと話しているか、本人の出身や見かけや言語能力、まわりの人の反応、その土地の社会文化歴史的背景などがお互いに微妙に絡み合って決定されていることがわかる。たとえば、「自分は100パーセント中国人ではあるけれど、最初の6年は日本に住んでいたので」「Where are you really from?」「まわりの人がびっくりする」などといった表現から、人種などの身体的特徴、血筋、言語、出生地、食べ物などの文化的知識を持っているかどうかなどが、学習者のアイデンティティの語りを理解する上での鍵となっていることがわかる。つまり、語りの中で、「言語＝人種＝文化＝国籍」といったような一般的に信じられている等式があることは明らかである。しかし、実際に日本人であるか、アメリカ人であるか（あるいは中国人であるか）ということはそんなに白黒のはっきりした明白な事実なのであろうか。

2.4　自己再帰性と立ち位置

　ここで、このようなアイデンティティ決定の政治性に関する議論が言語教育においてなぜ必要なのか、もう一度考えてみたい。人がある発話をする場合、どのような状況で誰に対してするのかということは大切なことであり、言語教育でもその重要性は指摘されている。しかし、外国語の授業でよく取り込まれているような練習、ロールプレイのような活動ではすべての微妙なニュアンスを取り込むことは不可能である。なぜなら、どんなに細かく状況を説明したとしても、その説明から漏れてしまう情報が必ずあるからである。また、その説明にはその人の人生、育った環境、会話の相手との微妙な関係などは書ききれない。

　ここでは、例としてアイデンティティ決定の政治性が如実に表れている日本で生まれ育った外国人の学習者と「日本語継承語話者」を挙げたため、ほかの「ふつう」の学習者にはこのような微妙な状況は当てはまらないのではないかと考える読者もいるかもしれないが、本当にそうであろうか。私は、多かれ少なかれある瞬間における人々のアイデンティティの決定され方は、これらの事例と似たように、つまり、本人の持つもの、まわりの人の反応、

社会文化歴史的背景などがお互いに微妙に絡み合っていると考えている。また、ここではエスニックアイデンティティだけを特に問題にしているわけではなく、ジェンダー、階級、年齢などさまざまなアイデンティティ決定に関しても同じようなことが言えると考えている。例をあげればきりがないが、やりもらい（〜てあげる、もらう、くれる）を用いるときに、ある人をウチの人間と扱うかソトの人間と扱うか、また、敬語を用いるか用いないか、自分を呼ぶ呼称（私、僕、俺など）、相手を呼ぶ呼称（〜さん、〜くん、〜ちゃん、あだななど）はどれを用いるか、方言を誰に対していつ用いるのか、また、英語では主語をwe にするか、they にするか、you にするかなどは、すべて相手と自分の関係をどう見ているか、どう見られたいかで決められるわけであり、状況を考え自分と相手の立ち位置を決めなければ選び取ることができない。

また、上記のような言葉の選択だけでなく、何かを成し遂げようと相手に提言したり、交渉したりする場合も、どのようなバックグラウンドを持った人がどのような立場の人間にどのような言葉で言っているのか、自分はどんな立場なのかなど、すべての事柄がコミュニケーションに影響してくる。このようなコミュニケーションのいわば過性的な側面は、教室内の練習ではどんなにがんばってもある程度しか取り込むことができない。いわばそのような緊迫感、切実感のある中でどう自分の立ち位置をとって相手とコミュニケーションをとっていくかということは実地体験からしか学べない部分が多い。

また、今回、研究者としてインタビューをして、考えざるをえなかったことは、インタビューをする人に問いかけるとは一体どんな行為なのだろうかということである。私（＝インタビューした人）は、インタビューをした学習者にとって、研究者であり、教師であり、日本語母語話者である。もし、他の人が同じ問いを学習者に投げかけた場合、学習者から同じ回答が帰ってきただろうか。私は研究者として言わせたいことを学習者に語らせていただけではないのだろうかという考えが頭をよぎる。もちろん、学習者が他の人が同じ質問をした場合にどう答えたかは知るよしもないが、日本に関する知識をだれかに披露する場合、それが日本人の前であるか、日本のことを知ら

ないアメリカ人の前であるかで語り方が変わってくるであろうことは想像に難くない。

　これは1980年代、人類学において文化を描くということが批判的に省察された、その問題とまさに同じである（Marcus & Fisher, 1986）。また、人類学者・調査者は他者を見るだけでなく、他者に見られ、そして、そうした関係性の中にからめとられた自分自身を見つめることになる。つまり、人類学者・調査者は透明人間にはなることができない、それをしっかりと踏まえた上でフィールドにおける「自分」に意識的になり、調査協力者との関係性の中に自分を位置づけたうえで記述を行うことが大切である。これは、自己再帰性（reflexivity）とも呼ばれるが、人類学者・調査者である自分は、何を、どこで、どのような存在として、見たのか。それは他の人が同じことをしても同じであり得るのか。また、その見て、聞いたことを、なぜ、だれに、どのように書くのかという問題もある（Clifford & Fischer, 1986）。人類学者・調査者は真空状態（vaccum）、つまり誰が見ても同じ中立的な立ち位置（もしそれが存在すればの話だが）からではなく、社会によって与えられた、あるいは自分で選び取った、あるいはそのどちらでもある特定の「位置／立場（position）」からしか書くことができないのである（藤田・北村, 2015）。これは、自分の立ち位置（positionality）とも呼ばれる。その立ち位置は発話者の「つもり」と、受け手の「受け止め方」との間でしか決定されない。また、多くの場合、決定不可能であり、絶えざる交渉の過程の中にしか存在しない。このような人類学のスタンスは、人類学者が文化について書くという文脈だけでなく、人がコミュニケーションをする際にも同じことが当てはまる。

　つまり、コミュニケーションをする人は他者を見るだけでなく、他者に見られ、そして、そうした関係性の中にからめとられた自分自身を見つめることになる。その中で自分の立ち位置をどう設定し、どうコミュニケーションしていくかを考えなければならない。つまり、コミュニケーションする人は真空状態からではなく、社会によって与えられた特定の「位置／立場」から見られ、また、その立場に満足がいかない場合は、違う立ち位置に立てるよう相手と交渉しながら、自分の立ち位置を探しながら、コミュニケーションを行っていくのである。

このように考えた場合、学習者、そしてわれわれが人生を生きていく中で、言語・文化教育はアイデンティティ決定の政治性、そして、そのコミュニケーションの緊迫感とまっすぐに向き合っているのだろうか。残念ながら、教室内でのロールプレイや練習はある程度の言語の練習には役立っても、現実に起こっている緊迫感あるコミュニケーション、体験するものとは程遠いと考えざるをえない。もちろん、これは教室内での練習を否定するものではないが、カリキュラムの一環として、実際の現実に身を置いてコミュニケーションを体験し教室内に持ち帰り、授業内でうまくいった点、問題点をシェアし、今後のコミュニケーション活動にいかしていくような機会を提供することも必要ではないかと考えている。

次節では、このような問題を解決する可能性のあるビジョンとして佐藤・熊谷 (2011) の提唱する社会・コミュニティ参加をめざすことばの教育をとりあげたい。

3　社会・コミュニティ参加をめざすことばの教育

社会・コミュニティ参加をめざすことばの教育とは、「学習者が自分の属している (属したい) コミュニティのルール (たとえば、ことばや文化の知識や規範など) を学びつつ、それらを単に通例として受け入れるのではなく、批判的に考察し交渉をする中で、いいと思うものは受け継ぎ、そうでないものは変えて行くための努力をし、コミュニティのメンバーとしての責任を担うことをめざす」ことばの教育である (佐藤・熊谷, 2011) ここでとくに強調したいのは、ルールを単に通例として受け入れるのではなく、自分で積極的に選び取っていくという側面、また、コミュニティのメンバーとして責任を担う (つまり、なんらかの貢献をする) という側面である。ここでいう「社会」「コミュニティ」とは、国際社会、日本社会といった包括的なものから、地域社会のような小規模のもの、また、オンラインコミュニティのように規模や境界線が明確でないものまで、すべてを含むものである。

このようなビジョンでは、学習を社会文化的視点からとらえ、学習が単なる知識の獲得や蓄積ではなく、社会とかかわることによって生じる個人の変

化の過程で起こるものであるとしている。そして、人はさまざまなコミュニティ（職場や学校など）に参加し実際に言語を用いることで、言語学習をも含めたさまざまな学習が起こり、それは一生涯続くと考えられる。このような中で、学習者が自主的に学習を続け、社会・コミュニティに参加していけるような指導を行うには、「言語を使って何がしたいのか」「どんな言語使用者になりたいのか」「何のために誰とコミュニケーションするのか」などの自己実現を達成する手がかりとなるような問いを学習者とともに考え、学習者自らが言語学習の目標を設定し、それを確認しながら活動を行っていけるような機会を組み込むことが重要である。

　このような考え方に基づく実践を行う場合、このビジョン、教育理念はプログラム、カリキュラムの根底に流れるいわば基盤となるべきものであることは言うまでもない。そして、このようなビジョンを実現するためには、内容を重視する活動、学習者の興味を尊重する活動、多様性を理解する活動、文脈を重視する活動、学習者の自己実現を支援する活動を盛り込む必要がある。また、カリキュラム全体で以下のステップをバランスよく組み込むことで「社会・コミュニティ参加をめざすことばの教育」は達成しやすくなるのではないかと考えている。

1. 実際に用いられている言語に触れる
2. 言語の使用、内容などを分析する
3. さまざまな人と意見を交換する
4. 多様な理解、解釈が存在することを確認する
5. 言語・文化の規範と実際を比べ、規範の恣意性、信憑性などについて考える
6. 実際に言語を使って創造的に社会にかかわる

　このようなビジョン、ステップを取り込むため、佐藤らはさまざまなプロジェクトやカリキュラムを開発してきた（西俣・熊谷・佐藤、2016）が、本章では日本語上級クラスの二つの活動をとりあげる。それは、「5. 言語・文化の規範と実際の使用を比べ、規範の恣意性、信憑性などについて考える」こ

とに重きを置いた「日本語＝日本人＝日本文化＝日本」を考える授業と「6. 実際に言語を使って創造的に社会にかかわる」ことを重視した「考えよう日本語コミュニティと自分」プロジェクトである。

3.1 社会・コミュニティ参加をめざすことばの教育の実践例

「日本語＝日本人＝日本文化＝日本」を考える授業と「考えよう日本語コミュニティと自分」プロジェクトは、2013年度にアメリカ東海岸にある私立大学の日本語上級のコースで実施された。授業時間は秋学期と春学期、ともに12週で、1週間に80分の授業が2回行われた。秋学期と春学期に継続して取った学習者の数は6名である。

3.1.1 「日本語＝日本人＝日本文化＝日本」を考える授業 (秋学期)

秋学期の授業の二つの柱のうち一つは「日本語＝日本人＝日本文化＝日本」、ひいては「言語＝人種＝文化＝国籍」を再考することをテーマにしたユニットであった。使用した教材は、日本で生まれ育ち宮崎駿の映画の字幕のほとんどを手がけているリンダ＝ホーグランドへのインタビュー記事、「母語」ではない日本語で執筆活動を行うリービ英雄の作品 (ともにIwasaki & Kumagai, 2015より)、アメリカ人と国際結婚をし日本で漫画家として活動する小栗左多里の『ダーリンは外国人』、そして、「黒人演歌歌手」ジェロのミュージックビデオなどである。授業中には宿題やクラスのディスカッションを通し「日本語＝日本人＝日本文化＝日本」という等式について問い続けた。また、期末試験のエッセーでは以下のような問いかけがなされた。

1. 今学期読んだ読み物 (ビデオも含む) の中から二つ選び、それが「言語＝人種＝文化＝国籍」というイデオロギーを破ろうとしていると思うか、サポートしていると思うか、あなたの意見を書きなさい。
2. リンダホーグランドやリービ英雄の考え (たとえば「日本の所有権」や「日本語の勝利」) などを読んで、また、『ダーリンは外国人』やジェロのビデオなどを見て、自分が日本語を学ぶ

ことや使うことについてどんなことを考えましたか。あなたは日本語を勉強してきて、自分の文化や言語、日本の文化や言語について、今、どんな考えを持っていますか。

　このような実践を行った背景には、教師も日本人、教科書を作ったのも日本人、読み物を書いたり、ビデオや映画を作ったのも日本人というアメリカの日本語学習環境の中で、ともすれば自分はこれ以上日本語を勉強してもあとどのくらい上手になるのかはたかが知れている、日本語を続ける意味はないのではないかと思ってしまいがちである。そのような状況の中で、学習者に日本語を続ける意味を考えてもらいたいと思ったからである。

　また、先ほどの社会・コミュニティ参加をめざすことばの教育のステップ6「実際に言語を使って創造的に社会にかかわる」ためのその前のステップとして、まず批判的に現在の状況を認識しておいてもらいたかった。つまり、5「言語・文化の規範と実際を比べ、規範の恣意性、信憑性などについて考え」てもらいたかったからである。それは、日本研究における日本人論（詳細は2.2節を参照）のようなディスコースだけでなく、学習者が日本語を学び、筆者が日本語を教えるアメリカという文脈、つまり、日米関係とアメリカにおける日本語教育、日系アメリカ人史（詳細は2.1節を参照）という文脈とも大きく関係している。

3.1.2　見つめ直そう私の将来と日本語プロジェクト

　見つめ直そう私の将来と日本語プロジェクトでは学習者は、①自分の将来と日本語の関係、②社会・コミュニティへの貢献、③自分の日本語に関する3種類の目標を設定、その後、その三つの接点はないか考え、身近なコミュニティとかかわりながら目標達成に向けて活動を行った。実際の活動手順は以下の通りである。

1. プロジェクトの手順について説明を受ける
2. 具体的な計画と目標 (can do statement) を提出する
3. 目標を達成できるように各自活動を行う

4. 定期的に教師と個人面談を行う（活動内容の報告、今後の予定、問題点など）
5. 授業中、クラスメートからアドバイスをもらう
6. 中間発表を行う（活動内容の報告、自分の変化など）
7. 最終レポートを書く
8. 年度末にスピーチを行う

　本活動では、学習者は自分たちの選択した活動を通して、自分の将来と日本語学習の関係を見つめ直していく。活動では、自分のもつさまざまな言語のレパートリーを活用し、同時に新しいレパートリーも学習しながら、周りのリソースを積極的に活用し、自分の興味のあるコミュニティへどんな貢献ができるか考え実行していく。このプロジェクトでは、教師との面談、クラスメートとのディスカッション、中間報告など、活動を振り返る機会を多く設けた。学習者の選んだトピックは、絵本作成、絵本の読み聞かせ、囲碁を教える、JSA（日本人学生の会）のイベント企画や、留学生やスカイプを用いての意見交換（アジアの国際関係、日本の音楽、女性問題、動物愛護）、韓国語と日本語の特徴、英語の家庭教師など多岐に渡った。

3.2 アイデンティティ構築の事例2
3.2.1　エリック

　先ほどの例でも取り上げたエリックは「日本語＝日本人＝日本文化＝日本」を考えるクラスの期末試験で2「リンダホーグランドやリービ英雄の考え（たとえば「日本の所有権」や「日本語の勝利」）などを読んで、また、『ダーリンは外国人』やジェロのビデオなどを見て、自分が日本語を学ぶことや使うことについてどんなことを考えましたか。あなたは日本語を勉強してきて、自分の文化や言語、日本の文化や言語について、今、どんな考えを持っていますか」を選び、以下のように回答した。

　　子供の頃、僕の母は日本人で父はアメリカ人ですので、僕は両方です。無論、日本とアメリカの国籍があるので、政府の見方から、僕

はアメリカ人と日本人です。でも、今学期の読み物を読んだ後で、その考えを変えました。「日本人」のアイデンティティの意味に気づいたので、僕は本当の日本人ではないと思います。その上、アメリカ人もではありません。… でも、多分日本の社会を入らない方がいいです。…日本語を勉強する事を通して、これから自分のアイデンティティに影響を与えないかもしれません。ある人の正しいアイデンティティがありません。でも、僕は「日系アメリカ人」のアイデンティティと一番強い関係があります。日本語は日系アメリカ人のアイデンティティに対して大切ですが、必要ではないから、アイデンティティ以外の日本語を勉強している理由が出てきました。僕は東アジアの政治と関係に興味があるので、日本語を通してその二つのことを勉強したいです。

　上のエッセーでエリックは「ある人の正しいアイデンティティがありません」と言ってはいるものの、まず「僕の母は日本人で父はアメリカ人ですので、僕は両方です。無論、日本とアメリカの国籍があるので、政府の見方から、僕はアメリカ人と日本人です」と自分は両方であることを述べている。いわば、これはエリックの「つもり」、つまり、自らの意思で決めたい立ち位置であったのだろう。しかし、授業の読み物を読んだ後で「僕は本当の日本人ではないと思います。その上、アメリカ人もではありません」とも述べている。これは、他者の「受け止め方」について述べている部分である。この部分からだけでも、この授業を履修している間、エリックのアイデンティティがいかに不安定で、自分の意志だけで決められるものではなく、本人の置かれた環境、相手の「受け止め方」からも影響を受けているのだということを物語っている。つまり、エリックの立ち位置は、エリックの「つもり」と、受け手の「受け止め方」（あるいは、受け手がこう受け取るであろうという自分の中に存在する自己と相手）との間で揺れ動く形でしか決定されない、そして、多くの場合、確実な決定は不可能であり、絶えざる交渉の過程の中にしか存在しないということもこの例は表している。しかし、このように不安定な状態の中においてもエリックは日本語学習が彼にとってどのような意味を持つ

のか、そして、自分に何ができるかを考え、活動を行っていた。

「見つめ直そう私の将来と日本語プロジェクト」では、秋学期に日本学生の会 (Japanese Student Association) のお正月のイベントを企画した。コミュニティへの貢献という意味ではある程度の成果を上げた活動ではあったが、その準備や活動においてあまり日本語を使う機会もなく、本人はうまくいったとは感じていないようであった。春学期には心機一転、日本人留学生とアジアの政治について意見交換をするというプロジェクトを行い、本人も満足だったようである。しかし、どちらの活動もクラス外での活動であったため、エリックが相手との関係性の中でどう立ち位置を決め、どう意見を述べていたのかに関するデータは残念ながらない。しかし、日本語や英語だけでなく、彼の勉強している中国語など、また彼の知っている知識などさまざまなリソースを使いながら意見交換を行っていたであろうことは想像に難くない。

また、エリックは大学でアジア系アメリカ人の学生グループ (AASA) を作り、その部長を務めていた。彼は、大学にヨーロッパ系、アフリカ系アメリカ人だけでなく、アジア系アメリカ人ももっとさまざまな話し合いに含めてほしいという願いをもってのことであった。このAASAが働きかけたため、大学はアジア系アメリカ人の歴史を専門とする教授が雇われたとエリックはうれしそうに語っていた。今は、アジア系アメリカ人学部を作ってもらうように働きかけているとのことで、エリックの大学のアジア系アメリカ人コミュニティへの貢献には目をみはるものがある。

上の事例を見てもわかるように、現時点では、二つの活動が一つのカリキュラムの中でまだスムーズにつながっていないことがわかる。エリックは、授業のプロジェクトよりも実際のAASAで積極的に活動していた様子であるが、積極的に日本人とアメリカ人の境界について考え、働きかけたというよりは、僕は日本人でもアメリカ人でもないことがわかったと、逆に自分でその間に閉じこもってしまったという感も否めない。

4　今後の課題

　現時点で、今回紹介した二つの活動をカリキュラムとしてさらに整合性を高めていくためには、教師側が「言語・文化の規範と実際の使用を比べ、規範の恣意性、信憑性などについて考え」ていきながら、どうそれを「実際に言語を使って創造的に社会にかかわる」活動に結びつけていくかをもっと積極的に考えられるような工夫が必要である。では、なぜこの二つを結びつけていくことが大切なのであろうか。

　「言語の規範と実際の使用を比べ、規範の恣意性、信憑性などについて考え」るということは、言い換えるならば、物事を批判的・クリティカルに見るということであるとも言える。しかし、「批判的」「クリティカル」という語は「探求的、懐疑的、合理的、論理的、広い視野を持った、公平な、知的で柔軟性がある」などの多様な意味を持つ(鈴木・大井・竹前, 2006)ため誤解も生みやすい。筆者がクリティカルに考えることが重要であり、学生にそうあってほしいと願うのは、高等教育機関で物事を深く分析することが謳われているからではない。それよりも、自分たちの生きる未来、そして、コミュニティの未来を創造するためには、つまり、既存の枠組みを見直し、必要があれば変えていこうとする意識、視点、姿勢、態度が何よりも重要であると考えるからである(佐藤・髙見・神吉・熊谷, 2015)。このように考えた場合、批判的に物事を分析するのは、自分たちの生きる未来、そして、コミュニティの未来を創造するためであるとも言える。

　今回の例で言えば、自分のさまざまな経験を通して、また、さまざまな「外国人」によって、あるいは、「外国人」についての作品を見たり読んだりすることで、当然視されていたことが、実はある特定の条件の結果であるかもしれないと自省的に考えることができるからである。そして、さまざまな出来事や作品の批判的分析を通して、ただ単に教室活動で扱った内容に関して学ぶだけでなく、客観的に書くとはどういうことなのか、だれがどのような場でだれになんのために書いているのか/話しているのかということの政治性を意識することもできるようになる。つまり、リンダホーグランド、リービ英雄、小栗左多里、ジェロらの行為に関して、どのような場でだれになん

のために書いているのか／話しているのかということを考えることで、個人は、ただ文化、社会や制度から影響を受けているだけでなく、個人の行為が同時に文化、社会や制度に影響も与えている。つまり、相互作用のプロセスの中で両者が変容しているのだという視点を確認することができる。ここで、大切なのは文化、社会や制度に影響を与えることができるのは、著名な作家や政治家、漫画家や芸能人だけではなく、学習者（そして、教師）も現に多かれ少なかれ文化、社会や制度に影響を与えているという事実である。もう一度まとめると、当たり前のように思われていることでも、社会文化的、歴史的に分析すれば、必ずだれかの意図があり生み出されている、また、文化、社会や制度の前で個人は無力なのではなく、一人一人の個人の行動、発話、言動によって文化、社会や制度は作り出され、維持されている、そして、それは変えられるのだということである。それが私が（言語）教育活動を通して学習者に感じてもらいたいことの一つである（自分にもそれを言い聞かせながら日々教育実践、研究活動を行っている）。それを再確認しながら、「6. 実際に言語を使って創造的に社会にかかわる」活動を行うことが、ひいては、学習者の所属する（あるいはしたい）コミュニティへの貢献へつながっていくと感じている。

　また、「日本＝日本語＝日本人」という等式などさまざまな物事をを批判的に見る目を養う必要があるのは、学習者だけではない。日本語教師も「日本＝日本語＝日本人」という等式をはじめとするさまざまな物事にどう関わっていくのかを真剣に考え、教育という場に臨む必要がある。では、実際に教師はどう関わっていったらよいのだろうか。現時点での私の回答は、以下の通りである。

1. 日本語の標準語・共通語を授業で取り上げ、使っていきながら、同時に日本語の標準語・共通語を批判的にとらえていくこと
2. 「ことば」とは何なのかを積極的に考え、その「ことば」に関わっていきながら、学習者自身の持っている、あるいはその場にあるリソース（標準語・共通語としての日本語だけではなく、さまざまなことばのレパートリーも含まれる）を最大限に生かし

ながら、学習者が自己実現をしていけるような活動を取り込むこと

また、このことばには、上にも書いたように、共通語・標準語としての「日本語」だけに限らず、学習者とその場にあるすべての (つまり「日本語」だけでない) ことばを、また、狭義の言語的言語だけにとどまらないマルチモーダルの要素 (ジェスチャー、視線、声の大きさ、トーン、絵、写真、フォント色や大きさなど) (New London Group, 1996) を最大限に活用することをも含んでいる。そして、そのような活動では、こうすれば必ずうまくいくといったような処方箋があるわけではなく、場によって、目的によってさまざまなことばをあるときは積極的に、あるときは消極的に、また、ときには戦略的に使っていくことが必要であろう。この辺りに関しての研究は、現在、教室外でのプロジェクトで学習者が実際にどんなことを行っているのか、データを集め分析中である。

これは、日本語教師の専門性にも関わってくる問題である。私の考える日本語教師として大切な資質は言語 (日本語教師の場合は日本語・日本文化) に関するある程度の知識、そして、上にも見たように、読み書き、言語・文化、外国語 (学習) などという概念を批判的にとらえていくことのできるクリティカルリテラシー (Freebody & Luke, 1990; Lankshear & McLaren, 1993; Cope & Kalantzis, 2000) の力も大切である。また、教育者として、学習者の様子を見ながら教室や活動をデザインしていく力、そして、既存の構造や体制を愛情を持って批判的に見ること、その構造や体制にどう関わっていったらよいかを考えるだけでなく、実際に関わっていくことも奨励するクリティカルペダゴジー (Freire, 1968; Giroux, 1981; Norton & Toohey, 2004) の視点も必要なのではないかと考えている。

5　むすび

チェンはインタビューで「見かけとアイデンティティはもはや同じではない。僕は経験からそれをよく知っている」と述べていたが、個々人の経験は

人それぞれ異なる。したがって大切なのは、「継承語話者」である人もない人も、外国人も日本人も、アイデンティティ決定の複雑な政治性を知ること、その政治性を踏まえた上で、自分の立ち位置を考えながらこれから自分たちが言語・文化とどうかかわっていったらよいのかを考えること、そして、考えるだけではなく、相手との関係性の中に自分を位置づけたうえで実際にかかわっていくことである。

　言語・文化学習とはただ単に言語・文化を身につけることだけを目的にしているのだろうか。もしそうであるとしたら、言語・文化が時代とともにかわっていくという現象はどのように説明すればよいのだろうか。学習者には言語・文化を積極的に、あるいは戦略的に変えていくための権利は与えられていないのだろうか。筆者の答えは否である。学習者には、これからの未来の構築のために、積極的に、あるいは戦略的に、そしてときには消極的に、言語・文化、伝統、コミュニティ、自らのアイデンティティ構築にかかわる権利があり、意図していてもしなくても他者のアイデンティティ構築に関わっているのだということを再度強調したい。そして、そのような状況の中で、新たな言語使用、伝統、アイデンティティなどを認めていくのか、いかないのかは、最終的には学習者も含めたわれわれ次第なのである。

　筆者は、社会参加をめざすことばの教育の実践を通して、二つのことをめざしている。一つは、教師自身が批判的に分析する力を磨くと同時に、学習者に絶えず批判的な眼差しで物事を分析できるようになってもらうこと、そして、もう一つは、その教育過程を通して、自分たちの生きる未来、そして、コミュニティの未来を、ともに創造することをめざしている。このような「社会・コミュニティ参加をめざすことばの教育」の可能性を、さまざまな実践を行いながら、今後もみなさんと追究していきたいと考えている。

謝辞

　活動計画、原稿執筆の段階で以下の方の協力、コメントをいただきました。この場を借りてお礼を申し上げます。尾辻恵美、熊谷由理、柴田智子、三代純平 (五十音順、敬称略)

参考文献

国際交流基金 (2012).『海外の日本語語教育の現状』国際交流基金.
小熊英二 (1995).『日本単一民族神話の起源―＜日本人＞の自画像の系譜』新曜社.
酒井直樹 (1996).『死産される日本語、日本人:「日本」の歴史—地政的配置』新曜社.
佐藤慎司・熊谷由理 (2011).『社会参加をめざす日本語教育』ひつじ書房.
佐藤慎司・髙見智子・神吉宇一・熊谷由理 (2015).『未来を創ることばの教育をめざして―内容重視の批判的言語教育 (Critical Content-Based Instruction: CCBI)』ココ出版.
鈴木健・竹前文夫・大井恭子 (2006).『クリティカル・シンキングと教育―日本の教育を再構築する』世界思想社.
土居健郎 (1971).『甘えの構造』弘文堂.
中根千枝 (1967).『タテ社会の人間関係』講談社.
西俣 (深井) 美由紀・熊谷由理・佐藤慎司 (2016).『日本語で社会とつながろう！ ―社会参加をめざす日本語教育の活動集―』ココ出版.
藤田結子・木村文 (2013).『現代のエスノグラフィー―新しいフィールドワークの理論と実践』新曜社.
三浦昭 (1990)．「アメリカ社会における日本語教育の展開」『日本語教育』70, pp.11-21.
森茂 岳雄・中山 京子 (2008).『日系移民学習の理論と実践』明石書店.
Block, D. (2014). *Second Language Identities*. London: Bloomsbury.
Clifford, J. & Fischer, M. (1986). *Writing Culture: The Poetics and Politics of Ethnography*. Berkeley: University of California Press.［春日直樹・和邇悦子・足羽與志子・橋本和也・多和田裕司・西川麦子 (訳) (1996).『文化を書く』紀伊國屋書店.］
Cope, B. & Kalantzis, M. (2000). *Multiliteracies: Literacy learning and the design of social Futures*. London: Routlege.
Dale, P. (1986). *The Myth of Japanese Uniqueness*. London, Sydney: Croom Helm and Nissan Institute of Japanese Studies.
Freebody, P. & Luke, A. (1990). Literacies programs: Debates and demands in cultural context. Prospect. *Australian Journal of TESOL, 5* (7). pp.7-16.
Freire, P. (1970). *Pedagogy of the oppressed*. New York: Continuum.［小沢有作 (訳) (1979).『被抑圧者の教育学』亜紀書房.
Giroux, H. (1981). *Ideology, culture and the process of schooling*. Philadelphia:

Temple University Press.

Iwasaki, N. & Kumagai, Y. (2015). *The Routledge Intermediate to Advanced Japanese Reader: A Genre-Based Approach to Reading as a Social Practice*. Abingdon, NY: Routledge.

Lankshear, C. & McLaren, P. (1993). Politics, praxis, and the postmodern. Albany: State University of New York Press.

Lave, J. & Wenger, E. (1991). *Situated Learning*. University of Cambridge Press. ［佐伯胖(訳)(1993).『状況に埋め込まれた学習：正統的周辺参加』産業図書.］

Lee, S. (1997). Behind the Model-minority Stereotype: Voices of High- and Low-achieving Asian American Students. *Anthropology and Education Quarterly, 25* (4). pp.413-29.

Marcus, G. & Fisher, M. (1986). *Anthropology as Cultural Critique*. Chicago: University of Chicago Press. ［永渕康之 (訳)(1989).『文化批判としての人類学―人間科学における実験的試み』紀伊國屋書店.］

Maynard, S. (1997). *Japanese Communication: Language and Thought in Context*. Honolulu: University of Hawaii Press.

McNaughton, J. (2006). *Nisei Linguists*. Military Bookshop.

Morimoto, T. (1997). *Japanese Americans and Cultural Continuity: Maintaining Language through Heritage*. London: Routledge.

Mouer, R. & Yoshio S. (1986). *Images of Japanese Society: A Study in the Structure of Social Reality*. London: Kegan Paul International.

New London Group (1996). A pedagogy of multiliteracies: Designing social futures. *Harvard Educational Review, 66* (1). pp.60-92.

Norton, B. & Toohey, K. (2004). *Critical pedagogies and language learning*. New York & London, UK: Cambridge University Press.

Robinson, G. (2001). *By Order of the President: FDR and the Internment of Japanese Americans*. Cambridge, MA: Harvard University Press.

Tuan, M. (1998). *Forever Foreigners or Honorary Whites? The Asian Ethnic Experience Today*. New Brunswick: Rutgers University Press.

Vogel, E. (1979). *Japan as Number One: Lessons for America*. Cambridge, MA: Harvard University Press.

Yoshino, K. (1992). *Cultural Nationalism in Contemporary Japan*. London: Routledge.

10 アイデンティティとキャラ

定延利之

KEYWORDS：アイデンティティ，キャラ，Kyara，スタイル，人格

要旨

　近年の日本語社会ではさまざまな領域で「キャラ」論が活発に展開されている。だが、実はそれらの「キャラ」論は、同一の「キャラ」概念に基づいてはいない。論者間の「キャラ」の違いを無視して複数種の「キャラ」概念を混同して論じることは議論の空転をもたらしかねない。本稿は、それらの論に見られるさまざまな「キャラ」概念を(1)登場人物を意味し、英語"character"に訳せる伝統的な「キャラ（クタ）」、(2) 伊藤剛氏が提唱する、マンガの人物の同一性を保証する概念で、英語"character"に対応しない「キャラ（Kyara）」、(3)日本語話者、特に若年層が日常生活の中で口にする、英語"character"に対応しない新語「キャラ」、の三つに分類し、それらを類ごとに紹介する。その上で、日本のコミュニケーションを論じる上では(3)の「キャラ」が最もふさわしいことを示し、アイデンティティとこのキャラの違いを述べる。

1　はじめに

　本論文集のもととなった「国際語としての日本語に関する国際シンポジウム」では、日本語の継承に関する講演や発表を多く聞いた。たとえば、北米では日系一世から二世、そして三世へと世代が進むと日本語はほぼ失われてしまうが、ブラジルでは日本語の継承が盛んで、二世や三世の中にも日本語が比較的頑健に残っているという（坂本，2015）。また、ペルーにも、進んで日本語を学び話そうとする日系人がいるらしい（阪上，2015）。異なる言語文化圏のはざまに生まれた人間が、自らの「帰属先」を気にせず無頓着でいら

れるわけでは必ずしもなく、むしろそれをことさら気にして追い求める (追い求めざるを得ない) 場合もあるということを、日本語に即して具体的に知ることができたのは大きな収穫だった。

このようなシンポジウムの問題意識を反映して、学会では「アイデンティティ」という語を何度も耳にした。上に挙げた以外にも、タイトルに「アイデンティティ」を含むさまざまな講演やラウンドテーブル、口頭発表、ポスター発表があった (佐藤, 2015; 古屋他, 2015; Oshiro, 2015; Maria Oliveira Das Neves, 2015)。

その一方で、そのような「アイデンティティ」はもはや死語ではないのかというコメント (岡田浩樹氏) も会場では耳にした。アイデンティティの確立よりも「キャラ」の使い分けが大事な時代なのではないかという論 (岡本, 2010) も筆者は承知している。

実は筆者も、「アイデンティティ」という用語の導入にこれまで積極的であったわけではない。岡本氏だけでなく筆者にとっても、キャラ (クタ) (支障ない限りにおいて「キャラクタ」と「キャラ」を一括してこう記す) はいまや重要な研究テーマの一つだが [1]、キャラ (クタ) を論じるにあたって筆者は「アイデンティティ」という用語を原則として避けてきた。例外は、「キャラ (クタ)」と類似するが異なる概念として、「社会的アイデンティティ (social identity)」(Ochs, 1993)に触れたことぐらいである (定延, 2011) [2]。

ただし、このような素っ気ない態度をとってきたからといって、筆者は「アイデンティティ」という用語を無効と考えているわけではない。筆者が「アイデンティティ」という用語を避けてきたのは、この用語があまりにも多様な意味合いで用いられているために、「アイデンティティ」という用語を持ち出すことで事態がすっきりと見えてこず、かえって混沌としてしまいかねないと思われたからにすぎない。この考えはいまも基本的には変わっていない。

だが、もし仮に「アイデンティティ」を単に「同一性」という意味で (つまり「当人の自意識ではない」「集団帰属とは直接関わらない」という二つの点でシンポジウムの多くの論者たちの「アイデンティティ」とはズレてしまうが、それでも通底はすると思われる意味で) 導入するなら、それはキャ

ラ (クタ) をめぐる最近の言説の整理に多少とも役立つかもしれない。というのは、最近の「キャラクタ」論あるいは「キャラ」論では、ちょうど「アイデンティティ」概念がそうであるように、さまざまな「キャラ (クタ)」概念が現れ、混在・錯綜の様相さえ呈しているからである。いま「アイデンティティ」という用語を「同一性」という意味で、人物に関して導入すれば、筆者の「キャラ (クタ)」論は、「現実世界における」人物のアイデンティティを論じたものとして、つまり一世を風靡している伊藤 (2005) の「キャラ (Kyara)」論とは明確に別物として位置づけられるかもしれない——このような可能性を本稿では追求したい。その上で、シンポジウムで取り沙汰された「アイデンティティ」についても、最後に僅かながら触れてみたい。

2 さまざまなキャラ (クタ) 概念

今日では日本に住むことはキャラ (クタ) に囲まれて暮らすことを意味する。街にはハローキティやポケモンなどのキャラクタ商品があふれ、また各地域には「ゆるキャラ」と呼ばれる、ゆるい (つまり洗練されていないが心温まる) 造形の、地域活性化のためのキャラ (クタ) があふれている。それらのキャラ (クタ) たちは、現実の人間がさまざまな面を持つ多面的で複雑な存在であるのとは違って、多かれ少なかれ単純化された一面的な存在である。だが、人々は他者を、そして自分をも、それらのキャラ (クタ) のように一面的な存在として扱うことも珍しくない。

こうした状況を反映して、現代日本にはキャラ (クタ) に関するさまざまな考えが出現している。本稿ではそれらを紹介し、お互いに区別した上で、そのうち一つの考え (筆者によるもの) が、コミュニケーション研究においてどのような意義を持つのかを論じる。まず、キャラ (クタ) に関するさまざまな考えを紹介しておこう。

上述した、キャラ (クタ) に囲まれた生活状況を反映して、キャラ (クタ) に関する文献も多く出版されている。その中には一般向けの娯楽書 (例：みうら, 2004, 2013) のようなものばかりではなく、多かれ少なかれ学術的な考察を含んだものも少なくなく、その分野はマンガ論 (例：伊藤, 2005; 岩下,

2013)・現代思想 (例：東, 2003; 宇野, 2008; 岡本, 2010)・精神分析 (例：斎藤, 2011)・ビジネス論 (例：小田切, 2010)・社会学 (例：瀬沼, 2007, 2009; 土井, 2009)・文学論 (例：新城, 2009)・現代社会論 (例：相原, 2007; 暮沢, 2010)・メディア論 (例：荻上, 2008)・言語学そしてコミュニケーション論 (例：定延, 2006, 2009, 2010-2012, 2011; Sadanobu, 2015) など、多岐にわたっている。「ゆるキャラ」に関しては、地方行政や国家ブランディングまでを視野におさめたものも出版されている (例：犬山・杉元, 2012; 青木, 2014)。

しかしながら、これらの著者たちが扱っている対象は、実は同じではない。筆者の見るところ、ここには、少なくとも3種の異なるキャラ (クタ) がある。以下にそれぞれのキャラ (クタ) を紹介しておく。

まず、はじめに、伝統的な「キャラ (クタ)」の意味を確認しておこう。

3　伝統的な「キャラ(クタ)」

ここで第1種として取り上げるのは、物語の登場人物 (dramatis personae) を意味する「キャラ (クタ)」である。たとえば「多くの読者を惹き付ける物語を作るには、どのようなキャラ (クタ) たちをどう配置すればよいか？」という問題意識のもとで論じられる「キャラ (クタ)」は、この第1種のキャラ (クタ) である。地域活性化のための「ゆるキャラ」も、この第1種のキャラ (クタ) の下位タイプと言える。英語の日常語 "character" に訳せるのはこの第1種だけである[3]。

ただし、これらの意味のうちの一つ、「登場人物」という意味は、今では「人物 (やそれに類するもの) 全般」という、より一般的な意味に広がっている。たとえば次の (1) を見てみよう。

(1)　ゆるゆるのキャラクターを「ゆるキャラ」と呼ぶことにした。
　　　ちょっと待って、ゆるキャラの皆さん、怒らないでよく聞いて。
　　　ゆるキャラとは全国各地で開催される地方自治体主催のイベントや、村おこし、名産品などのＰＲのために作られたキャラクターのこと。特に着ぐるみとなったキャラクターを指す。日本的

なファンシーさと一目見てその地方の特産品や特徴がわかる強い
メッセージ性。まれには、郷土愛(ラブ)に溢れるが故に、いろんなもの
を盛り込みすぎて、説明されないと何がなんだか分からなくなっ
てしまったキャラクターもいる。キャラクターのオリジナリティ
もさることながら、着ぐるみになったときの不安定感が何とも愛
らしく、見ているだけで心が癒されてくるのだ。

(みうら, 2004, pp.2-3)

　第1段落では「ゆるゆるのキャラクタ」と「ゆるキャラ」が同一とされてお
り、ここから「キャラ」が「キャラクタ」の略語として扱われていることが
わかるだろう。第2段落では「ゆるキャラ」が地方自治体主催のイベントや、
村おこし、名産品などのPRのために作られたものとされており、結果として、
ゆるキャラが登場すべき物語を必ずしも要しないことが示されている[4]。第
1段落と第2段落は「ゆるキャラ」の内容が違っており (前者ではゆるゆるの
キャラクタとされ、後者では地方自治体主催のイベントのためのキャラクタ
とされている)、「ゆるキャラ」の定義についてはなお論じるべき問題がある
かもしれないが[5]、両段落で述べられている「キャラクタ」「キャラ」はと
もに伝統的な「キャラクタ」と「キャラ」の出現例と言ってよいだろう。伝
統的な「キャラ(クタ)」については以上である。

4　伊藤 (2005) の「キャラ (Kyara)」

　2種目は、マンガ論の中で伊藤 (2005) によって作られた、専門性の高いも
ので、第1種の「キャラ (クタ) (character)」とははっきり区別されて「キャ
ラ (Kyara)」と表記される。伊藤 (2005) による「キャラ」の定義を (2) に挙げる。

(2)　多くの場合、比較的に簡単な線画を基本とした図像で描かれ、
固有名で名指されることによって (あるいは、それを期待させ
ることによって)、「人格・のようなもの」としての存在感を感
じさせるもの。　　　　　　　　　　　　　　(伊藤, 2005, p.95)

伊藤 (2005) の「キャラ」は、「コマAで描かれているこの登場人物と、コマBで描かれているこの登場人物は同一の人物だ」といった、マンガを理解する上で必須の認識を成立させるもの、つまりマンガ世界における人物のアイデンティティの基礎をなすものと位置づけることができる。マンガ世界のすべてのキャラクタ 第1種つまりdramatis personaeについて、伊藤 (2005) では次の (3) のように、自身の「キャラ」という概念を基盤にしていると述べられており、ここからも、キャラクタ (第1種) と「キャラ」が峻別されていることがわかる。

 (3) 「キャラ」の存在感を基盤として、「人格」を持った「身体」の表象として・読・む・こ・と・が・で・き・、テクストの背後にその「人生」や「生活」を想像させるもの

(伊藤, 2005, p.96. 傍点は伊藤氏による)

前述のとおり、日本語にはキャラクタ (第1種) の短縮語「キャラ」があるが、これは伊藤 (2005) の「キャラ」とは厳しく区別される必要がある。この伊藤 (2005) の「キャラ」(Kyara) は当然ながら英語の日常語"character"には訳せない。
 一般によく知られている「キャラ (クタ)」(第1種) とは別に独自の「キャラ」なる概念を設けるという伊藤 (2005) の考えは、マンガ論を越えて諸方面の論者に注目され、たとえば暮沢 (2010, pp.27-28) に「伊藤の示した図式が、現代社会全般を扱いうるだけの射程を持っていることは確かなようである」とあるように、さまざまな形で援用されている。それらをごく簡単に紹介しておく。
 相原 (2007) では、「キャラ化」つまり「現実社会をキャラ的に生きる生き方」(p.178) をキーワードに、さまざまな世相が論じられている。具体的に言えば、人々が「生身の自分」よりも「キャラとしての自分」に親近感やリアリティを感じるようになる現象が「アイデンティティのキャラ化」として、また、マンガの中で描かれる「キャラ的身体」が人々のあこがれの対象となり、実写ドラマ化という形で「生身の身体」がそれを追いかける現象が「身体のキャ

ラ化」として、そして最近の若者たちによるコミュニケーションの皮相化という現象が「コミュニケーションのキャラ化」として扱われている。さらに、マンガを地で行くような「政治のキャラ化」、新興企業が実体とかけ離れた魅力的な企業イメージで膨張する「経済・企業のキャラ化」、人々が「全体」にではなく「部分」（キャラ属性）にしか魅力を感じなくなる「消費のキャラ化」と、実にさまざまな現象が「キャラ化」というキーワードのもとに取り上げられている。

　土井（2009）はごく短いものだが、「内キャラ」（生まれ持った人格特性）を人生の羅針盤としつつ、人間関係に応じて意図的に「外キャラ」を演じるという心のあり方を若者に限らず、現代人に共通するものと論じている。

　暮沢（2010）は、伊藤（2005）の「キャラクタ」「キャラ」の区分を取り込んだ論考の中で、最も目立って見えるものである。表紙に添えられた英語 INTRODUCTION TO KYARAKUTAA CULTUREは、KYARAKUTAAの文字が大きくなっており、特にKYARAはひときわ大きく、続くKUTAAとは文字色も違っている（図1）。

図1　暮沢（2010）の表紙

　だが、それらの中で伊藤（2005）の「キャラ」がどれだけ忠実に採用されているか、あるいは変形が施されたにしても、その変形がどれだけ明示的に述べられているかといえば、疑問と言わざるを得ない。

　まず、相原（2007）について言えば、ここで中心となっている「キャラ化」の前提概念「キャラ」をとらえるにあたって、伊藤（2005）による「キャラ

クタ (character)」「キャラ (Kyara)」の定義が持ち込まれている (pp.120-124)。もちろん、伊藤 (2005) による「キャラクタ」「キャラ」の区別はマンガ論の中でなされたものであって、相原 (2007) はこれを「拡大解釈」して取り込んでいるようなのだが、たとえば「蛯原友里というキャラクターと『エビちゃん』というキャラ」と述べられているあたり (p.148)[6]、伊藤 (2005) の定義との関係が不明確と言わざるを得ない。

　むしろ相原 (2007) の「キャラ化」の多くは、「キャラクタ (＝物語の登場人物) 化」と考えた方が、観察が活きるのではないか。というのは、現実世界を生きる生身の我々も、物語世界を生きる登場人物も、基本的には変わりがないとはいえ、鑑賞作品である物語はしばしば単純化され、登場人物のキャラ変わりが通常抑制されるから、つまり物語世界の登場人物は単純なものになりがちだからである。

　伊藤 (2005) の「キャラ」定義を紹介した上で、相原 (2007) は「社会がキャラ化するということは社会が「比較的に簡単な線画」で描けるようなものになるという意味に置き換えることもできる。これは、もちろん「キャラ化した人間」に置き換えても同様だ」(p.123) と「拡大解釈」を行っている。だが、この「簡単さ」は、物語世界の登場人物の単純さと「拡大解釈」することも可能なのではないだろうか。

　次に、土井 (2009) について。土井 (2009) は「内キャラ」と「外キャラ」という2種類のキャラ概念を考案し、このうち (4) のように、「内キャラという固定的な人格イメージを人生の羅針盤に据えようとする心性」が若い世代に限らず日本社会に広く見られると言う。

(4) 　また、男ならイケメンかキモメンか、女ならモテか非モテか、今からの努力では変更が不可能と思われるような固定的な属性で、卑近な対人関係だけではなく、自分の人生までも大きく左右されるかのように考える若い人たちも増えています。自由意思に基づいて主体的に選択されたものとしてではなく、生まれもった素質によって宿命づけられたものとして、自分の人生の行方を捉えようとする人びとが増えているのです。このような

現象は、内キャラという固定的な人格イメージを人生の羅針盤に据えようとする心性がもたらした帰結の一つといえるでしょう。

　では、このような心性は、若い世代の人びとだけに特有のものなのでしょうか。現在の日本を見渡してみると、じつはそうではないことに気づかされます。よく目を凝らせば、日本社会のさまざまな領域に、この心性の影を見てとることができるのです。

(土井, 2009, p.36)

では「内キャラ」とは何か？　ここでもまた、相原 (2007) に対して述べた不満を繰り返さなければならないが、残念なことに、初出時点で特に説明がなされているわけではなく、はっきりした定義はなされていない。「内キャラ」と対置されている「外キャラ」も、特に説明はされていない。次の (5)(6) のような具合である。このうち (5) は「外キャラ」の初出部分、(6) は「内キャラ」の初出部分である。

(5) こうしてみると、キャラクターのキャラ化は、人びとに共通の枠組を提供していた「大きな物語」が失われ、価値観の多元化によって流動化した人間関係のなかで、それぞれの対人場面に適合した外キャラを意図的に演じ、複雑になった関係を乗り切っていこうとする現代人の心性を暗示しているようにも思われます。

(同上, p.23)

(6) アイデンティティは、いくども揺らぎを繰り返しながら、社会生活のなかで徐々に構築されていくものですが、キャラは、対人関係に応じて意図的に演じられる外キャラにしても、生まれもった人格特性を示す内キャラにしても、あらかじめ出来上がっている固定的なものです。したがって、その輪郭が揺らぐ

　　　　ことはありません。状況に応じて切り替えられはしても、それ
　　　　自体は変化しないソリッドなものなのです。

（同上, p.24)

　詳しい定義などなくても、土井氏の論は以上の説明で確かにある程度は理解できる。しかもその内容には興味深いものがある。上掲 (6) の冒頭にあるように、アイデンティティはあらかじめ定まっているものではなく「社会生活のなかで」構築されていくものであり、「そもそも自己とは、対人関係のなかで構築されていくものです」(p.60) と土井氏は論じている。そしてコミュニケーション能力についても、「コミュニケーション能力は、相手との関係しだいで高くも低くもなりうるものです。それは、じつは個人が持っている能力ではなく、相手との関係の産物なのです」(p.18) と説かれている。おそらく土井氏は徹底したインタラクション志向なのだろう。コミュニケーションの重要性がますます叫ばれている今日、土井氏は第1章のタイトルに「コミュニケーション偏重の時代」という、挑発的な文言を持ってきている。皆が思うような、お互いの不動の個性を尊重したコミュニケーションなど、不要だと言いたいのではないか。

　だが、詳しい定義がないと、やはり理解困難な箇所が残ってしまう。次の (7) は、(6) の直前の部分だが、(7) の最終部分では、人格のイメージがキャラの寄せ集めだとされている。

(7)　それに対して、今日の若い世代は、アイデンティティという言葉で表わされるような一貫したものとしてではなく、キャラという言葉で示されるような断片的な要素を寄せ集めたものとして、自らの人格をイメージするようになっています。

（同上, pp.23-24)

　しかし、先に挙げた (4) では、人格のイメージこそ「内キャラ」とされていたものではなかったか。たとえば、タカラトミー製の着せ替え人形玩具「リカちゃん」に対する、次の (8) のような土井氏の論を理解困難に感じてしま

うのは筆者だけだろうか。

(8)　しかし、平成に入ってからのリカちゃんは、その物語の枠組から徐々に解放され、現在はミニーマウスやポストペットなどの別キャラクターを演じるようにもなっています。自身がキャラクターであるはずのリカちゃんが、まったく別のキャラクターになりきるのです。これは、評論家の伊藤剛さんによる整理にしたがうなら、特定の物語を背後に背負ったキャラクターから、(中略)どんな物語にも転用可能なプロトタイプを示す言葉となったキャラへと、リカちゃんの捉えられ方が変容していることを示しています。(中略)
　このような現象は、物語の主人公がその枠組に縛られていたキャラクターの時代には想像できなかったことです。

(同上, pp.22-23)

ここではリカちゃんがミニーマウスに「なりきる」と表現されているが、ミニーマウスのように、リカちゃんに黒い大きな鼻ができたり、リカちゃんの口が顔幅いっぱいに裂けたりしているわけではない。件の商品「リカちゃんミニーマウスだいすき！」を見るかぎりでは、リカちゃんはリカちゃんであって、ただ「ミニーマウスだいすき！」とばかりに、ミニーマウスのコスプレをして遊んでいるにすぎない。他の物語の登場人物のコスプレをすることを「キャラクターからキャラへの変容」と呼べるとしても、その「キャラ」は本当に伊藤(2005)が定義した「キャラ」と言えるのだろうか。
　最後に、暮沢(2010)について。暮沢(2010, pp.27-28)に「伊藤の示した図式が、現代社会全般を扱いうるだけの射程を持っていることは確かなようである」とあることはすでに述べたが、それは上述の土井氏の論考が紹介された上でのことであり、暮沢(2010)の中で伊藤(2005)と土井(2009)がどのように咀嚼されているのか知りたく思われるが、それは明らかにされていない。暮沢(2010)の考察はヤンキー文化やパチンコにまで及ぶものの、中心となっているのはキャラクタ(物語の登場人物)の歴史的系譜や人気の背景

であり、伊藤 (2005) の「キャラ」への言及は限定的なもののように見える。

以上に概略したように、相原 (2007)・土井 (2009)・暮沢 (2010) らの論考はそれぞれに興味深い考察を含んではいるものの、伊藤 (2005) によるマンガ論上の区別をどのように拡大解釈し、「キャラクタ」「キャラ」を各々どのように定義するのかが明示されていないということが、各論者のせっかくの分析をわかりにくいものにしてしまっているようである。この印象は筆者だけのものではなく、伊藤氏にも少なからず共有されている。詳細は定延 (2012-, 第 84 回-第 87 回、特に第 86 回冒頭) を見られたい。

最後に紹介するのは、ひとことで言えば「状況に応じて変わる人間」を表す「キャラ (クタ)」である。

5 状況に応じて変わる人間

近年の日本では、第 4 節で紹介した以外の形でも、伝統的な「キャラ (クタ)」とは異なる新しい概念が生まれている。それは、研究者が分析のために鋳造したというよりも、日本語話者たち (特に若者たち) が日々のコミュニケーションの中で作り出したものであり、それだけに英語表記は定まっていない。だが、筆者は自身のコミュニケーション研究や言語研究の中でこの概念の有用性に気づき、自身の専門用語「キャラ (クタ)」(character) をこの第 3 種の意味だけで用いている (例：定延, 2006, 2011a, 2011b, 2011c, 2011d, 2012-, 2013 など)、以下でもこの概念を「キャラ (クタ)」として紹介する。

ここで言う「キャラクタ」は、人物のうち、「スタイル以上、人格未満」の安定性 (言い換えれば不可変性) を持つ領域を指す。まず「スタイル」と「人格」を概説しておく。

ここで言う「スタイル」とは、安定性が低く、公然と意図的に切り替えて差し障りがないものを指す。たとえば、ある人物が、得意先の会社社長と自分の部下に対して「あの件をよろしく」と依頼する際、得意先の社長には「あの件どうかよろしくお願いいたします」と丁寧に言って頭を下げ、自分の部下には「あの件、君もよろしくな」などと軽く言って肩を叩くとする。この事例で、話し手が協力を要請するに際して、状況 (要請相手が誰かというこ

とも含むものとする) に応じて変えているのがスタイルである。ここでは、「人間は目的 (今の事例なら相手の協力を取り付けること) を達するために、各々の状況に応じて最適なスタイルを選んで行動をおこない、目的を遂げる」という、意図を前提とする図式が完全に妥当して見える。

　スタイルの特徴は、「公然と変えて差し支えない」ということである。得意先の社長に向かって丁寧なスタイルで依頼する様子を、同席している部下に見られても別段恥じることはない。部下に向かってぞんざいなスタイルで依頼するところを得意先の社長に見られてもどうということはない。

　対照的に、ここで言う「人格」は安定性が高く、通常は切り替わらない。人格が切り替わると、文字通り「別人」かと思えるような、深刻で根本的な変化が生じる。次の (9) は島尾敏雄の小説『帰巣者の憂鬱』(1964) の一節で、ここでは夫婦喧嘩の場でナスという妻の人格が変化する様子が描かれている。

(9)「わたしが悪かった。行かないで下さい。あやまります。行かないで下さい」

(中略)

だきとめられると、ナスは両手でガラス戸を無茶に叩 (たた) き、「アンマー」と叫んだ。妙に幼い声であった。ナスの故郷の島では母親のことをそう呼んだ。ナスは巳一の腕をふりもぎろうとした。それには馬鹿力があった。巳一は真剣になって押えようと抱きしめた。

「アンマイ、ワンダカ、テレティタボレ」

(中略)

「ハゲ、ヌーガカヤ、何かしたのかしら、どうかしたの？　わたしはどこに居るの？　ここはどこ？」

(島尾敏雄『帰巣者の憂鬱, 1964)

夫婦喧嘩で最初「わたしが悪かった。行かないで下さい。あやまります。行かないで下さい」と言っていた妻ナスは、やがて「アンマー (お母さん)」「ア

ンマイ、ワンダカ、テレティタボレ（お母さん、私を、連れていって）」などと出身の島のことばを話し出し、さらに「何かしたのかしら、どうかしたの？　私はどこに居るの？　ここはどこ？」と再び共通語に戻るが、その発話内容から察せられるように、島のことばをしゃべっていた間の記憶は引き継がれていない。ここで「人格」と呼ぶのはこのようなものを指す。

　人格は一般に思われているほど盤石不動のものではないが、それでも日常的な生活において人格が分裂し、多重になり、切り替わるといったことは非常に珍しく、あるとしてもそれは (9) のようなもので、意図的な切り替えではない。

　では、次の (10) のような、日常語「キャラ」で指されているものの切り替わりは、スタイルの切り替わりだろうか、それとも人格の切り替わりだろうか？

　　　(10) バイトと普段のキャラ違う奴来い
　　　　　1：こたぬき：12/06/03 15:37 ID:主
　　　　　主はバイトではむちゃくちゃ暗いジミーだが学校では騒がしい
　　　　　キャラ　みんなは？
　　　　　2：こたぬき：12/06/03 15:41
　　　　　むしろ家、バイト、彼氏、学校全部キャラが違う
　　　　　(http://new.bbs.2ch2.net/test/read.cgi/kotanuki/1338705429/i,
　　　　　最終確認：2014年11月19日)

これは「2ちゃんねる」というインターネット上の電子掲示板における書き込みで、1番目の書き手は自分がアルバイト先と学校で「キャラ」が違う、2番目の書き手は自分がさらに家や彼氏の前でも「キャラ」が違うと述べている。

　バイト先では暗い地味な「キャラ」といっても、もちろんお客には丁寧なスタイル、バイト仲間にはぞんざいなスタイルで接しているのだろうし、学校では騒がしい「キャラ」であっても、その中で先生には丁寧なスタイル、級友にはぞんざいなスタイルというスタイルの使い分けがなされているのだ

ろう。家族の前でも彼氏の前でも、それなりにスタイルが使い分けられながらも、キャラはそれぞれ固定されているのだろう。つまり、これらの「キャラ」はスタイルよりも安定性が高く、スタイルとは別物である。

　スタイルと「キャラ」の違いは安定性だけではない。スタイルは上述のとおり、公然と切り替えられるが、これに対して「キャラ」の切り替えは、通常は決して公然とおこなえるものではない。2人の書き手が(10)で自分たちの「キャラ」変わりを告白できているのは、この掲示板が匿名性の高い掲示板であればこその話だろう。

　また、(10)の書き手たちは自身の「キャラ」の切り替わりを自覚しているが、記憶の途切れなどで日常生活に重大な支障をきたしている様子もない。このことからわかるのは、これらの「キャラ」は人格とも別物だということ、つまり「キャラ」は人格よりも安定性が低く、変わっても記憶が引き継がれるということである。以上をまとめると、「キャラ」の安定性は「スタイル以上、人格未満」ということになる。

　もしも読者が、(10)に示されているような「キャラ」の切り替わりを、「これらの人間たちが、各々の状況下で、うまくやっていくために偽の人格を作りだし、意図的に使い分けているのではないか」ととらえるとしたら、ここには重大な見落としがあると言わねばならない。

　確かに、「キャラ」が「意図的に使い分けられる偽の人格」と重なることはあるだろう。だが、常にそうだというわけではない。たとえば次の(11)を見られたい。

(11) こないだの温泉同好会ではかなりひかえた　12歳も年下の男子を引き連れて温泉行くなんて犯罪だわ〜と思っていたから。でもでも、なぜか「姉御キャラ」になっていく私　これが諸悪の根源ですよ　[中略]　別に奥ゆかしくもないし、静かでもないけど　私は姉御でもなけりゃあ、肉食系女子でもないんです〈http://ameblo.jp/kschaitian/entry-11170734947.html，最終確認：2014年11月19日〉

ここでの「姉御キャラ」は、この書き手が何らかの目的を達成するために「意図的に使い分けている」ようなものではない。このように、状況の中で知らず知らずのうちにある一つの「キャラ」に落とし込まれるということも十分にある。先の(10)の二人の書き手にしても、たいていは好きこのんで「キャラ」変わりしているのではないだろう。人間は個々の状況において、その状況での自身の「キャラ」が、さも「人格」であるかのように振る舞い、状況によって自身の「キャラ」が変わっていることを隠そうとするが、状況による「キャラ」変わりは意図されたものとは限らない。つまり「キャラ」は「意図的に使い分けられる偽の人格」とは限らない。

　以上で取り上げたのは、インターネット上の掲示板に現れた「キャラ」という日常語であって、専門用語「キャラ(クタ)」ではない。だが結論を言えば、ここで紹介する専門用語「キャラ(クタ)」は、上で見た日常語「キャラ」と実質的に同じものである。専門用語「キャラ(クタ)」の定義を(12)に挙げる。

　　(12) 専門用語「キャラ(クタ)」の定義
　　　　本当は意図的に変えることができるが、変わらない、変えられないことになっているもの。それが変わっていることが露見すると、見られた方も、見た方もそれが何事であるかすぐにわかり、気まずい思いをするもの。

第1文後半部にある「変わらない、変えられない」とは人格の安定的な性質を指しており、それを前後ではさむ「本当は意図的に変えることができるが、」「ことになっている」は、キャラクタが人格よりも可変的なものであることを示している。

　注意が必要なのは、人格とキャラクタの区別基準はこの安定性(つまり不可変性)の高低に尽きており、(それとよく似ているが)意図の有無ではないということである。意図があればそれは低安定性(つまり可変性)を意味するが、意図がないことは高安定性(つまり不可変性)を必ずしも意味しない。たとえば前掲(11)の『姉御』キャラのように、意図がない場合でも、状況によって落とし込まれた(つまり状況次第で変わり得る)ものは人格ではな

くキャラクタである。

　キャラクタの紹介は以上だが、読者の理解を助けるために、前節で紹介した伊藤（2005）の「キャラ」（Kyara）とこの第5節の「キャラ（クタ）」の異同を述べておく。

　すでに述べたように、伊藤（2005）の「キャラ」は、マンガ世界における人物のアイデンティティの基礎をなすものである。人物のアイデンティティに関わるという一点においてそれと通底しているものの、この第5節で紹介した筆者の「キャラ（クタ）」は現実世界を生きる人物に焦点を定めたものであり[7]、両者は異なる概念である。

　伊藤（2005）の「キャラ」と筆者の「キャラ（クタ）」の違いは、より具体的な形でも確かめることができる。

　たとえば、この原稿を書いている現在、テレビで放映されている家庭教師派遣会社「家庭教師のトライ」のCMでは、アニメ『アルプスの少女ハイジ』に登場していた重厚にして寡黙な老人「アルムおんじ」が、「トライは入会金が無料！ Hey! Yo! おんじは感無量！ この春だけトライは無料！ チェッチェケ、チェケチェケチェ……」などと軽快なラップでトライの宣伝文句を口走り、少女ハイジを唖然とさせている（https://www.youtube.com/watch?v=X_3j1ZcVs6E）。

　また、バイク買い取り専門店「バイク王」のCMでは、謎の女・峰不二子の「最近バイク乗ってる？」という何とも日常的な問いかけに、世紀の大怪盗であるはずのルパン三世が「忙しくて乗れねぇんだよ」と頭をかいてボヤき、「車検も切れてるし」と車検切れを気にする。ニヒルな剣士だったはずの十三代目石川五ェ門は「バイク王に売ったでござる」と、バイクに乗っていたことを臆面もなくさらけ出す。しまいには、クールなガンマン・次元大介も敏腕警部・銭形幸一も一緒になって「バイクを売るならゴー、バイク王！」と宣伝ソングを歌う（https://www.youtube.com/watch?v=prl4dHAUCJA）。

　眠気覚ましのガム「Black Black」を宣伝するロッテのCMでは、マシーンのようにミスを犯さないはずのゴルゴ13が車を運転中にイビキをかいて白目で眠りかけ、このガムを口にして飛び起きている（https://www.youtube.com/watch?v=ivCjiYqyMCU）。

これらはすべて、筆者の言う「キャラ（クタ）」が変わっている例である。つまり「本当は意図的に切り替え可能だが、切り替えてはならず、切り替えられないことになっているもの。その切り替えが露呈すると、それが何事であるかすぐ察しがつくが気まずいもの」が変わっており、それがあまり「気まずい」印象を与えないのは、これが現実世界に生きる我々のキャラ変わりではなく、アニメやマンガの登場人物のキャラ変わりにすぎないからである[8]。

　しかしながら、こうしたキャラ変わりを我々がキャラ変わりと理解できる、たとえばアルムおんじのキャラ変わりを見て「アルムおんじのキャラ変わりだ」とわかるのは、アニメ『アルプスの少女ハイジ』に登場していた白髪の老人と、「家庭教師のトライ」のテレビCMに登場している白髪の老人が同一人物だとわかればこその話である。伊藤 (2005) の「キャラ (Kyara)」が保たれているからこそ、我々は登場人物のキャラ変わりに気づくことができるということである。

　以上で述べたように、伊藤氏の「キャラ (Kyara)」と筆者の「キャラ（クタ）」は同じものではない。「実は学校と家でキャラが違う」「この集団では私はなぜか姉御キャラになってしまう」など、現実世界の我々が気にしてやまない「キャラ（クタ）」は、マンガ論の中で伊藤氏によって生み出された「キャラ (Kyara)」とは別物である。両者の同一視は議論を混乱させるばかりだろう。

　では、この第5節で紹介した筆者の「キャラ（クタ）」概念が、コミュニケーションの研究において有する意義を論じてみよう。以下では「キャラ（クタ）」とは、特に断らない限り、筆者による「キャラ（クタ）」だけを指すものとする。

6　外圧と内圧のバランサー

　筆者の「キャラ（クタ）」に多少とも似た概念としては、現時点では中国語社会の"角色(juese)" (河崎, 2012) しか見つかっていない。しかし、「キャラ（クタ）」は明瞭〜漠然の程度差こそあれ、どの社会にも存在するというのが筆者の考えである。というのは、おそらく人間が外圧と内圧の間でバランスをとる中で調節点（バランサー）として生じたという点で、「キャラ（クタ）」は「ス

タイル」「人格」と変わらないからである。

　この考えをわかりやすく具体的に示すために、ミル貝のたとえを挙げてみよう。ミル貝というのは正式名称はミルクイ（海松喰）と言い、太く長い水管が貝殻から露出している貝である（図2）。死んでしまったから水管が出ているのではない。水管が大きくなりすぎて、我が身を守るはずの貝殻から、常時露出しているのである。この点でミル貝は、同じ2枚貝とはいえ水管が貝殻を越えて成長しないアサリ（図3）とは大きく異なっている。

図2　ミル貝

図3　アサリ

　だが、この2種の貝は、「外敵から我が身を守らねば」という外的圧力と「成長したい」という内的欲求の間でそれなりのバランスをとっているという点では変わらない。重要なことは、バランスのとり方はたった一つではないということである。アサリは外敵から身を守ることを優先させてバランスをとっているが、ミル貝はそうした貝殻による身の守り方よりも成長を優先させている。ミル貝が絶滅していないという事実からわかるのは、これはこれでバランスをとった生き方だということである。二つはまったくかけ離れたものではない。どちらも、外的圧力と内的欲求のバランスの取り方である。

　私たちの社会に起きていることは、たとえてみればこのようなことではないだろうか。ここで言う「外圧」とは、状況に対応せよというという外的な圧力である。学校には学校の、バイト先にはバイト先の状況がある。それらの状況に対応しようとすると、人間は状況に応じて変わらざるを得ない。また、ここで言う「内圧」とは、状況とは関わりなく自分の個性に忠実に振る舞いたいという内的なものである。外圧と内圧がぶつかってバランスが取れ

る。バランスが取れると言っても、これは多くの場合、状況の中でいつの間にかそうなっているだけで、それで個々人が満足というわけでは必ずしもない (先の例 (11) を見られたい)。

　コミュニケーションや言語の研究文脈では「状況に応じて人間が柔軟に変化すること」は無条件で是とされやすいが、現実には、そうした柔軟性が「節操がない」「プライドがない」として批判・軽蔑され、むしろ「状況に応じず変わらないこと」が賞賛されることもある。かつての上得意が、いつ倒産するかわからない厄介な取引先に没落したという状況変化に柔軟に対応して、卑屈な態度をやめぞんざいな態度に切り替えた業者が、「揉み手をして、この店の敷居をまたいだあんたが」と相手から指弾され、地の文でも「掌を返したように」と否定的に描かれるのは (山崎豊子『白い巨塔』(四), 1969)、「節操がない」という批判の例である。また、当初は見下していた小娘が、自分より注目される存在にのし上がったからといって、その状況に柔軟に対応できず、「今更ら夫人は改った態度も取りかねていた」というのは (有島武郎『或る女』, 1911-13)、「自身のプライドが許さない」という例である。イソップ童話の「卑怯なコウモリ」やレイ・ブラッドベリ『火星年代記』(1950) の火星人など、状況に柔軟に応じる者の破滅が語られることは、他言語社会でも珍しくない。「不器用」「無骨」「こだわり」「頑固」といった、状況に対応しない、あるいはできないことを意味することばが、ときに肯定的なイメージで通用するのも、状況に対応することが常によいとはかぎらず、外圧と内圧のバランスの取り方が複数通りあればこその話だろう。

　外圧と内圧の間でバランスをとり、さまざまな状況にある程度柔軟に対応しつつ、自身にある程度の一貫性 (自分らしさ) を保たせようとすることは、どのような社会でも、人間の常態と言える。その際、指の第 1・第 2・第 3 関節のように、人間の中に自然に生じる調節点 (バランサー) が「人格」「キャラクタ」「スタイル」だと考えると、そのうちの一つ「キャラクタ」が日本語社会にしかないとは考えにくい[9]。

7　よき市民社会のお約束

　伊藤 (2005) による「キャラ」やそれを継承した (と言われている)「キャラ」は、時代、特にポストモダン的な時代の流れと結びつけられることがある。だが、それらの「キャラ」とは異なり、筆者の「キャラ (クタ)」的な現象 (「実は学校と家でキャラが違う」「この集団では私はなぜか姉御キャラになってしまう」など) は、ポストモダンの以前から、日本社会にあったと考えられる。前節のように古めかしい時代の文学作品群を敢えて持ち出し、そこに「キャラ (クタ)」が認められることを繰り返し論じてきたのは (定延, 2011a)、まさにそのためである。

　筆者の考えによれば、キャラ (クタ) は昔からあった。だが、これまでは、ないことになっていた。なぜ、ないことになっていたのか？　それは「よき市民社会のお約束」のせいではないだろうか。

　「よき市民社会」は、お互いを偽りのない「本物」と認め合うという約束事の上に成り立っている。つまり「よき市民社会のお約束」とは、「人格の多重分裂といったごく一部の病理的なケースを除けば、人間は変わらない。状況に応じて変わるのは、人間がスタイルを変えているだけで、人間自体は変わらない」という考えである。「私の前に現れているあなたは、本物のあなたでしょう。あなたは正体を偽って私の前に現れたりなどしていないと私は認めます。同じように、あなたの前に現れている私も、本物の私です。あなたと別れた後も、私は24時間365日、360度誰に対しても、こういう人間です」ということになる。

　よき市民社会では「あなたは自身を偽ってなどいない。あなたのその毛は地毛でしょう。同じように、私のこの毛も地毛です。世の中にカツラというものが存在していることは承知していますが、あなたも私もカツラではない。地毛ですね。そして田中さんも鈴木さんも、私たちのお友だちは皆、カツラなどではなく、地毛ですね」ということになっている。「あなた、カツラかもしれませんね」と言えば相手は飛びすさるだろう。「あなたにも、私の知らない面がいろいろとおありでしょうね」という、考えてみれば当たり前のことでも口に出せばその場の空気を凍りつかせてしまうのも、これも同じで

ある。「よき市民社会のお約束」のもとでは、人間には人格があり、その人格のもとでさまざまなスタイルを状況に応じて使い分けるだけであり、人間自体は状況ごとに変わったりしない。つまり、キャラ（クタ）などというものはない、ということにされる。

　日常生活の中で状況に応じて人間が変わる。つまりスタイルの変化ではない、かといって人格の変化でもない変化が生じ、キャラクタが顔を出す。これは、「よき市民社会のお約束」に反するタブーである。昔からあったにもかかわらず、ないことになっていたのは、このせいではないだろうか。

8　カミングアウトとしての日常語「キャラ」の浮上

　ところが、このような「お約束」に対する違反は、昔から絶えずあることであるがゆえに、ときとして、「みんなやっていること」として半ば許容されてしまう。いわば社会全体でのカミングアウトである。

　たとえば化粧は、自分の本当の姿を偽り、より美しく取り繕うという点でカツラと何ら変わらないはずだが[10]、日本社会は化粧についてはカミングアウト済みで、結果として街では化粧品屋が堂々と営業し、化粧のタブー性はかなり薄まっている。これがタブー視されているのかと疑問に思われる読者もいるかもしれないが、よく考えればタブー性の根拠はいろいろと見つかる。たとえば、公共の場での化粧は慎むべきとされていること。またたとえば、「厚化粧」という語がマイナスのイメージの語であること。さらに、次の (13)(14) のように、化粧している程度がとかく少なく見せかけられがちであること、である。

> (13) a. 成功したナチュラルメイクというのはメイクしてるように見えないのにキレイに見えるということ、自分の魅力を最大限に引き出しつつ、個性を邪魔しないメイクのことなのです。
> (http://josei.s353.xrea.com/MOTELU16.htm, 最終確認日：2012年2月19日)
> b. この結果から、女性はすっぴんになったフリをして、実はすっ

ぴんに見えるようなナチュラルメイクをしていることも時と場合によって必要かもしれません。
(http://www.dreamnews.jp/?action_press=1&pid=0000007234, 最終確認日: 2012年1月29日)

(14) a. ナチュラルメイクは手抜きメイクとも違うし、ノーメイクに近いというわけではありません。
・きちんとメイクしているのにナチュラルに見える
・すっぴんもキレイなんだろうなと思わせる
そんな上級者メイクなのです。
(http://bihada-mania.jp/blog/9406、最終確認日: 2012年1月29日)
b.ナチュラルメイクって難しい！　すっぴんと思われても困るし、自然だけどキレイ…　ナチュラルメイクはテクニックが最高にいる技です。
(http://ameblo.jp/misoziko/entry-11054732086.html, 最終確認日: 2012年1月29日)

　ここでわかるのは、「ナチュラルメイク」という語が2通りの意味で発せられているということである。まず(13)の「ナチュラルメイク」は、(a)に「メイクしてるように見えないのに」とあり、(b)に「すっぴん(素顔のこと)になったフリをして」とあるように、「素顔を偽る、隠された化粧」の意味を持っている。他方、(14)の「ナチュラルメイク」は、(a)に「すっぴんもキレイなんだろうなと思わせる」、(b)に「すっぴんと思われても困るし」とあるように、「薄化粧と見せかける、手の込んだ化粧」の意味を持っている。これら二つの意味に共通しているのは「化粧している程度を実際よりも少なく見せかける」ということである。逆に「化粧している程度を実際よりも多く見せかける」という化粧法などは存在しない。
　このようなことを考えていくと、やはり化粧も、自分を偽るタブーであるという面は否定できない。これが整形になると「疑惑」として取り沙汰され

るほどのタブーになる。ところが韓国語社会では整形についてはカミングアウトがなされ、母親が娘の誕生日にプチ整形のクーポン券をプレゼントするといったこともあるらしいが、全面的な大がかりな整形になるとさすがにそう自由ではないという。つまりどのあたりでカミングアウトがなされるかは、個々の社会ごとに違っているが、自分の姿を変えることがタブーであることはどこでも変わらない。「キャラ」ということばを発して「自分は状況に応じて変わるのだ」と、一見あっけらかんとカミングアウトしているように思える若者たちも（前掲(10)）、これをおおっぴらに実名で行っているわけではなく、先ほど述べたように、匿名性の高いネットにこっそり書き込んでいるにすぎない。

　「よき市民社会のお約束」は、今も依然として強い力を保ち、我々の日常生活を支配しているのではないか。もし時代性が関与するとすれば、それは「カミングアウト」に関与する部分ではないか。どんな時代の人間のあり方にも「キャラ（クタ）」は認められるのだが、大人たちがそれを認められないのに対して、若者が(10)のように、「自分は実は状況に応じて変わってしまうのだ」と、「キャラ」という語でカミングアウトしてしまえることは、時代のせいなのかもしれない。言い換えれば、人間のあり方を意味する語として「キャラ」が浮上してきたのは、時代のせいかもしれないということである。

　若者が生み出した若者語の中で、上の世代にも広まり、定着しつつあることばと言えば、「キャラ」の他にはないだろう。このことは、日本社会全体が「キャラ（クタ）」概念に大きく依存しており、これを指し表す語を欲していたことのしるしと見ることができるかもしれない。

9　「アイデンティティ」観とキャラ（クタ）

　筆者はこの継承日本語をテーマとするシンポジウムに迷い込んだ門外漢である。南米に暮らす日系人を調査しているわけでもなく、シンポジウムで取り沙汰された「アイデンティティ」の研究者でもない。だが、以上で述べたことをもとに、この「アイデンティティ」について、最後にわずかながら私見を述べてみたい。

「一個人は「アイデンティティ」を一つだけ確立させ、それは状況によらず固定されている」という伝統的な見方が反省され、「一個人の「アイデンティティ」は多数あり、流動的なもの」という新しい見方が生じたことは、「アイデンティティ」論が現実への対応力を増強した過程として筆者にも肯定的に理解できる。こうした考えは「アイデンティティは、いくども揺らぎを繰り返しながら、社会生活のなかで徐々に構築されていくもの」(前述(6))という土井隆義氏の「揺らぐアイデンティティ」観にも見てとれる。では、状況ごとに変わる「キャラ(クタ)」こそが、新しい「アイデンティティ」なのだろうか。

　この点に関する筆者の答は否定的なものである。たしかに、たとえば学校でのキャラ、バイト先でのキャラ(クタ)、彼氏の前のキャラ(クタ)、家族の前のキャラ(クタ)と、状況に応じて複数個のキャラ(クタ)を発動させる1個人が、(積極的な肯定という形であれ、消極的な諦観という形であれ) そのキャラ変わりの現実を直視して「自分とはこのようなものなのだ」という認識に至っているなら、その個人の「アイデンティティ」は構築されていると言えるだろう。だが、その個人が自らの複数のキャラ(クタ)の不統一に悩み、キャラ(クタ)の間で葛藤しているとすれば、そこには複数のキャラ(クタ)はあるが「アイデンティティ」は構築されていない。つまり「アイデンティティ」とキャラ(クタ)は別物と筆者は考えている。これは、第1節で述べた岡本(2010)の提出する論点(「アイデンティティ」の確立とキャラ(クタ)の使い分けでどちらが大事か？)を意味ある論点と考えるということでもある。その上での話だが、複数のキャラ(クタ)の間での苦悩、葛藤を解消する「アイデンティティ」の確立は、現代にあっても、キャラ(クタ)の使い分けに劣らず重要なものではないだろうか？

　同時に忘れてならないのは、こうした「アイデンティティ」論の変遷の一方で、伝統的な「アイデンティティ」観でとらえられそうな、自らの出自・帰属先にこだわり、より「純粋なもの」を求めてやまない人々の動きである。これも現実の一部である以上、我々はそれを「アイデンティティ」と呼ぶかどうかは別として、認め尊重しなければならないだろう。

注

1) 表記の揺れ、つまり末尾に引き棒の付いた表記「キャラクター」と、引き棒のない表記「キャラクタ」が併存するという問題に関しては、本稿では、これまでの筆者の措置と同様、後者の表記(「キャラクタ」)に統一する。両表記間には意味の区別を何ら設けない。(ただし引用箇所は原典の表記を踏襲する。)
2) シンポジウムでの筆者の講演も、「複言語・複文化」や「アイデンティティ」とはかけ離れたものだったが、これは別の事情によるもので、「アイデンティティ」の導入に対する筆者の消極的な姿勢とは関係がない。なお、本稿の内容がSadanobu (2015)と一部重なることをご容赦願いたい。
3) 英語"character"には「登場人物」以外にも「文字」「記号」「人格」「性格」その他の意味があり (例:竹林他 (編), 2003)、その訳語「キャラ (クタ)」にもそうした意味が多かれ少なかれあるが、本稿では「登場人物」以外の意味は取り上げない。
4) 東 (2003)は、制作者側が物語なしにキャラクタを生み出せるようになったのは、モダンの時代に信じられていた「大きな物語」の崩壊 (Jean-François Lyotard) の結果だとしている。ただし、物語なしのキャラクタ制作を厳密には不可能とする論者もいる (宇野, 2008)。本稿ではこの問題には立ち入らない。
5) 「90年代後半に一世を風靡した商業キャラクター「たれぱんだ」を「ゆるキャラ」として (原文ママ) 呼ぶのは、明らかな誤用である」とする犬山 (2012, pp.11-12)の判断は、「ゆるキャラ」の命名者であるみうらじゅん氏の判断とおそらく一致すると思われるが、その際に犬山 (同)が「本来の定義」として (1) の第1段落を無視して第2段落のみを挙げるのは (p.13)、みうら氏の考えと完全に合致するものかどうか不明である。みうら氏自身は別のところでも「"ゆるキャラ"というのは決してミッキーではなく、決してキティではない、地方自治体が生み続けている、それはそれはゆる〜いキャラクターのこと」(みうら, 2013, p.85) のように、ミッキーマウスやハローキティのような地域性のないキャラクタを「ゆるキャラ」に含めて考えてはいないが、(1) の両段落をともに重視している。なお、この犬山 (2012) やみうら (2013) においても「キャラクタ」は必ずしも物語を要しないものとされている。
6) 蛯原友里とはあるファッションモデルの名で、その愛称が「エビちゃん」である。
7) もちろん、この第5節で紹介した「キャラ (クタ)」は、マンガをはじめとするフィクションの世界で描かれている人物にも適用可能である (その例は直後で示される)。だが根本的には、現実世界を生きる人物の (10) (11) のような悩みに関わっており、「現実世界を生きる人物に焦点を定めた」とはその意味で述べている。
8) この記述は、筆者の「キャラ (クタ)」をフィクションの人物に適用した例と言える (注7を参照)。
9) ただし、人間がさまざまな状況に適応しながらも一貫性を何とか保とうとする上で、人格・キャラ (クタ)・スタイルのうち、どの「関節」に大きな自由度を持たせるかは、言語社会によって当然異なるだろう。斎藤 (2011, p.230) には、日本に多重人格が相対的に少ないという指摘に続いて、「日本人は、自らキャラ化することで、これらの病理を免れているのではないか」という興味深い考えが示されている。
10) 念のために言えば、ここでは論をもっぱらごく日常的な文脈に絞っている。医療関係のカツラや宗教儀式の化粧などはここでの観察に含まれていない。

参考文献

相原博之 (2007).『キャラ化するニッポン』講談社.
青木貞茂 (2014).『キャラクター・パワー―ゆるキャラから国家ブランディングまで―』NHKブックス.
東浩紀 (2003).「動物化するオタク系文化」東浩紀 (編)『網状言論F改―ポストモダン・オタク・セクシュアリティ―』pp.19-38. 青土社.
土井隆義 (2009).『キャラ化する/される子供たち―排除型社会における新たな人間像―』岩波書店.
伊藤剛 (2005).『テヅカ・イズ・デッド―ひらかれたマンガ表現論へ―』NTT出版.
犬山秋彦 (2012).「はじめに　ゆるキャラとは何か」犬山秋彦・杉元政光『ゆるキャラ論―ゆるくない「ゆるキャラ」の実態―』pp.5-23. ボイジャー.
犬山秋彦・杉元政光 (2012).『ゆるキャラ論―ゆるくない「ゆるキャラ」の実態―』ボイジャー.
岩下朋世 (2013).『少女マンガの表現機構―ひらかれたマンガ表現史と「手塚治虫」―』NTT出版.
古屋憲章・Mayumi Edna Iko Yoshikawa・向井裕樹・松田真希子 (2015).「日本語教師のアイデンティティとビリーフ変容―3人のブラジルにつながる日本語教師のライフストーリー――」ラウンドテーブル, EJHIB2015, 2015年8月12日, サンパウロ大学.
河崎みゆき (2012).『漢語"角色言語"研究』未公刊博士論文. 華中科技大学 (中国).
暮沢剛巳 (2010).『キャラクター文化入門』NTT出版.
みうらじゅん (2004).『ゆるキャラ大図鑑』扶桑社.
みうらじゅん (2013).『キャラ立ち民俗学』角川書店.
小田切博 (2010).『キャラクターとは何か』筑摩書房.
荻上チキ (2008).『ネットいじめ―ウェブ社会と終わりなき「キャラ」戦争―』PHP研究所.
岡本裕一朗 (2010).『12歳からの現代思想』筑摩書房.
阪上彩子 (2015).「ペルーにおける継承語としての日本語教育の現状」ポスター発表, EJHIB2015, 2015年8月12日, サンパウロ大学.
定延利之 (2006).「ことばと発話キャラクタ」『文学』7(6), pp.117-129. 岩波書店.
定延利之 (2011a).『日本語社会 のぞきキャラくり―顔つき・カラダつき・ことばつき―』. 三省堂.
定延利之 (2011b).「キャラクタは文法をどこまで変えるか？」金水敏 (編),『役割語研

究の展開』pp.17-26. くろしお出版.

定延利之 (2011c).「コミュニケーション研究からみた日本語の記述文法の未来」『日本語文法』11(2), pp.3-16.

定延利之 (2011d).「身体としてのことば：「スタイル」の限界」『通訳翻訳研究』11, pp.49-74. 日本通訳翻訳学会.

定延利之 (2012-).「日本語社会 のぞきキャラくり 補遺」Sanseido Word-wise Web http://dictionary.sanseido-publ.co.jp/wp/author/sadanobu/

定延利之 (2013).「身体化された文法・言語の姿を探る」菅原和孝 (編),『身体化の人類学―認知・記憶・言語・他者―』pp.321-349. 世界思想社.

斎藤環 (2011).『キャラクター精神分析―マンガ・文学・日本人―』筑摩書房.

佐藤慎司 (2015).「社会・コミュニティ参加をめざすことばの教育と学習者のアイデンティティ」基調講演, EJHIB2015 (2015年8月12日, 於サンパウロ大学)

瀬沼文彰 (2007).『キャラ論』Studio Cello.

瀬沼文彰 (2009).『なぜ若い世代は「キャラ」化するのか』春日出版.

新城カズマ (2009).『物語工学論―入門篇 キャラクターをつくる―』角川学芸出版.

竹林滋・東信行・市川泰男・諏訪部仁 (編) (2003).『新英和中辞典』[第7版] 研究社.

宇野常寛 (2008).『ゼロ年代の想像力』p.48. 早川書房.

Maria Oliveira Das Neves, Tassia. (2015). Contribuições dos pressupostos da era pós-método no conceito de identidade e sua ocorrência no ensino-aprendizagem de língua japonesa. ポスター発表, EJHIB2015 (2015年8月12日, 於サンパウロ大学)

Ochs, Elinor. (1993). Constructing social identity: A language socialization perspective. *Research on Language and Social Interaction, 26*(3), 287-306.

Oshiro, Alexandre Cardoso. (2015). Experiências com o Ryûkyû Buyô: reflexões sobre a identidade artística, a arte e a dançaAlexandre. 口頭発表, EJHIB2015 (2015年8月11日, 於サンパウロ大学)

Sadanobu, T. (2015). "Characters" in Japanese Communication and Language: An Overview. *Acta Linguistica Asiatica, 5*(2), 9-28. Retrieved from http://revije.ff.uni-lj.si/ala/article/view/4953

Sakamoto, M. (2015). Superdiversity within the Japanese-Brazilian community: Exploring language and cultural maintenance among Japanese new- and oldcomers in Brazil. 基調講演, EJHIB2015 (2015年8月10日, 於サンパウロ大学)

おわりに
―未来世紀日本語の鍵を南米に探しにいこう―

松田真希子

　2008年、地域の日本語教室で日系ブラジル人の日本語支援活動をしていた筆者は日本語とポルトガル語双方を使用できる若者が日本に増えることを願い『ブラジル人のためのニッポンの裏技／O Jeitinho no Japão para Os Brasileiros』(春風社)を出版した。その本は日本国内では一度絶版となったものの、在ブラジル日本人駐在員のニーズを受け、2013年3月にブラジル・ニッケイ新聞社より再版されることになった。出版にあたりサンパウロを訪れた際、サンパウロ大学の松原礼子教授より国際シンポジウム開催の提案をうけ、実現したのが本書のもととなる国際会議「国際語としての日本語に関する国際シンポジウム／Simpósio Internacional de Língua Japonesa como Língua Global／EJHIB2015」である。

　日本国内には日系社会の研究や日系人子弟の研究者が数多くいる中で、南米と日本双方をフィールドにしている関係者は多くない。特に南米をフィールドにしている研究者は限られている。しかし、筆者が会議開催にあたり、日本の周辺の研究者に働きかけたところ、多くの人から「実は一度ブラジルへ行ってみたいと思っていた」という積極的な反応を得ることができた。そして結果として30名を超す日本語・日本語教育研究者が初めてブラジルを訪れることとなった。本シンポジウムは日本語教育を中心課題として南米で行われた最初の国際会議であり、日本研究関連では日本人を含む海外からの参加者数も過去最高のものとなった。

　本書はこの会議の中で、パネルディスカッションや基調講演として参加した専門家が自身の講演内容を加筆修正したものである。ブラジル・サンパウロで日本語教育に関する研究交流を行った成果として完成した本書は、今後の日本語教育研究の方向性に大きな示唆を与える極めて有益なものとなった。

　筆者が考える本書の学術的意義は数多くあるが、主要な点として以下の3

点を挙げたい。

　1点目は複言語社会における日本語教育を多面的に扱った点である。日系人をテーマにしたものにはすでに数多くの研究がある。なかでも森本・根川(2012)は北米、南米地域の日系人の教育や言語の問題に視点をあてたものとして非常に充実している。本書は日本語教育に特化したものとして位置づけられる。

　また、本シンポジウムは志水・山本他(2013)による世界の「往還する人々」の教育を対象とした研究から多くの示唆を得ている。志水・山本(前掲)は、従来の外国人研究は日本における統合(多文化共生を含む)のみが前提とされており、今後はそれらの人々をトランスナショナルな移動をする存在として、移動の容態をとらえた研究を行う必要性があるとしている。本書はこうした方向性を継承しつつ、日本語教育分野において議論をさらに発展させたものといえる。

　またCLD児童等移動する子どもの日本語教育に焦点をあてた研究には川上らの一連の優れた著作があり(川上, 2009, 2011)、川上の個々のアイデンティティに即した戦略的な複言語使用を尊重するという考え方は本書も指示・踏襲するものである。本書では、子どもを含め、成人の日本語教育や日本語教育政策を広く射程に納めた。特に小林論文、佐藤論文、宮崎論文は、複言語・複文化時代の言語とアイデンティティの教育への具体的な実践と提案が述べられており、非常に示唆的である

　2点目は複言語・複文化時代の日本語教育政策に関する優れた論考が多く集められている点である。福島・末永論文、坂本論文はブラジルの日系人を中心とする日本語教育政策を、岡田論文、神吉論文は日本の地域在住外国人に対する日本語教育政策を、本田論文は日本語を含む民族語教育政策を考える上で非常に示唆的な論文である。なかでも福島・末永論文は言語政策論の変遷を整理したのち、ブラジルにおける日本語教育政策の歴史と今後の展望について問いかけており、ブラジルで開催された本シンポジウムの中心的な位置づけとなる論文である。坂本論文においても日系二世〜三世の聞き取り調査から、ブラジル日系人の言語文化の超多様性が具体的に論じられており、興味深い。

3点目は、著者陣の専門分野の複分野性である。執筆陣のよって立つ専門分野（第一専門分野）は文化人類学、言語学、教育人類学、多文化教育、日本語教育、言語政策、社会言語学と多岐にわたる。加えてそれぞれの著者は、教育人類学と日本語教育、言語政策と日本語教育といった複数の専門分野を加算的、バイリンガル的に内包する専門家である。

　こうした複分野の執筆者陣が寄稿したことが中井論文と定延論文に結実した。中井論文は社会言語学者としての立場から、戦後日本の代表的な言語政策である敬語教育の形骸化した状況を例に挙げ、日本国内にて明示的に語られない言語的多様性が地域と社会のレベルで確認されることを指摘している。また、定延論文では言語に存在するキャラクタを人格とスタイルとの比較の中で詳述する中で、個人内の言語の静性と動性を明らかにしている。この2編に通底するのは日本語・日本社会自体が内包する超多様性への言及であり、日本語教育では十分に取り上げられてこなかった点である。

　複言語・複文化は決して国境、ナショナリティ、エスニシティの対立状況に対してのみ与えられる概念ではなく、個人内や個人間にも存在する。すなわち「日本」＝「日本語」＝「日本人」への批判的な問いが求められている。この批判的な問いが、多様な分野の研究者によって複文化的に議論されている点は他の類書にない特徴であろう。

　また、こうした多様な分野の専門家の論考からなる本書ではあるが、共通点も確認される。それは、福島・末永の言を借りれば、存在論的な実態として存在すると考えられてきた「日本語」を根底から問い直し、往還の時代に社会参加する個人個人が、それぞれの概念を再定義しながら、「社会的インターアクションの創発特性（emergent property）」である言語として、「わたし」の言語として日本語を発見することの重要性に触れている点である。また、固定的なものとして考えられがちだった「アイデンティティ」を動態的・批判的に問い直すことの重要性の指摘である。これらは、日本語教育に従事するすべての者が自覚的になるべき点ではないだろうか。そのため、この研究書は日系人研究や言語政策、子どもや地域の日本語教育を専門とする「関係者」だけでなく、すべての日本語教育関係者に読んでいただきたい。

　本書に付属しているCD-ROMについても触れたい。本書のCD-ROMには

本国際シンポジウムで採択された論文[1]や招待講演、パネルディスカッション、ラウンドテーブルの要旨が収録されている。なかでも「移動する子どもたちの継承語問題」パネルにおける中川郷子氏によるカエルプロジェクトの報告、エウニセ・イシカワ氏による日系人子弟の報告などは、往還する子どもの教育について特にブラジル側での現状を含めて議論された貴重な記録である。ぜひご覧いただきたい。

今日、人や言語、文化の往還がダイナミックに行われ、日本語教育という分脈においても、世界中の国際会議で日本語教育関係者に会う超多様性の研究時代にある。しかし、日本にルーツをもつ人々が最も多く往還している地域の一つである南米大陸が日本語教育の研究交流の場から相対的に取り残されてきたのは事実である。本書は南米における国際的な研究交流と発信の有効性を示したものであるが、『複言語・複文化時代の日本語教育』に関する有効な解をすべて示したわけではない。今後の研究の深化にあたっては多くの実態調査や実践研究が求められる[2]。例えば、以下のような研究課題である。

(1) 日本語（を含む）複言語・複文化能力はどのような環境でどのように現れているか
(2) 日本語複言語・複文化能力の獲得・維持・喪失のメカニズムとはどのようなものか
(3) 日本語複言語・複文化能力の評価（アセスメント）をどのように行うか
(4) 日本語複言語・複文化社会の成熟のために、今後誰に対するどのような教育・政策が求められるか

これらのうち、筆者がここ5年間で特に重要と考えているのは(1)と(3)である。(1)については、ブラジル日系社会において大規模な日本語複言語環境が出現したが、日系二世人口の減少とともに小規模化している。彼らが亡くなる前に、戦前の移民社会であるブラジル（コロニア）の言語データを質的・量的に収集・保存しなければならない。また(3)は(4)とも関係するが、複言

語話者が、その能力を維持・継承していくためには非常に重要である。十分でない複言語能力を持つ者を、セミリンガル、減算バイリンガルと否定的にとらえるのではなく、仲介能力を持つ者として高く評価する仕組みが必要である。彼らの日本語複言語・複文化能力は今後の国際社会で重要な役割を果たすことは間違いない。それを高く評価し、活用できる仕組みを言語教育政策で推進することが必要である。

(4)は今後長い時間をかけて明らかにする必要がある課題である。

日本の中の複言語・複文化社会に目を転じるなら、ホスト側である日本語母語話者に対する教育も必要であろう。地域、社会階層、受けた教育、キャラなど自身の中の複文化性を意識してもらうこと、地域社会を多様な属性を持つ人々と共に対話的に形成・維持するための教育も必要であろう。佐藤氏の言を借りるなら「「継承語話者」である人もない人も、外国人も日本人も、アイデンティティ決定の複雑な政治性を知ること、その政治性を踏まえた上で、自分の立ち位置を考えながらこれから自分たちが言語・文化とどうかかわっていったよいのかを考えること、そして、考えるだけではなく、相手との関係性の中に自分を位置づけた上で実際にかかわっていくこと」が必要である。

日本語教師養成カリキュラムも再検討が必要であろう。小林氏が書いているように、「教える内容をすべてあらかじめ準備、把握し、授業をすべて管理する」存在から、「軸足を日本語に置きつつ学習者の言語生活全体を見渡し、適切な言語支援を行う存在への変容」のための教師養成のデザインが必要である。こちらも一朝一夕に実現するものではないが、すべての日本語教師が常に「なぜ」を考え、その問を教師や学習者と共有していくことで着実に前進していくと期待している。

南米日系人が100年以上かけて形成した日本語複言語社会から学ぶべきことは数多くある。未来世紀の日本語・日本語教育研究の鍵は南米にある。本書と本国際シンポジウムを契機に、日本語・日本文化に関するあらゆる面での往還が活性化し、より普遍的な研究成果が生まれることを願っている。

最後に、本書の出版並びに国際シンポジウム開催にあたっては、凡人社に大変お世話になった。厚く御礼申し上げたい。

注

1) 一部執筆者の希望により掲載していない論文もある。
2) 執筆者は現在5年計画で、南米地域を対象に大規模な調査研究を行っている。(2016-2020科学研究費補助金基盤研究B(海外学術調査)16H05676「南米日系社会における複言語話者の日本語使用特性の研究」研究代表者：松田真希子)。

参考文献

川上郁雄(編著)(2009).『海の向こうの「移動する子どもたち」と日本語教育 —動態性の年少者に補の教育学—』明石書店.
川上郁雄(2011).『「移動する子どもたち」のことばの教育学』くろしお出版.
志水宏吉・山本ベバリーアン・鍛冶致・ハヤシザキカズヒコ(2013).『「往還する人々」の教育戦略—グローバル社会を生きる家族と公教育の課題』明石書店.
森本豊富・根川幸男(編著) (2012).『トランスナショナルな「日系人」の教育・言語・文化 —過去から未来に向かって』明石書店.

編者・著者紹介

本田弘之

北海道札幌市生まれ。早稲田大学大学院日本語教育研究科博士後期課程修了。博士 (日本語教育学)。現在、北陸先端科学技術大学院大学教授。専門は日本語教育学、社会言語学、言語政策、異文化理解とコミュニケーション。こどものころから親の転勤にしたがって日本各地に居住し、何度もカルチャーショックを体験する。成人してからは日本と中国の、それぞれ都市と田舎に年単位で居住した経験があるが、現在の社会では、都市と地方の差異のほうが、国境をまたいだ差異よりも激しいのではないかと思っている。
主な著作に『文革から「改革開放」期における中国朝鮮族の日本語教育の研究』(ひつじ書房, 2012)、『日本語教育学の歩き方』(共著, 大阪大学出版会, 2014)。

松田真希子

広島県生まれ。大阪大学 (旧大阪外国語大学) 大学院言語社会研究科博士後期課程単位取得退学。博士 (学術)。現在、金沢大学国際機構准教授。専門はコーパス言語学、日本語教育。日本、インド、ベトナム、ブラジルに往還歴あり。主な著作に『ベトナム語母語話者のための日本語教育―ベトナム人の日本語学習における困難点改善のための提案』(春風社, 2016)。

末永サンドラ

ブラジルサンパウロ州生まれ。早稲田大学大学院日本語教育研究科博士前期課程修了。現在、国際交流基金サンパウロ日本文化センター専任講師。専門は、ブラジルの日本語教育、子どもの日本語教育。ブラジルと日本 (東京、群馬県) を往還。

福島青史

鳥取県米子市生まれ。早稲田大学大学院日本語教育研究科博士後期課程修了。博士 (日本語教育学)。現在、国際交流基金サンパウロ日本文化センター日本語上級専門家。専門は日本語教育、言語政策、言語教育政策。大学卒業後、メキシコ→ウズベキスタン→ロシア→ウズベキスタン→ハンガリー→イギリス→ブラジルと移動。さらに、移動の合間に東京で学位をとったり仕事をしたり。
主な著書に、「「共に生きる」社会形成とその教育 —欧州評議会の活動を例として」『異文化間教育とは何か』西山教行・細川英雄・大木充(編)(くろしお出版, 2015)。

中井精一

奈良県生まれ。大阪外国語大学大学院修了。博士 (文学・大阪大学)。現在、富山大学人文学部教授。専門は社会言語学・日本語学。学部生のころ韓国に派遣されて以来、慶尚道を中心にフィールドワークを行う。また琉球およびパラオ、台湾、中国東北部にて日本語のバリエーションについて研究を継続している。
主な著作に、『社会言語学のしくみ』(研究社, 2005)、『都市言語の形成と地域特性』(和泉書院, 2012)。

神吉宇一

東京生まれ、小倉育ち。大阪大学大学院言語文化研究科博士後期課程単位取得満期退学。現在、武蔵野大学言語文化研究科准教授。専門は、日本語教育学、学習心理学、言語政策。故郷の小倉から、東京、大阪、長崎、ベラルーシ等に行ったり来たり。
主な著作に『日本語教育　学のデザイン』(編著, 2015, 凡人社)、『未来を創ることばの教育をめざして―内容重視の批判的言語教育 (Critical Content-Based Instruction) の理論と実践』(共編著, 2015, ココ出版)

岡田浩樹

飛騨高山に生まれる。総合研究大学院大学修了。博士 (文学)。現在、神戸大学国際文化学研究科・教授。専門は文化人類学、東アジア・ベトナム研究、公共人類学、観光人類学、宇宙人類学。韓国に3年間の派遣留学、その他、中国東北部・華南、ベトナム、カナダ、オーストラリア、ニュージーランド、沖縄・奄美・南西諸島、東日本大震災被災地などでフィールドワークを行う。主な著作に、『公共人類学』(山下晋司(編), 東京大学出版会, 2014)。『宇宙人類学の挑戦—人類の未来を問う』(岡田浩樹・木村大治・大村敬一(編), 昭和堂, 2014)。

小林ミナ

横浜市生まれ。名古屋大学大学院文学研究科博士後期課程単位取得退学。博士 (文学)。現在、早稲田大学日本語教育研究科教授。専門は日本語教育 (文法教育、コースデザイン)、語用論、第二言語習得。日本 (横浜、東京、名古屋、札幌), 中国 (北京)、エジプト (カイロ), アメリカ (インディアナ州)、イタリア (ヴェネツィア) に中長期の滞在歴あり。
主な著書に、『日本語教育能力検定試験に合格するための教授法37』(2010, アルク)、『日本語教育の過去・現在・未来 第3巻 教室』(共編著, 2009, 凡人社)、『日本語教育の過去・現在・未来 第5巻 文法』(共編著, 2009, 凡人社)、『外国語として出会う日本語』(2007, 岩波書店)など。

坂本光代

和歌山県生まれ。トロント大学大学院第二言語研究科後期課程修了。Ph. D. (Applied linguistics)。現在、上智大学外国語学部教授。専門はバイリンガル教育、マイノリティ教育。日本、カナダ、ブラジル、オーストラリアに往還歴あり。主な著書にSakamoto, M. & Matsubara Morales, L. (2016). "Ethnolinguistic vitality among Japanese-Brazilians: Challenges and Possibilities". *International Journal of Bilingual Education and Bilingualism, 19(1)*, pp.51-73. Sakamoto, M. (2006). "Balancing L1 maintenance and L2 learning: Experiential narratives of Japanese immigrant families in Canada". In K. Kondo-Brown (ed.), Heritage

Language Development : Focus on East Asian Immigrants (pp.33-56). Amsterdam, The Netherlands: John Benjamins.

宮崎幸江

山口県生まれ。米国ミシガン州立大学大学院言語学科博士課程修了。博士(言語学)。現在、上智大学短期大学部・英語科・教授。専門は、バイリンガリズム・言語学・日本語教育。アメリカ、カナダ、ブラジル、ペルー、韓国などに往還歴あり。

主な著書に、『日本に住む多文化の子どもと教育―ことばと文化のはざまで生きる―』(編著, 上智大学出版, 2014年)、「神奈川県在住のラテン系の子どもの言語環境と言語意識―社会・心理的要因からの考察―」牛田千鶴(編),『南米につながる子どもたちと教育―複数文化を「力」に変えていくために―』(2014, 行路社)。

佐藤慎司

愛知県生まれ。コロンビア大学ティーチャーズカレッジ人類学と教育プログラム終了。博士 (学術)。現在プリンストン大学日本語プログラムディレクター。専門は教育人類学、日本語教育。1996年よりアメリカ在住。

主な著作に『社会参加をめざす日本語教育』(共著, ひつじ書房, 2011)、『未来を創ることばの教育をめざして』(共著, ココ出版, 2015)。

定延利之

大阪生まれ。京都大学大学院文学研究科博士後期課程言語学専攻修了。博士(文学)。現在、神戸大学大学院国際文化学研究科教授。専門は言語学、コミュニケーション論。大阪、東京、京都、北京に年単位の居住歴。

主な著作に『コミュニケーションへの言語的接近』(ひつじ書房, 2016)、『認知言語論』(大修館書店, 2000)。

複言語・複文化時代の日本語教育

2016年10月10日　初版第1刷発行

編著者	本田弘之・松田真希子
著　者	末永サンドラ・福島青史・中井精一・神吉宇一・
	岡田浩樹・小林ミナ・坂本光代・宮崎幸江・佐藤慎司・
	定延利之
発　行	株式会社凡人社
	〒102-0093　東京都千代田区平河町1-3-13
	TEL：03-3263-3959
装丁デザイン	株式会社ストーンラブクリエイト

ISBN 978-4-89358-912-5　©Hiroyuki Honda, Makiko Matsuda, Suenaga Sandra, Seiichi Nakai, Uichi Kamiyoshi, Hiroki Okada, Mina Kobayashi, Mitsuyo Sakamoto, Sachie Miyazaki, Shinji Sato, Toshiyuki Sadanobu *et al.* 2016　Printed in Japan

定価はカバーに表示してあります。乱丁本・落丁本はお取り換えいたします。
＊本書の一部あるいは全部について、著作者から文書による承諾を得ずに、いかなる方法においても無断で転載・複写・複製することは法律で固く禁じられています。